中国当代文学研究代表作

巴金传
——人格的发展

陈思和 著

主编　孟繁华　张清华

北方联合出版传媒（集团）股份有限公司
春风文艺出版社
·沈阳·

图书在版编目（CIP）数据

巴金传：人格的发展 / 陈思和著. — 沈阳：春风文艺出版社，2022.2
（中国当代文学研究代表作）
ISBN 978-7-5313-5937-1

Ⅰ．①巴… Ⅱ．①陈… Ⅲ．①巴金（1904-2005）—传记 Ⅳ．①K825.6

中国版本图书馆 CIP 数据核字（2021）第 007581 号

北方联合出版传媒（集团）股份有限公司
春风文艺出版社出版发行
沈阳市和平区十一纬路 25 号　邮编：110003
辽宁新华印务有限公司印刷

责任编辑： 姚宏越　　　　**助理编辑：** 平青立
责任校对： 于文慧　　　　**封面设计：** 陈天佑
幅面尺寸：155mm × 230mm
字　　数：217 千字　　　印　张：16
版　　次：2022 年 2 月第 1 版　　印　次：2022 年 2 月第 1 次
书　　号：ISBN 978-7-5313-5937-1
定　　价：58.00 元

版权专有　侵权必究　举报电话：024-23284391
如有质量问题，请拨打电话：024-23284384

序一：一个人的历史真实

贾植芳

思和对我说，他写作的《巴金传》主要是突出传主的人格发展轨迹。他根据自己多年的研读心得和在生活实践中的思考与体验，深刻地理解到中国知识分子在20世纪中国社会所走的道路的艰巨性和复杂性。他从传主的整体生活史和创作史出发，将传主的人格生长发展史，分为七个环节，即胚胎—形成—高扬—分裂—平稳—沉沦—复苏，从人格发展史的角度，重新塑造巴金的形象，显示了一个人性大循环的历程。他这种人格重塑的写法，可以说，完全冲破了过去流行的按文学史分期，即按现代和当代两个历史范畴，来撰写中国现代作家传记的传统模式，是一种创新之举。我认为，从巴金先生漫长的生活和创作的历史实践来看，思和这种新式的立传手法，也是更能贴近实际的，因为他写出了一个人的历史真实，更有助于加深读者对作为人的巴金和作为作家的巴金的认识和理解；也为人们认识历史，品味人生，提供了有益的参照系。

"风格即人格"，或如作者所说"文如其人，文见其人"，人是第一义的，文是第二义的。文格的特色，正是作家的人格境界的体现。作家的生活史和创作史实际上就是他的人格发展史的表现和反映形式。我虽然只读了思和这部传记原稿的部分章节，但我要说，思和做了一个成功而可喜的尝试。而这种使人耳目一新的写法，是需要有深厚的学力功底，更需要拿出巨大勇气，才能写出来和写得像个样子的。

思和这部《巴金传》，虽然限于篇幅和其他因素，只走笔到传主人格历程中的第五个环节，即平稳阶段，后面的两章，或最后两个环节——沉沦与复苏阶段未能给以充分施展的机会，未免是美中不足，使人有遗珠之憾！但我想，读者诸君从前五章的描述中，大概也就可以认识和理解到作为一个著名的中国现代知识分子，又是文坛巨匠的巴金先生所走过的人生道路的独特性和典型性了。

我和思和是十多年的老相识了。虽然我们是属于两个不同时代的人，但我们能一见如故，声息相通。我在与世相隔了二十多年之后，在人生的暮年时刻，有缘与像他这样在苦难中成长，而又能在做人上有品有德，在做学问上也有胆有识的青年一代人相遇和交往，真像在荒凉无垠的沙漠中长途跋涉的旅人，突然发现了草原和清泉一样地感到莫大的欢欣和慰藉，因为在他们身上，我看到了历史的未来。1986年我曾为思和与李辉合写的第一本论著《巴金论稿》写序，现在我又为他的另一本关于巴金的书写序，实在喜不自胜。因为思和以自己的诚实和勤奋写出了人生的真实和历史的真实。我想，读者诸君也会像我这个老人一样，喜欢这本写得诚实的书的。

1991年3月23日于上海复旦大学

序二：谦谦君子，博精求新

——序陈思和《巴金传》

余思牧

陈思和先生的《巴金传——人格的发展》与读者见面了。这是继《巴金的生活和著作》（［法］明兴礼著、王继文译，1950 年 5 月第 1 版）、《作家巴金》（余思牧著，1964 年 1 月第 1 版）、《巴金和他的作品》（［美］奥尔格·朗著，1967 年版）、《巴金》（［美］内森·K. 茅著，1978 年第 1 版）、《巴金评传》（陈丹晨著，1981 年 8 月第 1 版）、《巴金民主革命时期的文学道路》（李存光著，1982 年 8 月第 1 版）、《巴金的生平和创作》（谭兴国著，1983 年 3 月第 1 版，1988 年 7 月增补再版）、《巴金论》（汪应果著，1985 年 10 月第 1 版）、《巴金论稿》（陈思和、李辉合著，1986 年 4 月第 1 版）和《青年巴金及其文学视界》（艾晓明著，1989 年 6 月第 1 版）等等评传类的巴金传记，和《巴金研究资料》（李存光编，1985 年 9 月第 1 版）、《巴金年谱》（唐金海、张晓云编，1989 年 10 月第 1 版）等等研究巴金生平的专著出版之后的又一本在资料广博、内容精炼中求论点、选材新颖的巴金生平及学术研究专著。更难能可贵的是，这还是第一本以研讨巴金先生人格的发展为写作中心的《巴金传》。

自从1949年以来，因流行的中国现代文学史、中国新文学史或中国当代文学史的作者或编者由于种种局限、失误和偏见，在写作时有意或无意间贬低了巴金先生的文学成就和地位，否定了巴金先生的创作意图和影响，许多读者从而无法全面地正确地去认识巴金先生的生平和创作。这不只是对辛勤创作、热爱真理、勇于探索的作家巴金不公平，就是对繁荣发展的中国新文学事业和世界华文文学事业，都是没有好处的。到了1978年后，中国公布开放的政治经济政策，一时间中国社会的思想解放运动有了发展，"百花齐放、百家争鸣"的文艺政策隐隐若现，文学评论的状况趋向积极、宽松，并且有重写中国新文学史的呼声。因此，中国文学界对1927年旅居法国巴黎时就开始文学创作生涯，1928年以其处女作长篇小说《灭亡》登上中国文坛，被鲁迅誉为"是一个有热情的有进步思想的作家，在屈指可数的好作家之列的作家"巴金从事文学创作生涯凡六十余年的研究论析，有了进了一大步的、景况空前热烈的发展，并且取得了越来越令人瞩目的成就，新资料、新观点、新思考不断披露，一本又一本的研究专著、论文专集、大型资料丛书以至二十余卷本的《巴金全集》、十卷本的《巴金译文选集》等将相继面世；老年的与中年的巴金学术研究者，纷纷鼓勇前驱，为研讨巴金工作开路，年轻的巴金学术研究者也已人才辈出，竞一日之长短。陈思和先生就是中国年轻一辈的巴金学术研究者中的一个崭露头角、赶到他的前辈前面或追上他的前辈式的佼佼者。

陈思和先生1978年才进入上海复旦大学中国文学系接受正规的专业大学教育，在贾植芳等名师悉心教导下，在广泛地学习中外文史哲著作的基础上，既专修比较文学又潜心研究巴金全部著译，长期而经常地搜求中外有关巴金研究的论著，终于在大学毕业后，以他谦虚谨慎的做人态度、严肃认真的治学精神和勤奋创新的写作活动，取得他的师友和中国学术界的认同。因为我们是热爱巴金的文艺创作、从事巴金的学术研究的同路人，于是有缘相结交，逐渐由相识者成为互尊、互信和互勉的忘年之交。

记得那年是1988年春夏之交，陈思和先生应香港中文大学的邀请到香港来当了四个多月访问学者，他临离开香港返上海之前的数天，转折地通过中大中文系讲师、专门研究港澳文学发展史的女作家卢玮銮联络上我。那天，我们一见如故，几乎没有寒暄、没有陌生、没有见外地相谈起来。除了最初的十几分钟听他介绍他自己如何到香港来，来港后如何工作和搜集有关中国的（特别是港澳的）现代当代文学资料之外，我们很快就围绕着上海的文艺界近况、巴金先生的生平事迹、生活实况和学术思想（特别是《随想录》）交谈起来。从下午四时许谈到晚上十时许，从我的写字楼移到邻近的富都酒店中幽静的"高地餐厅"，我们边吃晚餐边说心事，完全不觉得时间的流逝。临近餐厅要休业，我们被迫分手时，他还诚恳地握住我的手说："欢迎您到上海来，那边有一批年轻的巴老学术研究者，他们都是很热情的，一定可以跟您交上朋友。"

我虽然感谢他的邀约好意，但是，我当时实在不相信会有这个机会。我每次到上海去，都是为了洽谈生意，很少是为了探亲或旅游的。事实上，自从1968年我离开香港移民加拿大至1984年离加拿大再返香港这段长时间中，我不单只是离开了出版界、教育界，停止了用华文来写作，甚至跟往昔交谊密切的中国内地、香港及东南亚的文艺界或出版界朋友们疏远了或没有了来往，而转行到专事对华的投资及贸易岗位上去，往来的全是生意人。虽然我对中国的古典的或现代、当代的文艺与学术的喜爱，一如往昔，却只是限于抽暇阅读、搜存资料、订购新书刊，已无法耽在图书馆或整天地从事文艺创作或研究学术了。直到1984年的7月、8月和10月间，我因洽购棉花到了上海,巴金先生因领取中文大学的文学博士学位来到香港,我有幸在一年中跟巴老相叙了四次,面谈了近六七个小时;我们谈近况、谈中外出版界的发展、谈一些朋友的去向和谈各自的未来愿望;我感动于巴老一再对我的关怀和惋惜我弃笔从商的好意,才又执起笔来写点散文,做个业余的海外华文写作者,而且大部分时间还是集中于对中国现代文学及巴金学术的研究。所以,陈思和、李辉合著的《巴金论稿》1986年4月出版,6月运到香港零售时,我就第一时间购读了。我对当时只有三十一岁的陈思和、二十九岁的李辉这对青年感到敬佩,他们曾经历了中国巨大历史变化而幸运地进入大学,在大学里勤奋地研究中外的文艺思潮与学说,学会了从多方面去探讨中国作家的文艺思想、艺术风格,以及与中外古今文学、传统文化、学术思潮的关系,晓得独立思考问题并把自己的学术论题建立在充足的资料基础之上,清扫多年来中国文艺评论界因紧跟风气或以论代史,脱离客观事实,脱离历史特点又背弃作家的生活实况及思想艺术实质的不正之风。在《巴金论稿》中,我感觉到他们一反中国过去多年来的众口一词、万笔一调的程式化、概念化、口号化和简单化的论述方法,而把问题提到一定历史范围之内,从广阔的时代背景和中国社会发展实况出发,兼及世界大势、国际文坛的发展、思潮和影响,来观察巴金的思想发展及艺术表现,从巴金创作的具体内容、形式和影响去分析评价巴金。他们在巴金学术研究上甚至在中国的文艺评论方法上都有所创新与突破。他们并非老作家、老学者,他们只是初出校门的年轻作家、讲师或记者(李辉当时是《人民日报》记者)。他们步子起得好,路向也正确。

我自觉他们走在我的前面。我早年的拙著《作家巴金》不单只是有紧跟风气的痕迹,而且拥有的资料并不充足,限于海外情况还不能论述1949年后的巴金生平、创作和思想发展。陈思和、李辉的合著比我拥有更充分的资料，他们踏实地在这些资料上去观察、分析、思考及评论巴金的家世背景、生平经历、创作思想、艺术表现和对读者的影响。他们提出了独特而新颖的观点与资料，使读者们得以从我前时所忽略或忽视的角度去注意和理解巴金先生的世界观、人生观、道德观、文艺观、文化素养、个性气质、人际关系、日常言行和创作思想等等，带引读者跟随巴老所处的外在世界、中外思潮的联系，去探索当时仍被中国"文艺界权威"否定或孤立的这位大反封建、无惧迫害的文豪的创作成就与文学贡献，强调巴金的一生是贯穿着一条红线的一生，是努力去争取个性解放、民族独立、光明与幸福、爱国与爱民等理想实现的一生。他们为巴金树立起正直、爱国、勇敢、远见而进取的、高贵的文豪形象。

陈思和北返了，但他留在我的情怀上，没有离开过或疏远过。何况，我们从此就不时鱼雁相通，交换意见。他1988年9月寄赠给我的新著《中国新文学整体观》使我加深了对他的认识和厚望。他这个初生之犊，若有广阔的园地可以活动，若有所需的草料滋养，他一定可以献出更多的奶和力来迎接远大光明的前程的。

真是"有缘千里能相会"，1989年11月20日至25日，"首届巴金学术研讨会"及"巴金文学创作生涯六十年展"分别在上海市郊青浦县及上海市人民美术展览馆举行，我应邀由海外赴沪参加。安排我出席的人中，自然有陈思和先生的分儿，这些叙会使我有机会结识中国的著名学者、作家贾植芳、王瑶、王辛笛、王西彦、蒋孔阳、濮之珍、唐金海、蒋刚、方航仙、李存光、李辉、汪应果、花建、牟书芳、木斧、刘慧贞、刘慧英、辜也平、祁鸣等和日本作家、学者樋口进、山口守、坂井洋史、岛田恭子等五十余位中外巴金学术研究者，又与我的老朋友谭兴国、吴泰昌、陈丹晨重叙。在五天的共同生活、共同研讨中，我的确体会到陈思和先生所强调的年轻的（以至任何年龄的）巴金研究者的"热情"。我们彼此之间是互相尊重和关怀,坦诚但绝不对立地交流意见,和谐欢乐地、严肃认真地把巴金学术研究讨论推到一个新的高峰。

二十多位女士和先生在研讨会上做了专题报告,都是内容翔实、各具特色的。陈思和先生在会上发表的是以《现代忏悔录——关于巴金〈随想录〉的随想》为题的讲稿,它深为与会者所注意。毫无疑问,陈氏对巴老晚年力作的论述,确有历史事实作根据,其立论、演绎和结论又是富于创见的。它显示了陈氏治学的勤奋精进、写作的成熟和思想的活泼。在会议期间,我跟陈先生单独地相处或交谈的时间不多,他常为会议的事前安排、会后善后而忙,但我则深感我们彼此之间的相互了解加深了,相互信赖增添了,友谊自然也发展了。我们大家都认识到:研究巴金的学术还要走一段很长的路,才能见丰硕的成果;而研究工作的开展并不是某几个人的专利权(或专利品),也不是某一大学、研究所的特殊任务。它必然是建立于一种对巴金先生的"写作和生活是一致的,作家和人是一致的,人品和文品是分不开的"(巴金《怀念鲁迅先生》)自我要求认同,对巴金先生的为了人类的平等幸福、世界的持久和平,也为了向历史、向时代、向社会负责和尽使命而写作,要把心掏出来以心交心,多说真话,坚决地跟假话、空话做斗争,在作品里绝不贩卖谎言,认真地活下去的写作理想认同的基础上,群策群力地就历史事实研究出巴金先生如何为了探索真理、独立思考、追求进步而敢爱、敢恨、敢说、敢做、敢追求、敢探索;同时他又如何热爱祖国乡土、勇于解剖自己、不怕承认错误、更不怕改正错误,力求分清是非、分清敌友,同年轻人们一起工作、战斗,把自己的全部感情、全部爱憎消耗干净;写作绝不为了舞文弄墨、盗名欺世,一定要通过具体的作品去呼吁光明、进步的实现,把心交给读者;如果他的愿望无法实现时,他或是要像受伤的鹰般到了不能展翅高飞的时候,就"滚下海去"或是要像吃了桑叶的春蚕般吐丝,哪怕被放在锅里煮,死了丝还不断，为了给人间添一点温暖；或是化作泥土，留在人间温暖的脚印里……巴金学术研究者们都响应及欣赏巴老的这些理想和呼吁，都自觉地和他走在一起，我们向巴老学习，向巴老致敬。我是这样，陈思和先生是这样，巴金先生的精神感召把我们拉拢起来。

回顾去年11月，在整个"首届巴金学术研讨会"举行的过程中，上海复旦大学的教授们、博士班学员和校友们任劳任怨地为五十多位与会者付出了周全的、近乎完美的服务，散会后仍为联系、鼓舞与会朋友们交流学术，重温上海青浦之会的温馨，磋商"第二届巴金学术研讨会"在四川成都的召开而努力。陈思和先生在这个时候向读者献出他新著的、十七万言的《巴金传》，更为巴金学术研讨工作起着倡导的作用。他的这一新著，由海峡两岸同时出版，不仅为台湾或海外的读者们在阅读巴金创作的散文或小说时指点迷津，也为专门研究巴金学术的作家、学者们在思考时做了陪伴者。

陈思和先生的《巴金传》虽然只用十七万字以内的篇幅来描述及论析一个创作字数逾千万、年过八十六岁高龄遐寿的语言大师、世界文豪巴金的一生（特别是他的人格的发展），真是难度很大、吃力不讨好的。但是作家巴金在数十年无限崎岖的人生道途上所经过的不断追求、探索、失落、寻找、反省、反思心态，和英勇冲刺、奋力挣扎、坚决求真、高擎火炬的言行，所为中国以至全世界的苦难者发放的振奋与温暖，所为中国以至全世界的文艺界做出的重大贡献，所为中国以至全人类的道德标准做出的崇高榜样，在陈思和先生这本《巴金传》中有了一定的反映，是读者们轻易地可以感知的。读者还将会在阅读此书中知道中国的作家和知识分子走过的艰苦生活道路，以及他们所向往、所追求、所发现和所推行的许多真理及愿望。那些导致我们现代或当代的政治、经济、文化、艺术、道德和科学发展、成就的卓越努力，往往是无数有名或无名前辈们基于爱真理、爱人类、爱民族、爱祖国和爱生活而前仆后继地以血肉、以头颅、以一家人的幸福去换取到的成果，也是许许多多的人明智地长期地承先启后地默默工作的结果，倘若读者有志于生活得有意义，立心要生命灿烂开花，那么，通过伟大作家传记的阅读去学习他的新思想、新观念、新精神和好德行、高情操，跟伟大作家的既复杂又纯真、既平凡又伟大的心灵相互交流沟通，是有益和必需的。

成功的传记文学绝不是可以轻易地写成的歌功颂德的作品，也不可能是专为出版界推销书刊而服务的宣传缮稿，相反，必然是作者的精心之作。因为文艺评论是促进文艺变革和繁荣文艺创作的重要手段。一个时期或时代、一个社会或国家的文学事业，不但是以那个时代、那个国家的作家为标帜，而且也以那个时期那个社会的文学评论家为标帜。出现一个伟大的文学评论家和出现一个伟大的作家，对于文学发展来说，具有同样重要的意义。而成功的文学家的传记作者，正是能够掌握纯熟的语言艺术技巧、具备充分的文学、史学、哲学、政治、经济和科学知识，对其所描绘、评论作家的生活时代背景、社会背景及与其同时代生活或有承继、影响的有关人物渊源无不涉猎，然后剥茧抽丝，按时按地、依事依物，并根据作品特色、创作思想和读者反应，组编评析，塑造出传记主人翁的准确、完整、具体而生动的形象来，予读者以新信息、新形象、新启发及新影响。但是，若跟像巴金先生这样创作活动期长、作品影响广大和文坛地位崇高的世界性作家的数逾千万字作品相比，任何对他歌功颂德的文章都会显得苍白无力。巴金先生的巨大而具体生动的、优秀而多式多样的作品，已为他自己在文学发展史上或中国当代思想史上树立起丰碑，无须他人替他锦上添花。随着中外巴金学术研究队伍的发展与扩大，我们作为巴金生平、学术的研究者或作品的热爱者之一，只能以为中国新文学创作或世界华文写作发展而服务的态度，尽可能做到明确地对巴金先生的家庭背景、生活历程、思想发展和创作生涯、创作影响进行分析研究，而且尽可能运用客观的历史事实、掌握正确的美学观点去认识巴金的真善美精神世界，从而对其具体创作进行独特的探讨与评价，启发读者把巴老的为人与为文、人品和文品联系起来看，有感情地去认识他和有批评地去学习他。假如本书的读者们没有感到作者的描绘论述曾歪曲巴老的真实面貌、精神世界，作者的美学观点没有落后于时代思潮、没有违反巴老倡导的"为了真理，要敢爱敢恨、敢说敢做、敢追求敢探索……"的指向，那么，陈思和先生已取得了成功，能够表现得站得高、看得远了。

许多位厚爱于我的朋友（包括陈思和先生在内）都直接或间接地表示希望我能改写那已重印了二十一版的拙作《作家巴金》或写一本《巴金评传》，我本人也有同样的意愿与冲动。可惜我近年来商务缠身、东奔西跑，难得安定下来生活，故此无法专心从事研究或写作，只断断续续地写了些散文和完成了《巴金年谱简编》（约三十万言）暂补《作家巴金》一书的不足。如今，陈思和先生的《巴金传》发表，无论他的观角与观度是不是跟我相同，我都得感谢他；没有他的新著，我就没有了新的启发。

巴金先生说："文学事业是人民的事业，而且是世界人民的事业，这个事业中也有我的一份。"（《春蚕》）"他们（作家——余按）或成功或失败，读者是最好的评论员。"（《一封回信》）"只有忠实的读者才懂得文学作品的力量和作用。这力量，这作用，连作家自己也不一定清楚。"（《我的"仓库"》）"离开了读者，我能够做什么呢？我怎么知道我做对了或者做错了呢？我的作品是不是和读者的期望相符合呢？是不是对我们社会的进步有贡献呢？只有读者才有发言权。"（《把心交给读者》）巴老是十分尊重读者和信任读者的，他认为他的每个读者，都有权用他自己的看法来评价作家的作品的。我想，研究巴金学术有成的陈思和先生也是。

陈思和先生来信嘱我代他的新著写一篇序，我就大胆地也是坦诚地写出如上的话，作为他的一位远方朋友的致意。并祝他的作品，受到读者们欢迎。

1990年9月5日写于加拿大温哥华

小引：作者的独白

现在的文学时代里，要为一个健在的，并在当代社会生活中依然发挥着重要影响的作家写传，多少是一件冒险的事情。无论是作者所要努力的还是读者所期望的目标——刻画出一个真实的传主形象，都既是一种渴望，又是一种奢望。生命是一道长河，它每往前流逝一步，整个历史的分子结构都会为之改变。每一日，甚至是每一件事的发生，都意味着自己的历史还处于活动和变化之中，也意味了人们用新的眼光来解释以往历史的可能性。再者，正因为生命的真实是由它所发生的全部细节构成的，而当这些细节本身已经随着时光消失得无影无踪，唯剩留在人们的记忆中，以及文字语言的表达中的一些残余断片时，要用文字去"再现"它的真实又未尝不是天真的神话。

任何人都回天无术，无法用文字来"重现"一个活生生的生命的真实，即使是作家本人吧，他一生写下了数百万言的文字，多多少少留下了生命在流逝过程中的一点真实，他的回忆录，谈话纪要，又多多少少表达出对本人历史的一种解释。这本小小的传记，依据的也就是这么一些材料。然而，作为历史文献背后的文化语码，因为时隔远久，当代人又能体味到几分真实的信息？近十年来治学的经验与教训都不断暗示作者在这方面信心的缺乏。记得,"巴金"这个名词最初跃入作者脑际的,是一本残缺的《憩园》。那是一个荒芜的年代,久旱的禾苗无意中获得一滴水珠都会当作净瓶甘露,杨梦痴瘦长褴褛的身影在夕阳下慢慢地移动,寒儿为寻回父爱而苦苦呼唤那沉睡的灵魂……像一首唐诗的残句,在我十五岁的心灵里难以抹去,它唤起了我对过去的时代中无数悲剧故事的觉悟。又过了一年,我的父亲,回到家里与亲人团聚,我曾向他讲了这本使我感动的小说,我父亲曾经是巴金作品的忠实读者,我的叙述勾起了他的一系列回想。夜已经深了,一杯酒,一支烟,在昏澹的灯光下他向我讲了《激流》的故事、《雾》《雨》《电》的故事,也讲了《寒夜》的故事,在父亲的伤感的语调里,我心目中渐渐地勾勒出一个巴金的形象:多愁善感,情意缠绵……几年以后,父亲已经去世,我考上了大学中文系,正在图书馆里通读《巴金文集》。时代也发生了变化,学术界开始了"拨乱反正",巴金的名字又重新受到世人的注意。十四卷文集的文字,处处向我指示了另外一个巴金的形象:生机勃勃,精力旺盛,在风雨如晦的中国社会里,不屈地呼唤着光明,追求着理想……父亲的伤感情调被冲淡了,在眼前耸立起一个战士的形象。我迎合当时的风气,想从十四卷文集的分析着手,来驳斥曾经涂在巴金身上的"无政府主义""反共老手""黑老K"等等诬词。我和同学李辉联手研究巴金,就是从这样一个出发点开始的。这个过程中我们不能不感激当时还在资料室里劳动的贾植芳先生,是他热情地指点了我们应该摆脱十四卷文集的局限去直接阅读作品最初的版本,告诉我们许多十四卷以外的巴金佚文篇目,并借给我们看英文版奥尔格·朗的《巴金和他的著作:两次革命中的中国青年》一书,这样就大大地开阔了我们的视野,使我们真正理解了时代,以及中国知识分子所走的道路的复杂性。在我俩合著的《巴金论稿》中,我们力图通过分析巴金与中外政治文化思潮的关系,来展示巴金前期思想艺术的复杂存在。但我们的结论,是巴金怎样从一个真诚的无政府主义者走到民主主义者和爱国主义者的行列。很显然，我们当时的结论，是与国内现代文学史的教科书向我们指出的轨迹一致的。但是，这个结论就对吗？且不说现在自己对它的怀疑，就是回顾以上的认识发展：我父亲的叙述，十四卷文集，以及巴金著作的原始版本三种文本就使我产生了对巴金的三种不一样的理解。或可以说，我曾经认识了三个巴金：一个是多愁善感呼唤人性的巴金，一个是战斗性十足的革命者巴金，还有一个是从无政府主义走到了时代前头的巴金。这不仅是依据的文本之间的差异，也反映了不同时代环境对阅读者的不同制约。那么，究竟哪一种巴金的形象才代表了巴金的真实？

如果说，世界上存在着客观的真实，那它只有一种，但主观的真实却有无数种。人们常喜欢引用歌德说的一句话：说不尽的莎士比亚。其实，任何一笔精神财富都是说不尽的，因为不同的时空会使人产生新的理解。因此，当我拿起笔来准备写下我此时此刻心目中的巴金的真实时，我有意不在上述三种巴金的形象中寻找我的出发点，反之，它们可能会成为我的第四种认识的证伪对象。我不敢说，我在本书中刻画出一个真实的巴金的形象，但我力图真实地写出我对巴金的全部思考、理解和困惑，我愿意写出我为什么无法完成一部真实的巴金传记的困难和缘故，也展示出巴金研究现状的各种盲点和空白。

顺便，我还想说，我把这本小书暂定名为《巴金传——人格的发展》，不仅是我在巴金老人一生的经历和处境中联想起另一个远在俄罗斯的老人的命运，同时也因为，他的人格还在发展，于今。

目 录

第一章 再见，又恨又爱的故乡 …………………………… 001
 一、大江东去 ………………………………………… 001
 二、李家老屋 ………………………………………… 004
 三、出世之前 ………………………………………… 007
 四、广元县的三个片段 ……………………………… 010
 五、死神 ……………………………………………… 017
 六、家族真相 ………………………………………… 020
 七、又恨又爱的童年 ………………………………… 026

第二章 理想，将与明天的太阳同升 ……………………… 029
 一、理想的升起 ……………………………………… 029
 二、信仰与活动 ……………………………………… 035
 三、初出夔门 ………………………………………… 043
 四、在南京 …………………………………………… 048
 五、第一次北上 ……………………………………… 053
 六、为主义而战 ……………………………………… 056

第三章 圣母院钟声响起的时候 …………………………… 066
 一、赴巴黎 …………………………………………… 066
 二、立誓献身的一瞬间 ……………………………… 071

三、玛伦河畔 ················· 082
　　　四、《灭亡》的诞生 ············· 090
　　　五、回国一年间 ················ 094
　　　六、西湖的梦 ·················· 100

第四章　无边黑暗中的灵魂呼号 ······ 103
　　　一、人格的榜样 ················ 103
　　　二、激情 ······················ 106
　　　三、跨入文坛 ·················· 117
　　　四、南国的梦 ·················· 123
　　　五、北方的呼号 ················ 135
　　　六、日本之行 ·················· 146

第五章　寻找一个失去的梦 ·········· 156
　　　一、文学的新生代 ·············· 156
　　　二、转折点：趋向平稳 ·········· 170
　　　三、萧珊 ······················ 175
　　　四、聚散两依依（一） ·········· 177
　　　五、在孤岛 ···················· 185
　　　六、聚散两依依（二） ·········· 191
　　　七、聚散两依依（三）：结婚 ···· 197
　　　八、失去的梦 ·················· 202

不是结语 ························· 209
《随想录》：巴金后期思想的一个总结 ···· 212
后记 ····························· 226
本书参考书目版本 ··················· 234
　　　一、巴金原著 ·················· 234
　　　二、研究著作 ·················· 234
　　　三、回忆录 ···················· 235

第一章　再见，又恨又爱的故乡

一、大江东去

1923年5月初①，十九岁还不到的巴金和三哥尧林离开了成都老家，搭一只竹篷木船，经宜宾，上重庆，再换长江上的大轮船出三峡，最终目的地是上海。当时还没有巴金这个名字，他的本名叫李尧棠。

令人奇怪的是，这位生性敏锐、才华横溢的年轻人对他第一次出夔门、闯三峡的经历竟没有留下只字片语。他后来的情况并不怎么样。李尧棠早在以"巴金"的名字驰骋文坛之前，就具备一个优秀著作家的良好素质：他对任何一种新鲜的人生经验，都怀有特别敏感的好奇心。每一次旅行都为他汹涌的文思提供了喷发口，他总要拿起笔来，在纸上写下一些沿途见闻，既是打发单调而寂寞的旅程，又是保留对自然、人生以至社会的各种看法。《海行》《旅途

---

①巴金出川的日期，巴金自己有两种说法：一说"1923年春天"（《家庭的环境》），一说"1923年5月"（《我的老家》）。据新发现的巴金佚文《塘汇李家祠堂》手稿记载，他与三哥在当年四月二十二日（农历）之前已到过嘉兴，即6月6日之前。当时成都到上海的水路至少一个月，所以当在1923年5月初动身。

随笔》《旅途通讯》《旅途杂记》《华沙城的节日》……且不说这些行程较长的旅途,就是在那一年年底他与三哥一起去老家嘉兴塘汇李家祠堂祭祖,归途要从乡下乘船到火车站,不过是几个钟点的水路,他就写下了这么一段惊心动魄的感受:

……人到了这种时候,心中的感觉奇异得很,复杂得很,第一便是万念俱消,往日心中所想慕的英雄事业,至此完全成为可悲的梦境,好像英雄末路一样,只好在荒凉中废其余生而已,不复有他念,继而又想到以前的情况,去年此时还在温暖之室中,今年此日便在与烈风奋斗之一黑暗小船中矣,人事之不常若是。后来又想象茫茫之前途,与南京的情景。德良弟不耐黑暗,频开旁的小窗,有光线随之而入,然甚微弱,船篷外风甚剧,雨亦未止,船行已久……①

文字难免幼稚,但想象力的丰富和观察事物的细致,实在令人吃惊。连这短暂的船舱经历也激起了他诸多联想,那么,这一次他出川入海,②又是将近一个月的水上生活,怎么会不留下他的万般离愁别绪又千种新奇景观?当然也有一种可能,就是他曾经写过,但随后又丢失了。据他自称,1924年在南京想家想得最厉害的时候,总要写点什么,后来集成两本小册子,一本叫《给母亲的信》,一本叫《鸿爪集》,都寄回成都老家去,1930年大哥尧枚去世,他把这些最初的文学试笔都烧去了,只留下一种,就是后来出版的散文集《海行》。③据此想来,这一次旅途的见闻录,或许就保存在那两本被焚成灰烬的小册子里,或许他还写过另外一种小册子,后来也喂了熊熊的火舌。尧棠烧稿的时候已经开始写作《激流》第一部,

---

① 引自《嘉兴杂稿》手稿。
② 出四川、到上海,如巴金所说,由一叶竹篷木船载着,"驶入茫茫人海",人海又指社会。
③ 引自《致树基(代跋)》,载《巴金全集》第12卷,第585页。

"巴金"的名字如日东升，他也许会嫌那些文章过于幼稚而随手扼杀了它们的存在。保留不保留这些作品，作家有自己的理由，但这对于研究者来说，不能不是一个难以弥补的损失。因此，我们这本传记所设计的第一个内容，就只好如实付阙了。

作家在以后的回忆中，描写了当时他离家的心情：

民国十二年（1923年），春天在枪林弹雨中保全了性命以后，我和三哥两个就离开了成都的家。大哥把我们送到木船上，他流着眼泪离开了我们。那时候我的悲哀是很大的。但是一想到近几年来我的家庭生活，我对于旧家庭并没有留恋。我离开旧家庭不过像甩掉一个可怕的阴影。 但是还有几个我所爱的人在那里呻吟，憔悴地等待宰割，我因此不能不感到痛苦。在过去的十几年中间我已经用眼泪埋葬了不少的尸体，那些都是不必要的牺牲者，完全是被陈旧的礼教和两三个人一时的任性杀死的。①

巴金这篇文章写于1933年，正是他完成了《家》，把旧家庭当作一个封建黑暗王国的象征加以攻击。他的小说以自己在成都的老家作为原型，但是生活原型一旦成为文艺创作，它的内涵和面貌都随之改观，不知不觉地，人们以至作家本人，都把这两个家庭——生活中的李家和艺术中的高家混为一谈，作家笔下的回忆文字也出现了煽情性的内容与评价——作家本人的这种被政治激情所异化了的感情一直延续到抗战以后，在《憩园》中才慢慢地流露出对老家的真实感情，而在他八十岁以后的《随想录》中，才一而再，再而三地出现了老年人对幼年时代家庭琐事的温馨回忆。

这就给我们写他的传记造成了困难，笔者无法把他在1933年写作的回忆文章当作他十年前出走时心情的真实写照，为了了解当时

---

① 引自《家庭的环境》，载《全集》第12卷，第401页。

作者可能会有的真实心理,我们还是应该回过头去认识一下那个坐落在成都城内正通顺街石板路上的李家大宅,考究一下,十九岁以前的李尧棠到底是以何种心情离开这个老家,走出夔门,开始他的真正人生历险。

二、李家老屋

现在,巴金故居的真实模样已不可寻。笔者从未到过四川,本来在动笔之前曾有川行打算,但读了巴金《我的老家》一文后便打消了这个念头。那篇短文记载了成都李家大宅的数次易主变迁,于今已经一无所有,据载,日本作家水上勉先生访问后说,他只看见一棵枯树和空荡荡的庭院,他不知道那是什么树,只是轻轻地抚摩着粗糙的树皮,想象那发生过的事情。这当然也是作家的艺术想象在起作用。巴金回忆说,当初那"没有一片叶"的枯树是不存在的,可能是后来人所栽。又有一幅《巴金故居》的油画,一棵老树占了画面的二分之一,黄叶飘落,斑斑鳞节,背景是油漆剥尽,窗门洞开的"老屋"。但巴金看后又说,他对此景"脑子里一点印象也没有"。1980年春日本池田政雄在成都摄下一沓"巴金老家"的照片,发表在《野草》杂志上,巴金从照片中唯能认出的是一口井,说这是"唯一的真实旧址",并说,他的小说《秋》里女孩淑贞就是跳这口"井"死的。可是淑贞这个人物本来就是作家创作的,现实生活中并无原型,也就是说,那口真实的井里并没有淹死过淑贞或其他什么人。然而到1984年水上勉先生写的访问记里,连这口井也没有了。巴金寂寞地写道:"不知是人们忘了引他去看,还是井也已经填掉。"

"老家"的庭院也早已全部拆毁。这住宅自李家以后,几易主人,格局屡有变动。20世纪50年代末在这旧址上重新建造了一个部队文工团的宿舍,属"战旗歌舞团"的地盘。"巴金故居"从根本上说是不存在了。所以巴金曾对一位日本研究者说:"您不用在成都寻访我的故居,您把《激流》里的住房同《憩园》里的花园拼在一起,那就是我的老家。"真正的"巴金故居"是属于文学的,它只存在于文学的描写之中。

这个用文字描绘出来的李家大宅是这样的:

大门外:"这所公馆和别的公馆一样,门口也有一对石狮子,屋檐下也挂着一对大的红纸灯笼,只是门前台阶下多一对长方形大石缸,门墙上挂着一副大对联,红漆底子上现出八个隶书黑字:'国恩家庆,人寿年丰。'两扇大门开在里面,门上各站了一位手执大刀的顶天立地的彩色门神。"——录自《家》,那一对"长方形大石缸"又名"太平缸",里面盛水,作防火之用,因为这一对石缸,正通顺街又称为"双石缸"[①]。

大门内:"本来关着的内门,现在为我们的车子开了。白色的照壁迎着我。照壁上四个图案形的土红色篆字'长宜子孙'嵌在蓝色的图框子里。我的眼光刚刚停在字上面,车子就转弯了,车子在这个方石板铺的院子里滚了几下,在二门口停下来。……二门内前面是一个正方形的铺石板的天井,在天井的那一面便是大厅。一排金色的门遮掩了内院的一切。大厅上一个角落里放着三部八成新的包车。"——录自《憩园》,因为憩园的故事发生在以后,所以大厅一角有了包车,而在尧棠的幼年时代放包车的地方应是放几顶轿子。

院内:"从大门进去,走出门洞,下了天井,进二门,再过天井,上大厅,弯进拐门;又过内天井,上堂屋,进上房;顺着在边厢房走进过道,经过觉新的房门口,转进里面,一边是花园,一边是仆婢室和厨房,然后是克明的住房,顺着三房住房的窗下,先进一道小门,便是桂堂。竹林就在桂堂后面。这一切全是如实的描写。"——

[①] 凡引自《家》处,均据《全集》第1卷本。凡引《憩园》处,均据《全集》第8卷本,凡引《我的老家》,均据《病中集》本。

录自《我的老家》，此处的描写均散见于《家》《春》《秋》的各种场景，不再一一指出了。

大厅："堂屋里除了一盏刚刚换上的一百支烛光灯泡的电灯外，还有一盏悬在中梁上的点清油的长明灯，一盏煤油大挂灯，和四个绘上人物的玻璃宫灯。各种颜色的灯光，不仅把壁上的画屏和神龛上穿戴清代朝服的高家历代祖先的画像照得非常明亮，连方块砖铺砌的土地的接痕也看得很清楚。"——录自《家》，这里虽然写的是灯，但大厅里的豪华、奢侈的景象可见一斑。

还有戏台："公馆里添了许多盏电灯，到处张灯结彩，装饰得十分富丽堂皇，中门内正对着堂屋的那块地方，以门槛为界，布置了一个精致的戏台……门槛外大厅上用蓝布帷围出了一块地方，做演员们的化妆房间，还另外在右面的小客厅里布置了二个专为著名旦角用的化妆室。" ——录自《家》，这是小说里高老太爷六十大寿时的描写，也是李家的真实生活场景。1914年冬，李家老太爷过生日，就在这"中门"内搭台唱过戏。

接下去是花园："我便绕着假山，在曲折的小缠里闲走。假山不少，形状全不同，都只有我身材那样高，上面披着藤萝，青苔；中间有洞穴，穴内开着红白黄三色小草花；脚下小径旁草玉兰还没有开放，走完小径，便到一间客厅的阶下，客厅的窗台相当高，纸窗中嵌的玻璃全被绘着花鸟的绢窗帘遮住……我想这应该是上花厅了。……我沿着墙往右边走去。我经过一个养金鱼的水缸，经过两棵垂绿海棠，一棵蜡梅，走到一个长方形的花台前面，这花台一面临墙，一面对着一间窗户全嵌玻璃的客厅，我知道这就是所谓下花厅……花台上种着三棵牡丹，台前一片石板地。两棵桂花树长在院子里，像是下花厅的左右两个哨亭。"——录自《憩园》，这里除了"玻璃"还有待考证外，上花厅，下花厅，花园，假山、桂树等，大约都是当时的写实。

至于巴金小时候的住处，作家后来也有回忆："我还记得为了大哥结婚，我父亲把我们叫作'签押房'的左边厢房改装成三个房间，其中连接的两间门开在通入里院的过道上，给大哥住；还有一间离拐门很近，房门开向内天井，给三哥和我两个住，到了我离家的前两三年大哥有了儿女，房子不够住，我们家又把中门向内台阶上左右两块空地改装成两间有上下方格子玻璃的小屋，让我和三哥搬到左边的那间去，右边的一间就让它空着，小屋虽小，还是相当冷，因为向内天井的一面是玻璃窗，对面就是门的边门，窗有窗缝，还有一面紧靠花园。"

现在，根据作家自己的描述，我们拼拼凑凑地知道了李家大宅的大致模样，至于它的真实性到底多少，那只有作家本人清楚。我们姑且认为这是巴金故居最准确的描绘，在那样一个环境里，李尧棠——巴金度过了十七年的童年和青年生活，甚至1923年离开成都以后，老家仍没有离开他，它在他的心里深深扎下了根，一次又一次地促动他的艺术神经，唤起他的文学想象，并透过他的那一支笔，在艺术世界里得以复活。

三、出世之前

李家买下这座大宅的时间已不可知，李家的真正发迹者是祖父李镛。关于李家一族的历史，现在也只能根据巴金本人的叙述，并无什么更为可靠的材料。但由于巴金是在不同历史时期不同社会背景下谈到自己的家族，他对家族历史的评价，对家族成员的亲疏态度都不一样，我们似乎很难从这些主观情绪很重的回忆里判断真相。唯能确证的，大约就是一些近于客观的历史事实。譬如这一家族由浙江嘉兴迁入成都，是在高祖李介庵的时代。李介庵作为"幕僚"随主公举家入川，至于他是哪一路官员的幕僚，大约嘉兴府志会有所记载，笔者没有去查——这倒不是故意偷懒，而是觉得意思不大，不管李介庵随谁入川，都与五世孙李尧棠成为作家绝无干系。倒是曾祖李璠对曾孙略有影响，这位曾祖只活了五十五岁，死于1878年，巴金没有见过，但他留下一部《醉墨山房仅存稿》，书里有些精辟之论，直到他死后一百零四年，还被曾孙引来发挥。① 到了祖父李镛时代，这一家族才真正地中兴起来，巴金不无敬意地叙述了祖父的功绩："祖父是一个能干的人，他在曾祖死后，做了多年的官，后来'告归林下'，他买下了不少的田产，修了漂亮的公馆，收藏了好些古玩字画。他结过二次婚，讨了两个姨太太，生了五儿一女，还见到了重孙。"② 李镛有两房妻室，为他生了五个儿子三个女儿，其中有一子二女早年夭亡，后来又娶了两个姨太太，曾姨太为他生过一个小儿子，黄姨太无生。李镛也写过诗，他自己刻印的诗集《秋棠山馆诗抄》传说在20世纪50年代成都的旧书肆里尚能买到。

李道河是李镛的长子，在这个大家庭里本来是个举足轻重的人物，只是他的官运和才干都不及其父，学业也不及两个去日本留过学的弟弟，所以过得平平，无甚发展。《家》里觉新有一段话谈及他们的父亲高克文："有一年爹被派做大足县的典史，那时我才五岁多，你们都没有出世。爹妈带着我和你们大姐到了那里。当时那一带地方不太平，爹每夜都要出去守城，回来时总在一点钟以后。我们在家里等他回来才睡。那时候我已经被家人称为懂事的人。每夜我嗑着松子或者瓜子一搭一搭地跟妈谈话。妈要我发狠读书，给她争一口气，她又含着眼泪把她嫁到我们家来做媳妇所受的气一一告诉我们。我那时候或者陪她流眼泪……又过了几个月，省上另委一个人来接爹的事。我们临行时妈又含着眼泪把爹的痛苦一一告诉我们。这时妈肚子里头怀着二弟已经有七八个月了，爹很着急，怕她在路上辛苦，但是没有法子，不能不走。回省不到二个月就把二弟你生出来。第二年爹以过班知县的身份进京引见去了。妈在家里

---

① 参阅《真话集·西湖》，巴金还提到《醉墨山房诗话》，不知是否属"仅存稿"的一部分，还是另外一部著作。

② 引自《家庭的环境》，载《全集》第12卷，第400页。

日夜焦急地等着，后来三弟你就出世。这时爹在北京因验看被驳，陷居京城，消息传来，爷爷时常发气，家里的人也不时揶揄。妈心里非常难过，只有我和你们大姐在旁边安慰她。她每接到爹的信总要流一两天眼泪，一直到后来接到爹的信说：'已经引见，中秋后回家。'她才深深地叹一口气，算是放了心。"① 这一段话虽是出自小说中人物之口，但据作家自己说，他是根据大哥给他的信里摘出的，当为真实情况。② 在这一段话里，小说里的人物和现实生活中的人都对上了号，高觉新即李尧枚，二弟觉民即李尧林，三弟觉慧即李尧棠，父亲高克文即是李道河，以此推算李道河在大足县当典史是在1902年，典史是知县的属官，专管本县监狱和捉贼捕盗的事情，李道河没干几个月即回成都，尧林在1903年上半年出生，第二年（1904年）李道河便以"过班知县"的身份上京。在清朝，官吏可以由大员保举，或捐出一笔钱来升官的，李道河官运不通，就走了这条路子，出钱由典史升为知县，这叫"过班知县"。过班知县要上京，由吏部主事带领面见皇帝，叫"引见"。引见以后才可以领照出京听候补缺。但李道河的引见并不顺利，在引见前，先由点派的大臣来察看他的相貌状态和履历等项目，这叫"验看"，他一度验看没有通过，陷在京城里。这是他妻子在成都老家日子最不好过的一段时间，直到中秋节前夕他才被引见通过，然后回家。这段话里唯有一个细节没交代清楚，就是李道河"陷居京城"有多久，按这段话的逻辑来推，李道河应是在1904年下半年上京，巴金随后出世，道河陷居京城，直到第二年中秋后才引见回成都。但这样他在京城未免陷得太久一些，还有一种可能是大哥的信中有误，当是李道河在1904年上半年上京，陷居北京，直到过了中秋被引见后回成都，那么，那年阴历十月十九日巴金出世，他应当在家里。——

---

① 引自《家》，载《全集》第1卷，第107—108页。
② 引自《我的几个先生》，载《全集》第13卷，第15页。

这且不去管他,重要的是在巴金已经有了生命但尚未出世的一段日子里,他母亲是在忧郁伤心、担惊受怕、忍气吞声中度过的,这正是巴金生命的形成时期,母亲的忧郁对他的性格形成不会没有影响。在以后的文章里,他曾一再诉述——我自小就带了忧郁性,我的性格毁坏了我一生的幸福,黑暗,恐怖,孤独,在我的灵魂的一隅里永远就只有这些东西,我永远在寂寞的大沙漠……① 巴金的童年生活十分幸福,没有什么能忧郁的理由,唯可解释的,就是那一段"胎教时期"的环境压迫——谁能说,一个人的生命一定要等出娘胎才能算起呢?

四、广元县的三个片段

接下去可以探讨尧棠在广元县的一段生活了。李道河赴任广元县县令是1909年,巴金五岁。这一年他随父母一行从成都到广元县,在他之上,已有两个哥哥,两个姐姐,大哥尧枚,二姐尧桢,三姐尧彩,三哥尧林,他们兄弟还各有一个小名,大哥叫果麟、三哥叫安麟,尧棠叫升麟。据说在尧桢之前还有一个女儿,在巴金出生以前就去世了。在广元县母亲又生下两个女儿:九妹和十妹。浩浩荡荡的这么一家子在广元县住了两年。

关于李道河在广元县的政绩,笔者曾去查过民国二十九年(1940年)出版的《重修广元县志稿》,在"县令"条上记有李道河之名,但记录语焉不详,仅注明"云南人",任职时期也不详,只含糊地记下"自道光之年后年代不明",似乎很难判断这个"云南人"李道河是否就是成都李宅的大公子。但李家似乎与云南一些大族也有来往,后来李道河为尧枚娶媳妇,用抓阄的办法定了云南张氏为媳,张氏出身云南名门,是官宦人家的后代,很可能在此以前两家就有

---

① 引自《新年试笔》,载《全集》第12卷,第265页。

些关系。当然也可能出于别的原因：也许县志里的"云南人"是误记，也许是李道河以"过班知县"上京验看时做了什么手脚，改了履历，这也不必去管。李道河任职时期，《县志》的"食货志"中"赈济"条有如下的记载："宣统二年，知县李道河赈济一次。"①这大约是巴金父亲无疑了。广元县地处四川的东北角，土地贫瘠，县志记载"荒不止一期，赈岂特一次"。李道河此举，亦可看作他在广元的政绩。李道河在广元县任职期间，没有判处过一个人的死罪。别人说他是个清官，但是二年知县卸任回来，还是买了四十亩土地。②

对父亲，巴金没有太深的印象，但母亲陈淑芬却是他幼年时代的第一位先生，不仅开启了他的智力，更重要的是教会了他做人的道德。在这个家庭里，陈淑芬的见识远在丈夫之上。笔者看到过陈淑芬的照片，丹凤眼，圆脸庞，精明中透出几分强悍，有一种大家主妇的气象，可惜的是生育过多，又连年随丈夫颠簸于外，受气于内，健康受到影响，未能享受天年。在广元县的两年，正是巴金开蒙时期。温暖的灯光下，母亲在小本子上一字一字地抄下《白香词谱》中的诗词，教他认字。"多少恨，昨夜梦魂中……"这是巴金第一次接触文学，他至今还记得，白纸上那一个个娟秀的小字。也许，母亲对第三个儿子特别疼爱一些，巴金生于1904年11月25日，临产前一天，母亲梦见了生子娘娘，朦朦胧胧中她听到："这个娃娃本来是给你的弟媳妇的，因为怕她不会好好待他，所以送给你。"第二天巴金就出生了。在大家庭中，哪一房男丁兴旺，自然母随子贵，母亲这番话里难免有与他房妯娌别气的意思，也正因为如此，她才珍爱这个儿子。巴金深深地爱他的母亲，他自称是从母亲那里继承了她性格中最宝贵的部分——仁爱："她很完满地体现了一个爱字。她使我知道人间的温暖，她使我知道爱与被爱的幸福，她常常用温

---

① 引自余静、谢天来修《重修广元县志稿》1940年铅印本。在巴金的小说《灭亡》里也有一段关于杜大心对父亲赈济的回忆，可做参考。

② 引自《最初的回忆》，载《全集》第12卷，第379页。

和的口气对我解释种种的事情,她教我爱一切人,不管他们贫与富。她叫我去帮助那些困苦中需要扶助的人,她教我同情那些境遇不好的婢仆,怜恤他们,不要把自己看得比他们高,动辄将他们打骂。"①巴金写这段话时是1936年,笔者怀疑这里掺入了作家后来的一些人生观念,并把这些思想加在了那位亡故二十多年的母亲身上。但有一件事大致不会有错。那是他们回到成都以后,因二姐尧枟的病,母亲一度与四圣祠医院的英国女医生有来往,在家里用西餐招待过"洋太太"。她还带巴金一起到医院去玩过,接受了洋人送的《圣经》。这在当时的四川成都,如果没有一定见识与博爱的精神,是难以想象的。因此,巴金从母亲那儿感受了爱,受到了"爱的教育",是可信的。广元县的两年,巴金沉浸在母爱的幸福之中,他用一个孩子的眼光去看世界,觉得生活是那样的美好,他得到了那么多的爱,也想把爱分给别人,让别人与他一起幸福,当然他眼中的世界不过是个孩子的世界,所以:"我们爱那夜晚在花园上面天空里照耀的星群,我们爱春天在桃柳枝上鸣叫的小鸟,我们爱那从树梢洒到草地上面来的日光,我们爱那使水面现出明亮珠子的太阳。我们爱一只猫,一只小鸟。我们爱一切人。"②

然而,随着一天一天长大,不用多久,即使在这四角的花园里他也感受到了:"爱"只是一个美丽但又容易破碎的梦!下面几个生活片段,是笔者根据巴金的回忆改编的。

片段之一:

上午。年幼的尧棠从书房走出,刚踏上石栏杆围着的长廊,在拐门里遇见了丫头香儿,她满脸的焦急,像是大祸来临:"四少爷,我正等着你呢!"

"什么事情?"

---

① 引自《我的几个先生》,载《全集》第13卷,第15页。
② 引自《忆》,载《全集》第12卷,第342页。

"太太又喊何师傅杀鸡啰。"她一把拉起尧棠的小手,转身要跑,"快走吧。"

尧棠睁得一对小眼睛,气急地问:"他们要杀哪一只鸡?"

"大花鸡,就是你最喜爱的大花鸡。"

"啊!"尧棠挣脱了香儿小手,飞快地往母亲房里跑去。在尧棠的世界里,鸡是他最心爱的伙伴,他每天一早就要把鸡放出来,把它们赶来赶去做游戏,就像是指挥着一排士兵,他给鸡们取了各种各样的名字:大花鸡、凤头鸡、乌骨鸡、麻花鸡……他把微弱又单纯的爱心,散到了每一只鸡的身上,当他知道这些鸡养着原来是准备给人杀掉做菜的,他怎么会不心疼,不感到大人的恐怖呢?他要救这些伙伴,他相信时时教育他要爱别人的母亲一定会答应他的请求,从此不再伤害这些可怜的小生命。

他一口气跑进母亲的房里,满头是汗,不住地喘气,把上半身趴在母亲坐着的膝头上。

"四儿,你干什么这样?发生了什么事?"母亲着急地问。

"妈妈,不要杀我的鸡!那只大花鸡是我的!我不准人家杀它!"尧棠拉着母亲的手,哀求着。

"我说是什么大事情!你这样着急地跑进来,原来是为了一只鸡。"母亲笑了,"杀一只鸡,值得这样着急吗?今天下午做了菜,大家都有吃的。"她摸出手帕给尧棠揩了额上的汗。

"我不吃,妈,我要那只大花鸡,我不准人杀它。那只大花鸡,我最爱的……"

小尧棠急得哭了出来。

"痴儿,这也值得你哭?好,你喊香儿陪你到厨房里去,喊何厨子把鸡放了……"

尧棠忘掉了一切,拉起香儿的手跑出了母亲的房间,可是当他们气咻咻地奔进厨房,何厨子正在把手里的大花鸡掷在地上。"完了,死了!"大花鸡在地上扑翅膀,松绿色的羽毛上染了几团血。

尧棠走到它面前,叫了一声:"大花鸡!"只见它闭着眼睛,垂着头,在那里乱扑,身子在肮脏的土地上擦来擦去。颈项上裂了一个大伤口,里面还滴着血……

后来巴金写道,这是他第一次见到死的挣扎!他有两次,郑重其事地把这件事写进了他的著作里,一次是在小说《灭亡》,一次是在散文《最初的回忆》。

孩子的心中没有人畜之分,他把一切生命都视为平等,而大花鸡的死,是他第一次感知于人与鸡是有区分的,鸡的生命完全操纵在人的手里,他为鸡的生命无助战栗了。

但是,又过了没多久,幼小的尧棠又发现了人不但对鸡毫无感情可言,而且人与人之间也是那么缺乏爱心——

片段之二:

"四弟,我们一起看杨嫂去!"

一天下午,尧棠与尧林刚刚从书房里出来,尧林就拉着弟弟的衣襟低声说。

"好。"尧棠毫不迟疑地点了点头。杨嫂是李家的女佣,以前照料尧棠兄弟俩睡觉的,每天晚上,兄弟俩脱了衣服进被窝,总要杨嫂讲故事,在她温和的声调中,伴着什么神仙、剑侠、妖精、公子、小姐……一天和平地过去了,小兄弟慢慢地合上眼睛。可是,突然有一天杨嫂不见了,他们的睡觉改由二姐尧桢来照料,二姐患着"女儿痨",身子很单薄,待他们兄弟睡到床上,她也无声无息地睡到原来杨嫂睡过的床上去了。他们再也听不到杨嫂讲故事的声音,只有偶尔一两声干咳,从二姐的床上爆发出来。到底是小孩子,渐渐地,尧棠已经把杨嫂忘了,现在三哥一提起,他又想起了杨嫂高高的身材。

他们跑到三堂后面,在右边石阶上的第四个房间门口站住了,这是杨嫂睡的房。

他们推开掩着的门,走进去。阴暗的房里没有声音,只有触鼻的臭气,那张矮矮小床上,蓝布帐子放下了半幅,一幅蓝棉被盖着杨嫂的下半身，她睡着了，床前一个竹凳上放着一碗黑黑的药汤，已经没有热气了。他们胆怯地走到床前：纸一样白的脸，一头飘蓬的乱发，眼睛闭着，嘴微微张开，向外吐着气，从被里垂下来的是一只又黄又瘦的手。

小尧棠惊吓住了，这就是杨嫂？那个平时爱清洁，连吐痰都不许他们往地上吐的杨嫂？那个从嘴里会吐出各种各样神仙故事的杨嫂？那个喜欢用红红的桑葚浸一瓶一瓶酒的杨嫂？他觉得自己仿佛在做梦……他哭了。

这件事给母亲知道后，母亲没有责备他们，只是叫他们以后再也别到杨嫂的房里去了。可是一天天过去，杨嫂的病愈来愈沉重了，听说她不肯吃药，还会发出怪叫声。人们一提起杨嫂的病，马上会露出恐怖的神情。"老天真没有眼，像杨嫂这样的好人怎么生这样的病！"连母亲也好几次这么叹气。可是，整个广元县就没有一个好医生，大家也闹不清杨嫂生的是什么病，后来，杨嫂疯了，吃虱子，咬裹脚布，一面吃，还一面笑，满口胡话、怪叫，弄得整个衙门大院里的人都不安生。大家都希望她马上死去，免得再受这种罪，可是又找不到让她早死的办法，一个堂勇曾建议拿毒药给她吃，母亲反对，但也想不出一种办法来。"杨嫂的存在却使得整个衙门笼罩了一种忧郁的气氛。无论谁听说杨嫂还没有死，马上就把脸沉下来，好像听见了一个不祥的消息，许多人都好心地希望一个人死，这个人却是他们所爱的人。"

一天傍晚，杨嫂终于死了。大家全松一口气，"谢天谢地"。只有小尧棠突然大哭起来，他哭得很伤心，就像那次哭大花鸡那样。

1932年，巴金写下一篇小说，题目就叫《杨嫂》。后来他又在一篇散文里写道：就这样地，"死"在我的眼前第一次走过了。这一回，小尧棠是尝到了人的悲哀。

片段之三：

"大老爷坐堂！……"

二堂的吆喝声不断传到书房里，尧棠坐不住了，他知道，父亲又要审案了,这是非常好玩的场面,父亲将穿着奇怪的衣服坐在公案后面,下面两旁站着几个公差,手里拿着竹子做的板子,有宽的,有窄的,这是用来打犯人屁股的。尧棠溜出书房,跑到二堂上,站在公案旁边看热闹。

父亲严肃地坐在上面问话,犯人跪在下面一句一句地回答,讲的是什么内容他完全不懂,只看见父亲的脸色渐渐地变了,声音也变了。

"你胡说!给我打!"父亲猛然把桌子一拍。

两三个差人就把犯人摁倒在地上,拉下他的裤子,露出白白的屁股,一个人按住他,别的人在旁边等待着。

"给我先打一百小板子!这个混账东西不肯说实话!"

"青天大老爷,小人冤枉啊!"那个人趴在地上杀猪似的叫起来。

"一五、一十、十五、二十……"两个差役拿了小板子,在左右两边打了起来。

"青天大老爷在上,小人真是冤枉啊!"

"胡说!你招不招?"

那个犯人依旧哭着喊冤枉,屁股由白而红,又变成了紫色。数到了一百,差人就停住了板子。

"禀大老爷,已经打到一百了。"

屁股上出了血,肉开始烂了。

"你招不招?"

"青天大老爷在上,小人无话可招啊!"

"你这个狡猾的东西!不招,再打!"

于是差役又一五一十地下着板子,一直打到犯人招出实话为止。

然后。奇怪的事发生了。被打的犯人就由差役牵了起来,给大老爷叩头,或者自己或者由差役代说:

"给大老爷谢恩。"

事情过去许多年了,尧棠不再对那些由白变成五颜六色的屁股感兴趣，他困惑不解的是那张嘴——那个犯人的嘴，或是代犯人说话的差役的嘴——明明是挨了一阵毒打，为什么要吐出两个字：谢恩。挨了打还要谢恩，这在尧棠幼年的脑子里无论如何想不通，他只觉得事情不应该是这样的。许多年以后他明白了其中的道理，于是痛苦紧紧缠住了他的心，他在著作里一而再再而三地写下这件事，直到他垂暮之年。如果说，鲁迅一生也有一个缠绕至死的梦象，就是剪辫子的风波，那么，缠绕了巴金一生的梦象就是挨板子后的谢恩——这是对封建时代奴性的中国人的绝妙写照。

以上的三个片段，都录自巴金《最初的回忆》，又是他在许多著作中一再提及的，说明这三件事已经不单单作为童年生活的印象而有意义，它们都转化为艺术创作的源泉，成为作家思考人生问题的参照。从这些片段里，我们看到了一个人格的最初的形成。

辛亥革命那一年，李道河辞了官回成都老家，这时候，在他的家庭成员里，又多了两个女儿。

五、死神

四五岁以前，巴金对成都老家没有什么印象，只是后来听人说，原来老家花园里有水池，因为他小时爱乱跑，一次掉进池里，祖父下令让人把水池填掉了。这次回到家里，大家庭的图景才逐渐清晰地在他眼前展开。这些图景以后就成了他那些脍炙人口的长篇小说的故事背景。由于这些名著以各种版本、各种文字流行于世，使巴金的成都老家变得家喻户晓。但不幸也在于此，既然这个家庭的面貌是通过文学形式流传于世，它就不能不蒙上被歪曲、被虚构的危险。当作家为读者描述了这个家庭里发生的一桩桩催人泪下的悲惨故事时，读者对这个家庭的误解也愈来愈深。到后来，作家的那支笔不但蒙过了读者，也蒙住了他的亲戚，甚至蒙住了他自己。许多年中，他一直把这个虚拟的家庭当作仇恨的发泄目标。

正因为如此，当我们在传记中介绍巴金的家庭时，不能不注意到文学与真实之间的区别。事实上真实已经随着时间的推移渺不可知，而文学的描述又极不可信，我们既然不能无中生有地虚构出一些真实来，那么，唯可做的事就是指出那些文学描述的矛盾与不可信。但是在做这项工作前，笔者还想插入一段其他话题，那就是"死亡"对这个家庭的来访。

巴金自广元县到成都不久，四川爆发了著名的保路运动，接着，又爆发了辛亥革命，推翻了帝制，中国在缺乏思想和经济的准备下冒冒失失地闯进了民国时代。这一场革命对八岁的巴金来说没有太深刻的印象，四川总督赵尔丰下令开枪打死举着光绪皇帝牌位请愿的和平群众的惨剧，他只是从家塾教师龙先生激愤的介绍中获知一二，远不及广元县衙门里打犯人屁股的印象来得深。李家虽然吃过皇粮，但对宣统皇帝没有太深的感情，"祖父因为革命而感到悲哀"。但究竟如何"悲哀"，没有提供具体细节。二叔李道溥和三叔李道洋都是留日学生，一两年前从日本回来时已经剪去了辫子。二叔是中国第一批留日的法科学生，毕业于早稻田大学。他回国后戴过红顶官帽，被授命为"四品"的官衔，本来可以放个"道台"。现在革命一来，仕途是葬送了，但他不怎么懊恼，因为学过法律，就在成都开一家律师事务所，当起了大律师。法律本来是资本主义政治的产物，与皇权对立着，现在皇权一倒，他反而学有所用了。三叔回国后当过一任南充知县，倒还有一点念旧之心，他会吟诗，一度给自己取了个"亡国大夫"的称号，但没过多久自己就取消了，换了个"息影坛主"这样十足鸳鸯蝴蝶色彩的雅号。至于父亲李道河更是实际，他是这个大家庭的实际主持人，皇帝一推翻，他赶快买了白布做新朝的国旗，此举倒未必是为了在政治上投机，现在想来，大约是想向新政权表示，李家永远是个顺民吧。不过，推翻皇帝以后的各路诸侯此刻还顾不上招抚百姓，辛亥以后，中国便陷入了各种各样的军阀火并之中，今天兵变，明天巷战，四川从此不太平，成都从此不太平，李家也从此不太平了。年幼的巴金曾亲眼看着父亲是怎样把一封封银圆藏到地板底下和井中,他也跟着母亲逃过难,留给他的印象。而且唯恐怖而已。这样的战事,直到1923年他离开成都时候还没有结束。他写道:"枪炮声,火光,流血,杀人,以及种种残酷的景象。而且我们偶尔也挨近了死的边缘。"①

战争没有给他们家带来意外的死亡,但死神则已经实实在在地赖在这一家庭里不走了。从1913年至1917年,连头接尾五年当中,李家的长房连续死了四口人:李道河夫妇和两个女儿;二房死了两个男儿:巴金的二哥和五弟。

李道河夫妇死于何病没有记录,他们去世的时候都值壮年,陈淑芬留下的一张照片,体态丰满,不像久病的人,何况他们回成都后又生下一个男孩,即十四弟尧棪。母亲死于1914年,据巴金记载,她病倒不过二十多天,"她在病中是十分痛苦的。一直到最后一天,她还很清醒,但是人已经不能够动了"。②而父亲在陈淑芬死后,立刻又娶了一房继室邓氏,接连生下了一男一女,即十七弟尧集和十二妹瑞珏,尧集是遗腹子。可见李道河死前身体情况依然良好,他是死于1917年春天的一场巷战之后,当时家里流行了可怕的白喉,二房的两个儿子都被传染而死,巴金和三哥也一度病倒,但很快就痊愈了。李道河在这时突然死去,从发病到死,不过几天时间。也许是父母都死得太突然,在巴金以后的文学作品里倒没有像杨嫂的死那样被反复渲染。

二姐尧桢的死倒在巴金的回忆录里添了几分文学色彩。二姐久患"女儿痨",身子单薄,回成都后,因为母亲的开明,一度由西医医治,病情有所好转。但母亲一死,李家便断绝了与四圣祠外国医生的来往(这一点也足见李道河的见识不及陈淑芬),二姐的病更见沉重,再因为母亲的死过度悲伤,加速了她的死亡。巴金对二姐的死描述得很有感情。他看着姐姐一天天憔悴下去的脸,默默地

---

① 引自《家庭的环境》,载《全集》第12卷,第397页。
② 引自《家庭的环境》,载《全集》第12卷,第384页。

向母亲的亡灵祈祷，但没有生效，到旧历十一月祖父的生日那天，李家照样摆台唱戏，巴金最后一次看到姐姐坐在藤椅上，用失神的眼光茫然地望着戏台，三天以后，这个十五岁的少女悄悄地离开了人世。那天清晨，巴金还做了一个梦：

我到了一个坟场地方很宽长满了草中间有一座陌生人的坟坟后长了几株参天的柏树仿佛是在春天的早晨阳光在树梢闪耀坟前不少的野花正开出红的黄的蓝的白的花朵两三只蝴蝶在花间飞舞树枝还有些山鸟在唱歌我站在坟前看墓碑上刻的字一阵微风把花香送进我的鼻子里忽然坟后面响起了哭声……①

他惊醒了，听到哭声是从二姐房里传出来的。

十妹死于1917年，在他们的父亲去世后不久。推算起来，这个小姑娘只活了五六岁，巴金对她的印象不深，甚至把她的姓名也忘了。

六、家族真相

巴金在回忆录里说："父亲的死使我懂得了更多的事情，我的眼睛好像突然睁开了，我更清楚了我们这个富裕的大家庭的面目。这个富裕的大家庭变成了一个专制的大王国。在和平的，友爱的表面下我看见了仇恨的倾轧和斗争；同时在我的渴望自由发展的青年的精神上，'压迫'像沉重的石块重重地压着。"②这一段话给人造成一种印象：巴金的童年是不幸的，缺少爱的，并且时时刻刻都受着叔父们的倾轧和压迫。但是当我翻遍了巴金关于自己故家的回忆，关于这种罪恶和压迫始终没能够找到具体实例，这可能有两种

---

① 引自《家庭的环境》，载《全集》第12卷，第388页。
② 引自《家庭的环境》，载《全集》第12卷，第398页。

情况：一种是作家的潜意识里依然受到了"家丑不可外扬"古训的束缚，对家族的攻击只停留在空洞的词句上，掩盖了具体的事实真相； 还有一种可能，就是李家大家庭中的矛盾不过是一般地主家庭的矛盾，如各房之间的争夺财产，妯娌之间的不和，以及纨绔子弟的放荡而已，并不存在严重的罪恶，"专制的大王国"不过是作家从社会学理论上学来的名词，当他在小说中把家庭作为一种专制王国的象征来攻击的同时，不自觉地把自己的家庭也理论化、象征化了。——在找不到前一种可能的证据之前，我宁可相信后一种可能。

我们不妨看这个家庭在父亲死后的情况： 李道河一死，李家在祖父的主持下分了一次家，大房除了李道河自己购置的四十亩田外，还从祖父那里分到了两百亩田。他们一房人的生活费由祖父供给，完全用不着操心。① 作为这一家的家长大哥，李尧枚当时二十岁，上有一个继母，下有几个弟妹，不久，又生了第一个儿子，完成了祖父希望"四世同堂"的愿望。李尧枚是个懦弱、早熟的青年，他在五岁的时候，就知道体谅母亲的痛苦，陪母亲嗑瓜子，还会用将来做"八府巡按"的话来安慰母亲。作为长房长孙，他是被家庭宠爱着的少爷，随镖客学过武，进中学念过书，梦想做个"文武双全"的全才。十九岁那一年，父亲给他娶那位姓张的云南名门之女。据巴金的猜测，大哥曾经有过青梅竹马的意中人，是他们的一位表姐，尧枚母亲在时也曾向那表姐的母亲提过，却被姑母拒绝了。母亲在世时尧枚不会超过十七岁，纵是大家庭的孩子早熟，也不会对爱情有成熟的看法。孩子时代的"中意"，未必就会有幸福的爱情，何况连巴金自己对大哥这种爱情也没有把握，他谨慎地用了"若有若无"来表示这种关系。既然是"若有若无"的事，即使没成功也算不到"专制"的头上，大哥这门亲事的荒唐可笑之处只是父亲包办的方式，而不是娶亲本身，因为大哥当时已经有了明显的对异性的

---

① 引自《做大哥的人》，载《全集》第12卷，第419页。

需要，他开始喜欢读《红楼梦》，并在姐姐妹妹中充当贾宝玉式的"无事忙"，再者，他对父亲安排的那门亲事也相当满意，新婚的头几个月，一直沉浸在幸福之中。因此，大哥的婚事远未构成家庭专制对年轻人的压迫。倒是父亲考虑到大家庭开支的"入不敷出"，过早中止了他的学业（大哥本来幻想能到上海或北京去读大学，以后再出国深造），为他找了份工作。从这件事看，李道河是个相当世俗，又没什么远见的人，但他无意中为这个家庭及时地培养了一个继承人，因为第二年他突然病逝，李家大房的生活担子不能不由尧枚挑起来。这是命运给尧枚的一个打击，使他放弃理想，过早地担起了力不胜任的成年人的职责。可是，话又说回来，即使李道河当时没为大儿子找一份工作，到第二年死了，这份担子谁来挑呢？尧枚不也同样会走这样一条路吗？

依我看，尧枚的悲剧，多半是性格懦弱造成的，与家庭的压迫关系不是很大。他是长房长孙，又是第四代庆斯的父亲，理当受到祖父的喜爱，由于这种特殊的地位，成为其他几房长辈嫉妒和欺侮的对象是很可能的，他懦弱的性格又滋长了这种气焰。但这些矛盾究竟有多大却很难说，在巴金的回忆录里，唯一记录下来的是这样一件事：一个婶娘在盛怒之下打肿了自己儿子的脸，又反来诬陷巴金所为（这件事发生在祖父死了以后，巴金当时是十七到十九岁之间），大哥明知冤枉，偏要向叔父婶娘们去赔礼。[①]这件事实在算不得什么，巴金之所以会郑重其事地写上它，我想是因为他找不到其他更严重的事件（这件事经过艺术加工后还被写入《秋》），但即使就事论事，两房孩子吵架，一方家长耍赖，另一方家长顾全大局宁受委屈，事情就是这么简单，以此来说明"专制的大王国"，未免有些小题大做。

大哥尧枚一度发过狂，是在1920年冬天。每到晚上，他一个人

---

① 引自《做大哥的人》，载《全集》第12卷，第420页。

坐进他的轿子,用什么东西打碎轿帷上的玻璃,巴金后来回忆说:"我自来睡得晚,常常读书到深夜,我听见大哥摸索进了轿子,接着又听见玻璃破碎声,我静静地不敢发出任何的声音,但是我的心痛得厉害,我不能再把心放在书上。我绝望地拿起笔在纸上涂写一些愤怒的字句。或者捏紧拳头在桌上擦来擦去。我那个时候就知道大哥这个病是给家里人的闲言诽语和阴谋陷害逼出来了。"[1]巴金这段话写于1958年,正是对自己出身的地主家庭批判最烈的时候,这段回忆里有些不合理的地方:那一年的春节祖父已死,李家各房又一次为分家而争吵,既然分了家,叔父们对大房就没有了约束力,祖父已死,家长的权威不再,尧枚作为"承重孙"即使受到其他房的欺侮,也不过是鸡零狗碎的事情,若换一种刚强开朗的性格足能应付,偏尧枚生性怯懦,又有些神经质,才感到了精神压力。即使闲言诽语是实,那"阴谋陷害"也是虚的。我读遍巴金关于自己的回忆文章,找不到一件是构成"阴谋陷害"之罪的事件,除非是把诬赖他打孩子的事也看作阴谋陷害。我总疑心尧枚疯狂病的原因,除了是一个在温馨环境下长大的怯懦少爷应付不了险恶社会而感到精神压力和个人生活的不如意(譬如父母双亡,妹妹早逝,儿子又夭折给他的刺激)以外,还可能有遗传的因素。这个家庭在生理发育和心理发展上都不健全,可能会遗传两种疾病,一是疯狂,一是肺病。疯狂病除了大哥发过以外,祖父也是疯狂而死,隔代遗传的可能性不能排除。至于肺病,现在无法判断李道河是否患过肺病,但大房的子女中,尧桢、尧林以及巴金都患有这种病。

巴金后来也承认,他在小说创作中把家庭旧事重新塑造了。他大嫂1920年临产时正逢祖父去世,确因家庭迷信赶到郊外去分娩,但没有发生瑞珏那样的悲剧,而且尧枚也始终陪伴着她。大哥的意中人本来是"若有若无",因而"梅表姐"完全是子乌虚有的人物。

---

[1] 引自《谈〈秋〉》,收《巴金专集》第1册,第427页。

鸣凤也是虚幻的，李家只有过一个丫鬟叫翠凤，有个远房亲戚要讨她做姨太太，她拒绝了，后来嫁给了一个贫家丈夫，并没有发生跳湖的悲剧。所有人命案都是作家创造的，与这个家庭的真实情况无涉。甚至祖父李镛也缺乏"专制"的实据，相反，在李道河死后祖父特别疼爱巴金，还为他订了一瓶牛奶补养身体，在1920年祖父死后，巴金不得不承认，他哀悼失掉了一个爱他的人。

我以为这个家庭留给巴金最不好的印象，应该是作为地主家庭常有的腐化和放荡。这种弊病直接加速了大家庭的衰亡。只有当巴金站在这一立场上谴责他的家长们时，他才显得理直气壮和感情饱满。这种腐烂的因子始于李镛，我读《家》，总忘不了巴金写到觉慧第一次与祖父见面的那个场面，觉慧想起了祖母生前赠给某个校书（妓女）的一首诗；"不爱浓妆爱淡妆，天然丰韵压群芳，果然我见犹怜汝，争怪檀郎兴欲狂。"这首诗写得很传神，在小说的后几版里，巴金还特地加了个注，注明"这是他（觉慧）前些日子在祖母的诗集里读到的"。我一直怀疑，这首诗是出自巴金祖母的手，如果这种猜想是对的，那么，"兴欲狂"的檀郎年轻时又是何种风流！即使在晚年，李镛还在家里开了玩小旦的风气，当时川剧小旦都由男演员扮演，玩小旦是一种变相的同性恋。李家有两种人好戏剧，李道河喜欢戏剧是出于对民间艺术的爱好，他是成都可园剧场的董事，还主持过每一次成都戏园聘请京班名角的活动，他尊重艺人，常常请客招待他们，也与艺人保持了良好的关系。李道河喜欢戏剧还表现在对李家子弟在家中组织新剧团的支持，他不仅蛮有兴趣地看完孩子们自编自演的戏，还特地为他们编过一出叫《知事现形记》的剧本。而李镛以及三叔李道洋和五叔李道沛的喜欢戏剧，除了欣赏戏剧艺术外还带有玩弄艺人的暧昧心理，此风李道洋最盛，他与李镛共同玩弄过艺人李凤卿。腐化的关系甚至连生出了几分真情，在李镛去世不久，李凤卿也死了，家里穷得无法安葬，三叔获知后，不顾重孝在身，赶去安排了他的葬礼。这种畸形现象，幼小的巴金心中一定留下过很深的烙印，他除了在《激流》里写到这些场面，还特别写过一个短篇，叫《第二的母亲》①，就是以这个扮作女人的男人作为主角，写下了一种畸形的生活。

这个家庭最腐化的典型，应该是五叔李道沛。李道沛为李镛第二房妻子濮氏所生，他为人聪慧，能诗会画，又生得清秀，深为父亲溺爱，他后来凭着一张能说会道的嘴骗得了父亲的信任，却在外面吃喝嫖赌无一不精，他用李镛的名义在外借钱，包了一个名叫"礼拜六"的土娼，并把妻子陪嫁的财物统统挥霍光。这件事给了李镛很大的刺激，但李镛死后五叔更加堕落，后沦为小偷，死在监牢里，这当然是后话了。巴金对这一房叔叔印象最差，除了受长辈影响对他很鄙视外，还有一点私仇，那个诬赖他打孩子的婶娘，就是五叔的老婆。

现在，关于巴金的家庭情况已经介绍完毕，它在我的眼前只是一个普普通通的旧式大家庭，这里没有什么特别的罪恶，也不是什么专制的王国。祖父是一个老式的家长，对子女不很慈爱，也算不上专制，高老太爷的那些血案与他毫无关系。再说这个人的行为在当时也算开明，他能在大清帝国还没完蛋的时候就赶新潮送儿子出洋留学，也肯容忍他们剪去辫子；民国初年便同意大孙子去新式学堂里学习，听说学了英语能谋到好工作，他就让巴金去青年会补习英文（后来巴金因病休学，他还让香表哥来家里教孙儿英文）。那时巴金还未正式参加社会运动，也不存在《家》中高老太爷阻止孙儿外出活动的事件。所以，巴金说他把祖父当作"专制、压迫的代表"是很不可信的，那只能说明巴金30年代的思想认识。祖父死的时候巴金才十六岁，那时他是否已经有了"专制""压迫""旧家庭制度的最后卫道者"②等观念还是一个问题，他二叔虽然保守一些，

---

① 引自《和读者谈谈〈家〉》，《巴金专集》第1册，第388页。
② 引自《家庭的环境》载《全集》第12卷，第401页。

给女儿缠过脚，也同意祖父死的时候让尧枚把媳妇送到郊外分娩，但在李道河去世后，他开始关心大房的几个子女，还曾给尧棠讲过一年的《春秋左传》，三叔为人风流，不同于两个兄长古板乏味，平心而论，对巴金一房也没有什么过分的行为。这个家庭的矛盾与冲突，不会超过正常家庭矛盾的范围，所以巴金以后对家庭的种种微词与打击，不能不是一种文学上的夸张修辞手法。

七、又恨又爱的童年

父亲去世时，巴金不过十三岁，这段时期他的智力还远未发展，人格的形成也是后来的事，上述种种家庭逸事，后来都作为一笔精神遗产转化为他的艺术财富，对他的人生道路发生过重大影响，所以我们有必要了解一下。但这些家庭事件发生的时候，巴金只是一个孩子，我们暂时还无法看清他在这个家庭里的位置和种种关系。对于成都的童年生活，他留下过一段颇有诗意的描写，是他和几个小伙伴在花园里的情景：

秋天，经过一夜的风雨，金沙和银粒似的盛开的桂花铺满了一地。馥郁的甜香随着微风一股一股地扑进我们的书房。窗外便是花园。那个秃头的教读先生像一株枯木似的没有感觉。我们的心却是十分年轻的。我们弟兄姊妹读完了"早书"就急急跑进园子里，大家撩起衣襟拾了满衣兜的桂花带回房里去。春天茶花开繁了，整朵地落在地上，我们下午放学出来就去拾它们。柔嫩的花瓣跟着手指头一一地散落了。我们就用这些花瓣在方砖上堆砌了许多"春"字。①

多美的童年！

---

① 引自《关于〈家〉（十版代序）》，载《全集》第1卷，第447-448页。

据巴金的回忆，他童年时代身体并不健康，他把这归咎为三岁时过年放花炮把右脚烧坏的原因，这是很难可信的，不过旧式大家庭的生活方式不利于孩子健康成长大约是实情，所以稍长大一些，巴金便感到了心灵与生理上的束缚。我们曾探讨过巴金与生俱来的忧郁，这种性格在父母亡故后，变本加厉地发展起来，也影响了他的健康。父亲死后的一年中，他几乎每隔十几天就要病倒一次，整个冬天一直在吞丸药。1918年去青年会英文补习学校学英文，才一个月的课就生了三次病，这种疾病缠身的少年青春期增添了心中的多愁善感与对环境的反抗，相辅相成的恶性循环，可能是成为他离开家庭以后对童年环境充满梦魇般的恐怖回忆的一个重要原因。

巴金人格的形成是在十五岁以后，这个题目我们将放到下一章去探讨。从巴金与他家庭的关系来看，直到他离开成都时，他都未失去这个大家庭中少爷的地位，他的离家不像《家》里觉慧离家那么神秘。先是尧林提出要到上海去读书，他也要同去，他们弟兄俩都在成都外专读了两年半，从补习班读到预科、本科，但尧林读过中学，有毕业文凭，而巴金没读过中学，交不出中学文凭，只能算旁听生，不能拿毕业文凭。这件事打动了继母和大哥，同意他放弃学业跟尧林到上海去继续上学。笔者看到一幅1923年4月巴金离家前摄下的全家合影，继母邓氏坐在中间，脸瘦长，眼睛里含着忧郁的神情，远不及生母陈淑芬那么丰满威严。她身边站了李氏五兄弟，大哥清癯的脸上已露出了病象，唯双眼依然大而有神，尧林文质彬彬，昂首侧目，尧棠天庭饱满，目光炯炯地注视着前方，尚有两个年幼无知的弟弟侍立一旁。背景则因年代的久远而呈乌黑一片，给人一种伤感又有所期待的印象。

在这样的环境，有这样的性格，初次出走远门，在滔滔的江水声中由命运之舟驶入渺茫前程之际，十九岁的李尧棠不会不感慨万端，满怀离愁别绪。听巴金说过，他在那次旅途中，曾在乐山停留过，他上岸去看望了一位姑妈；船到泸县时，他又一次上岸，买下了那时正流行的冰心女士的诗集。但长辈的亲切关怀和温柔又充满爱心的小诗,都无法使李家少爷一颗敏感的心得到安抚,虽然当时的原始记录现已无处考查,但我们从他途中写的一首短诗中,不难体会游子的心情——

天暮了
在这渺渺的河中
我们的小舟究竟归向何处?
远远的红灯啊,
请挨近一些儿吧……

第二章　理想，将与明天的太阳同升

一、理想的升起

这一章是我们将探讨巴金人格的最初形成。他的人格是在一种新的文化质里产生出来的，旧式大家庭的环境将完全遭到排斥。但我们在接近这个主题之前，还须回过头去看看：巴金在接受新文化时已经具有哪些性格上的准备。第一章的叙述中笔者故意遗漏了一些重要的细节，这些细节只有放到这里来叙述才能显示其真正的含义。

第一件事发生在广元县，农历十一月二十八日是祖父李镛的生日。父母在广元县祭祀祖宗，要孩子们跪下敬神。巴金才五岁，不知为什么不肯下跪，严于家教的母亲用鞭子威胁他还是没有用，结果他挨了一顿打，大哭一场，仍然没有下跪磕头。巴金讲述这个明显经过挑选的故事是有深意的。为了说明他"从小时候起就讨厌礼节"。其实小孩害怕缛节的拘束出于天性，尤其性格有些孤僻的小孩更是这样。回到成都后，从小家庭融入大家庭，烦琐礼节更加多了，使小孩常常有意逃避这种场面。巴金回忆说，有两次除夕全家人在堂屋敬神拜祖，他却躲在马房里轿夫的破床上，没有人也没有灯，外面许多人找他，叫他名字，他也不应，只是默默地听着外面的爆竹声响了又止了，到深夜才跑回自己的房里。笔者觉得这个故事不能说明巴金从小就是无神论者（在他母亲死后，他曾经为生病的二姐祈祷过），但故事本身很动人，它让我们看到了一个生性忧郁的孩子怎样在朦胧中体验着当这个大家庭中局外人的滋味。

第二件事发生在成都。巴金由于厌恶礼节，很自然就接近了李家大院里的下等人：仆人、轿夫和门房。他在他们中间肯定是感到了自由。巴金曾经抨击家庭为"专制的大王国"，尽管没能举出直接的证据，但间接的材料并不缺乏。当时的社会环境里下等贫民命运大多都很悲惨，巴金在广元时就有过杨嫂的经验，成都的豪门大院里这样的悲惨事情更是屡见不鲜。令他感动的是，这些下等人尽管命运坎坷，他们的人生态度却很开朗，几乎是抱着一种原始的正义的信仰。多少年后，巴金曾怀着深情讲述了轿夫老周对他说的话："人要忠心。"那位老轿夫有着丰富的生活经历，几次当兵，儿子死在战场上，老婆也跟别人跑了，他最后拖着瘦弱的身子在李家当轿夫，但他并不憎恨社会，也不抱怨命运，每当他躺在一张破床上烧着烟泡，在鸦片的香风毒雾萦绕下，向尧棠讲述那些悲惨经历以后，总是会说：要好好地做人，对人要诚实，不管别人待你怎样，自己总不要走错脚步。自己不要骗人，不要亏待人，不要占别人的便宜……这是一个不堕落的中国人说的话，也是中国人近似宗教的传统和生活原则。只有当一个人吃尽了千般万种苦难以后再说出这样的话来，朴素的语言才见分量。巴金当时不过七八岁光景，但一面听老轿夫说这一类的话，一面看他的黑瘦的脸，陷落的眼睛和破衣服里裹着皮包骨头的身体，看他吃力地从烟斗里挖出烧过两次的烟灰装上新的烟膏。这情景他终生未忘，在他信仰了无政府的理想以后，他不止一次地想起这位老轿夫，甚至称他为人生第二个先生，与他的母亲并提。因为母亲教给他"爱",老轿夫教给他"忠实"。①但这种想法和理解不会在他的童年时代产生,至少要在他知道了俄国民粹派的一些故事之后,他开始抛弃原有的家族观念,并为自己的出身富裕而自觉地去"赎罪"。只有在这种情况下,他才会在劳动者中间去寻求精神上的"先生"。

  这些童年的故事都是在巴金的人生信仰下重新照亮的。使巴金人生道路真正发生变化的是1919年的五四新文化运动。这场运动在中国文化史上具有划时代的意义,它唤起了人们对两千年来传统文明的根本怀疑。从此西方各种社会思潮像洪水一样席卷中国的知识领域,它打开了巴金这一代年轻人的眼界,完全改变了他们本来循走的生活道路,巴金直到垂暮之年,还念念不忘他"是五四运动的产儿"。确是这样,在20世纪中国知识分子的心目中,"五四"始终是一个神圣的节日。1919年5月北京爆发爱国学生运动,四川学界随即就有响应,李劼人主编的《川报》当天就报道了北京学生集会游行的通讯。第二天,成都三十余所大中学数千人集会,向各县民众发出声讨国贼的通电。25日,成都学界开了外交后援会,其他各界代表和市民自动赴会者达万人以上。渐渐地,本地报纸上也有转载北京《新青年》上的文章,"德谟克拉西""赛因斯""杜威""克鲁泡特金""托尔斯泰"这样一些拗口的名词开始在四川的年轻人中间流行。大哥尧枚的办公地附近有一家华阳书报经营处,是城中唯一出售新思潮刊物的书铺。一天尧枚从那里买来一本《新青年》和两三份《每周评论》,兄弟们争着阅读,里面的每个字都像火星一般地点燃起年轻人的热情。这三兄弟成了李家最初的普罗米修斯,他们又说服了表哥堂姊,一起阅读各种杂志:《新青年》《新潮》《每周评论》《星期评论》《少年中国》《少年世界》《北大学生周刊》《进化》《实社自由录》……都陆续到了他们的手里。这时,在成

---

① 引自《我的几个先生》,载《全集》第13卷,第19页。

都也响应地出版了《星期日》《学生潮》《威克烈》……后来尧枚干脆在书铺里预先存了一两百钱,每天都要拿回一些新的书报刊物。

于是,这群原来聚在花园里望读《红楼》、猜酒令、演新剧的少爷小姐们开始研究起新文化来。"我的三兄弟,再加上香表哥和六姊,我们聚在一起讨论这些新书报中所论及的各种问题,后来我们五个人又组织了一个研究会"①。但这个研究会很快就因为六姊母亲的禁止而流产。六姊是三叔的女儿,也是小说《激流》里琴的原型,可见性格相当开朗。她母亲并不是禁止她读新刊物,而是因为妯娌间的矛盾,她禁止女儿与大房的孩子来往。后来六姊听了母亲的话,把自己封闭在传统的生活方式下,个性再也没有发展。香表哥是小说《激流》里剑云的原型,他曾教过巴金英文,巴金曾说过,香表哥的英文教育与大哥的购买新书刊,是帮助他智力最初发展的两个人。可惜香表哥后来也在现实的生活面前默默地消沉了。研究会流产后,这群年轻人阅读新思想的热情又延续了一段时间,第二年年初祖父发狂而死,下半年巴金和三哥尧林一起考进成都外专,他们可以公开地参加社会上的活动,阅读各种刊物了。那一年冬天,大哥又病倒了,出现在这个家庭中的短暂的新气象才消失。这时候,巴金开始朝外发展,接受了更加激进的无政府主义思想。

从现有的材料看,巴金接受无政府主义思想的时间不会早于1919年的五四运动。巴金在晚年写的一篇谈"世界语"的随想中说到他最初学习世界语的时间,"可能是1918年,即五四运动前一年,也有可能是1921年"②。如果说是1918年就有些奇怪,那一年巴金才十四岁,又疾病缠身,入青年会补习英文不到一个月就休学回家自修,很难设想能同时学习两门外语。至于1921年学习世界语倒

---

① 引自《信仰与活动》,载《全集》第12卷,第406页。
② 引自《世界语》,收《探索集》第82页。

是可能的，^①因为世界语在中国传播与无政府主义运动有关，1920年是无政府主义在四川比较活跃的一年。那一年，达县人陈小我组织了四川第一个无政府主义团体适社，初在本县活动，后来迁往重庆。它的宗旨是"冲破恶劣的旧环境，改造美善的新环境，来适应人类全体生存的要求"，偏重个人的身体力行和道德修养。[②]他们先后翻印了《适社意趣》《告少年》《共产》《红潮》《极乐地》《军人之社会革命》《昧爽轩一夕谈》等小册子，在四川发生过不小的影响。巴金后来写《春》里一些年轻人的革命活动，几次提到上述一些小册子的作用。世界语也只有在这样一种文化背景下才会受到年轻人的注意与学习。

但巴金跟适社的接触还要晚一些，是1921年春上。1920年秋天他上外专读书，开始阅读西方文学原著。但成都外专在人生观的形成方面没有为他提供多少帮助。尽管学校当时的主持人对新文化运动颇为支持，聘请了"蜀中名宿"吴虞来执教国文，但巴金从未具体谈过对这位四川新文化运动实际领导者的印象，他只是在《家》里稍稍提过一下，说吴又陵下学期要去教国文。

就在这一年的冬天，巴金读了克鲁泡特金的小册子《告少年》。书是一个朋友送给他的。克氏是俄国著名的无政府主义理论家，他用生物学的知识来解释无政府主义，提出了一整套人类实现无政府共产主义的理想方案。这套思想几乎被巴金全盘接受，成为巴金以后从事无政府主义研究的理论基础。但是在1920年巴金阅读的这本小册子，却没有什么理论色彩，它是一份宣传性的讲演材料，克氏以十五至二十岁刚刚踏上社会谋生的青年人为对象，根据他们不同职业，向他们分析了世界上贫富不均的罪恶现象，煽动青年人起来

[①] 巴金在《关于〈火〉》中说到他在《半月》上发表《世界语之特点》时，他还不懂世界语，后来向朝鲜人高自性请教，但学几次就停了。这是他第一次学世界语，当在1921年。

[②] 参阅《适社的意趣和大纲》，原载《半月》第14号，1921年2月15日。

推翻这不合理的社会制度，参加到社会主义的行列中去。克氏的语言相当浅易、生动，富有煽动性，小册子的最后是向青年读者喊叫："你们一切诚实的青年哪！你们都明白了你们应有的权利了，请你们都到我们这里来吧！请你们都来，与你们的兄弟们一起努力去干，预备那社会大革命吧！"——笔者这里引用的是《告少年》的1927年旅东的中译本，不是巴金当初读到的真民译的那本。真民可能是李石曾，他的译本出版较早，现在已很难找到了。据巴金说，他读了这小册子后"那带煽动性的笔调简直要把一个十五岁孩子的心烧成灰了"。"我把这本小册子放在床头，每夜都拿出来，读了流泪，流了泪又笑。……从这时起，我才明白什么是正义。"①（巴金在谈他接受无政府主义的年龄时总是说"十五岁"，其实1920年他的年龄实际也该十六岁）这本书对巴金人格的形成产生过极大的影响，读了它以后，巴金开始不满足于一般地阅读新书刊了，他渴望行动，渴望有人能在他的人生道上指出一个方向。他反复地阅读这本没有标出出版者地址的小书，那个送书给他的朋友告诉他这书是陈独秀们主持的新青年社翻印的，于是他抄下了新青年社的地址，当晚就郑重地摊开信纸，怀着一颗战栗的心和求助的心情，给陈独秀写了他平生第一封信。他用一个谦卑的孩子的口气，恳求陈独秀来给他指出一条路，吩咐他应该怎样去献身。这件事是根据巴金1936年写的《我的幼年》一文所引，但现在想来，可能还有点蹊跷，这本小册子是不是《新青年》翻印的也很难说。因为1920年陈独秀已经成为一个马克思主义者，并且刚刚写了《谈政治》一文批评无政府主义，其中就点名批评了克鲁泡特金的《国家论》。他支持下的《新青年》怎么会翻印《告少年》呢？巴金可能是误听了那个朋友的话。他这封恳求陈独秀指路的信自然落了空。不久，他又从上海的报纸上看到有赠送波兰剧作家廖亢夫的《夜未央》的广告，便寄了邮票去。

---

① 引自《我的幼年》，载《全集》第13卷，第8页。

这回没有落空,剧本寄来了。这是一部描写1905年俄国一群革命者搞恐怖活动的戏剧,情节相当紧张:主人公华西里陷入爱情与革命的冲突之中,内心极其痛苦,随时想求一死解脱矛盾。当压迫来临,青年们的和平宣传遭到镇压以后,华西里主动承担了暗杀总督的任务。他临行前向所爱的安娜表白了爱情,但安娜正担任了这次行刺中掌指示灯的任务,当行动开始时,安娜克服内心痛苦,点起了灾祸的蜡烛信号,华西里与总督同归于尽,爆炸声中安娜昏迷过去,仍大声呼喊"前进"。这种激烈的献身内容正投合了刚刚接受了煽动、准备去寻找行动的巴金的年轻心扉,他说:"它给我打开了一个新的眼界。第一次在这另一国度的一代青年为人民争自由谋幸福的斗争里找到了我的梦幻中的英雄,找到了我终身的事业。"①

这时候,他真诚地相信:只要奋斗,万人享乐的新社会与明天的太阳同升起来,一切的罪恶就会立刻消灭。②

二、信仰与活动

1921年2月下旬,巴金与成都一家无政府主义刊物《半月》开始发生关系。缘起是他在刊物的十四号上看到了一篇《适社的意趣和大纲》。这是篇转载的文章,里面公布了秘密组织的一些原则:

名称:依本社的意趣,定名适社。

同志:凡不违背本社意趣者,得为同志。

组织:本社无首领、徒众、总部、支部各阶级,但因执行事务底便利,暂由所在地同志公推"主任"一人,以专责成,并推"通信""会计""书写"各数人,轮流执行任务。

……………

---

① 引自《我的幼年》初刊文,载《中流》创刊号,1936年9月5日出版。
② 引自《〈前夜〉译者序》,原载《生之忏悔》,商务印书馆1936年版,第126页。

经费：由本社各同志量力担任。

事业：本社的事业，分三期进行，

第一期：设立"编辑""印刷""贩卖""教育"四组（各组另外规定），彻底革新人群的思想。

第二期：添设"破坏""生产""削费""娱乐""医疗"等组，一面用暴烈手段对付强有力者，一面创造较小规模的公共机关。

第三期：组织"劳工团""天讨军"实行大破坏和大建设。

……………

克鲁泡特金、廖亢夫都是外国人，虽然他们给他描绘了一幅理想的斗争蓝图，毕竟远水救不了近火。现在有一个神秘的适社突然出现，正是巴金梦寐以求的。他后来说："我读完了它，我的心跳得很厉害。我无论如何不能安静下去，两种冲突的思想在我的脑子里争斗了一些时候。到深夜，我听见大哥的脚步在大厅上响了，我不能自主地取出信纸，摊在桌上，一面听着玻璃破碎的声音，一面写着愿意加入'适社'的信给那个《半月》的编辑，要求他做我的介绍人。"① 这一段写得极有戏剧感，把一个十六岁孩子渴望冒险的心理与外部世界中一个发狂的人打碎玻璃的声音交织在一起，它似乎成了这个年轻人站在新旧时代交口上抉择人生道路的象征。它使人想起屠格涅夫的著名散文诗《门槛》。这个站在铁门槛上的姑娘，以后将成为年轻巴金前进道上的命运女神。

信发出以后的第二天，《半月》的编辑章戬初就上门来找巴金，他们初次见面没有多谈，只是约定时间到章家去谈话。这是采用了秘密社团的联络方式，无疑对巴金幼稚心理又加了一帖兴奋剂。我们无法猜测巴金接受邀请时的心情，巴金自己也没有说，但在《春》里，他写到了觉民去参加一个秘密社团时的心情，可以作为参考。

---

① 引自《我的幼年》，载《全集》第13卷，第9页。

他从没有参加过秘密会议。他看过几部描写俄国革命党人活动的翻译小说，如商务印书馆出版的《飞将军》《昙花梦》之类就尽量地渲染了秘密会议的恐怖而神秘的气氛。这在他脑子里留下了一个颇深的印象。因此，他这时不觉想起了那几部小说里作者所用力描绘的一些激动人的场面。张还如（小说中的一个人物）又不肯走直路，故意东拐西弯，使他听了不少单调的狗叫声。①

这一段描绘应该有巴金本人的经验，因为在《春》里，觉民的许多活动都是写他自己的事情，譬如五一节散传单，上演《夜未央》之类，这里所说的故意东拐西弯绕圈子一事，在回忆录里也有记载。笔者之所以要引这段描绘，是因为它写到了觉民们最初参加这类秘密活动的心理，这种充满冒险的渴望，人为地制造的紧张的气氛，都非常符合十六岁小孩子的心理。虽然从那时起巴金被人称作无政府主义者，实际上他还是个带有许多幼稚行为的中学生。严肃的工作与孩子的盲目，两者被纠缠在一起了。

《半月》杂志是个公开的刊物，真正的核心是几个信仰无政府主义，并且努力去实践这种理想的青年，现在知道名字的，有袁诗尧、吴先忧、张拾遗、章戬初等。袁诗尧是四川学生运动的领袖之一，成都高等师范学校学生，省学联办的著名刊物《学生潮》就是他主编的，1925年后转向共产党，1928年被害于四川。巴金在《激流》中描写的方继舜就是以他为原型。吴先忧原是成都外专的学生，因信奉无政府主义关于"人的道德为劳动与互助，唯劳动乃能生活；唯互助乃能进化"的口号，中途辍学，去裁缝店当学徒，每天晚上来报社工作时，手指上都满是密密麻麻的针眼。这种生活态度使少爷出身的巴金暗中佩服。吴是《半月》的四个创办人之一，担负了大部分的经费，为了筹款刊印别的小册子，他常常跑当铺，弄得大

---

① 引自《春》，载《全集》第2卷，第368页。

热天穿棉衣，冬天穿夹袄，这种只讲奉献的自我牺牲精神让巴金深为感动，他曾把吴先忧列为他人生道路上的第三个"先生"。章戬初的事迹没有记载，笔者只在《半月》杂志上看到过他写的一篇文章，叫《怎样做到"适应人类全体生存"的要求》，发挥了适社的主张，估计与适社有一定的联系，由他去联络巴金，也许并非偶然。至于张拾遗，事迹更不详。只知他以后又参加过《警群》和《平民之声》的编辑工作。巴金与同志们的初次见面一定非常愉快，他们满足了巴金要求参加行动的愿望，还送给他几本适社的小册子，介绍他与重庆的陈小我通信联系。巴金回忆说："在那里的两小时的谈话照彻了我的灵魂。我好像一只被风暴打破的船找到了停泊的港口。"[①] 渐渐地，他与那几个比他年长的人建立了友谊，做了《半月》的积极分子，不但写文章，而且参与编辑和其他社务。不久，他们在成都也组织了一个类似适社那样的组织：均社。巴金说："我自称'安那其主义者'，就是从那时开始的。"安那其即无政府。

我们姑且把巴金自称是无政府主义者的时间定为1921年2月。在这个月8日，巴金曾以私淑弟子身份而追随的无政府主义理论家克鲁泡特金在莫斯科郊外的特采多夫村因肺炎与世长辞。

关于均社，巴金在不同时候有不同的说法。1936年写的《我的幼年》中他称它为"一个秘密的团体"，后来他删掉了"秘密"两个字。但在1979年回答一位研究者的提问时，他又说："均社没有正式成立过，只是由几个青年人聚在一起翻印了一本小册子，发表了一篇宣言，这篇宣言是由一位姓袁的青年仿照重庆'适社'宣言写成的。"并说"我一生都没有参加无政府主义组织"[②]；这些话说的既是事实，又似乎是一种辩解。因为无政府主义运动在中国从未有过严密的组织，譬如刘师复组织心社，立十二条戒约，名重一时，其实也

---

① 引自《我的幼年》，载《全集》第13卷，第10页。
② 引自汪应果《巴金论》，上海文艺出版社1985年版，第13页。

只是几个朋友自己修身养性。但要说有组织，那么如均社有四五个人，办一二个刊物，为了宣传一个共同的理想，发过宣言，散过传单，所谓无政府主义组织就不过如此，有没有成立仪式并不是标志。均社宣言与适社宣言也不一样，均社强调平等主义，宣言反对私产、政府、军警、教会、法律，认为有了这些东西，一切享受都不会平均，进而提出"各尽所能，各取所需；教育普及，智能均等"的口号①。不管它以后是否被实行，当初袁诗尧起草这个宣言时，一定是经过其成员讨论过的。再说，有没有参加无政府主义组织并不是甄别一个人是不是无政府主义者的标志，从巴金早年在成都的这些活动，说他曾经是中国无政府主义运动的成员，并不过分。

那么，他的活动是什么呢？时隔远久，许多原始材料早已散失，很难再一一说全。据现有的一些材料，大致有如下几种：

一是写作。1921年4月起，巴金陆续用芾甘（这是父亲给他取的字，取《诗经·召南》"蔽芾甘棠"句）的名字在《半月》《人声》《警群》《平民之声》等刊物上发表了《怎样建设真正自由平等的社会》《五一纪念感言》《世界语之特点》《IWW与中国劳动者》《爱国主义与中国人到自由的路》《托尔斯泰的生平和学说》六篇。现在除最后一篇没能找到外，其余五篇均能查到：这些文章多半是抄了国外一些资料和北京上海的一些无政府主义刊物上的文章，没有什么个人的独立见解。但有一点值得注意，就是这些文章的内容涉及很广，有正面阐述无政府主义理论，有介绍国外无政府主义和工人运动情况，也有外国文学家研究和世界语介绍。巴金后来承认，他在写《世界语之特点》时，自己还不懂世界语，但他在写介绍无政府主义的文章时是否已经懂了无政府主义呢？看来也大可怀疑。对一个十七岁的中学生做过高估计是不现实的。但巴金对无政府主义的兴趣极广，他不是从某一点上来接近无政府主义，用今天的术

---

① 引自《均社宣言》，载《半月》21号，1921年6月1日。

语说，是"全方位"地吸取、了解和研究。托尔斯泰的学说在中国被看作是无政府主义的一种，世界语则是无政府主义走向世界的交流工具，这两个领域都与文学有关。巴金以后放弃了宣传无政府主义的义务，但对这两个领域一直保持了浓厚的兴趣，老而弥笃。

二是办刊物。无政府主义运动在中国，最普遍的形式就是办刊物，宣传主义。巴金自1921年春与《半月》发生了联系后，不久就参加编辑工作。同年7月，刊物出到第24期后被警察厅查禁，原因是刊物上发表了几篇批评警察厅关于"禁止女子剪发"的布告，引起与警方的冲突。刊物被查禁后他们还秘密编了一期，由袁诗尧写了两篇慷慨激昂的长文，记载事件的经过。这秘密出版的一期，现在已见不到了。没多久，他们与成都聚兴城银行的几个职员合办过一个刊物，叫《警群》，只出了一期，因主张不合而退出。第二年，巴金、吴先忧等人又筹办周刊《平民之声》，参加者还有三哥的朋友施居甫，大约没办几期就停刊了。①《平民之声》现已散失，无法知道刊物的内容。从1922年春办《平民之声》以后的一年间，巴金的回忆录里没有记下他的无政府主义活动，所以这一段时期只能付阙，成为巴金研究中的一个空白。

近年来，四川省有关部门整理袁诗尧烈士的材料，发现了当年巴金给袁诗尧的一封信，写信时间是1921年9月22日。披露了一些鲜为人知的巴金与无政府主义运动的关系的材料，全信如下：②

诗尧兄：

来信收到。

《革命》印刷交涉失败。洪先生说要检查后才能印。我们这样东西怎么能送去检查呢？版已排好，结果由我们付了六元半钱的版

---

① 引自《小小的经验》，载《全集》第12卷，第410页。
② 据巴金手稿收入。

费（此是先忧去交涉的详情可问他）现在大约油印出版。

《利群》停刊事，先忧要告诉你。

《社会运动》只出了两期，第一号我这里没有（成都也没有见过这书），第二期重庆某君寄了几份来（他说，全的只是这几份，其余的不是没有第一号，就是没有第二号，总清不齐全五张）。故现只寄上一份，请查收。《兵的说话》现寄上几份，其余，稍缓再寄。

得人道学社（汉口）通告，谓北京同志陈德荣等二君在京被捕，不知何故俟探得时再报。

在远东运动会场散传单被捕的同志自公堂判坐西牢十年（持平一人）、半年（华生，唯奇等三人），（华清语多乞怜，故未得坐西牢，其余的四人皆不肯低首于民贼之前，故都判坐西牢）后，经天研，危舟，介眉等筹款六百五十元（半为适社印刷费，半由同志等筹集）请律师辩护，费了九牛二虎之力始于前日复讯结果，还是无效！而律师费已去，奈何，奈何！

天研著了一部问答书，解释吾党学说非常详细，现归泰东书局出版，版权作送，两月内出书。

上海近来成立了个安那其同志社，有宣言发表，俟到时再寄与你。

武、汉明社已成立，为武昌，汉口，汉阳三处同志所组织，宣言尚未印好。

祝你努力！

芾甘
1921年9月22日

据巴金回忆，当时袁诗尧回家去，这封信是从成都发出，告诉他一些无政府主义运动的信息。在这里我们至少可以了解到，1921年夏秋之间巴金和其他同志一起办过无政府主义刊物《革命》（未能出版）和《利群》（只出了一期）。同时，还表明巴金他们在成都办均社并非孤立的几个年轻人的结合，他们与全省，甚至全国的无政府主义团体和活动都保持了联系。

三是五一节散发传单。这本来是件小事,但它却又是巴金参加无政府主义运动中唯一的一桩实际行动。巴金对中国无政府主义的贡献,始终局限在办刊物和写文章的理论范围,无论在成都,在上海,以至在巴黎都是这样。这一次散发传单,巴金这样回忆:"五一节到来的时候,我们印了一种传单,派定几人到处去散发。那一天天气很好,我挟了一大卷传单,在离我们公馆很远的一带街巷走来走去,直到把它们散发光了,又在一些街道上闲步一回,知道自己没有被人跟着,才放心地去到约定集合的地方。每个人愉快地叙述各自的经验。这一天我们就像在过节。"① 这件事在十七岁的孩子的行动里还有一种游戏性质,但在巴金的从事无政府主义活动的经验里是非常宝贵的,他曾把它写进了《春》里,作为觉民们的行动。

但是,在1922年至1923年的整整两年中,我们再没有发现巴金为宣传无政府主义而写的文章。唯一的材料是巴金在回忆录中提到《托尔斯泰的生平和学说》,但谁也没有看到过这篇文章,很难证明它与无政府主义有多深的联系。《平民之声》周刊办了十期左右,巴金又是主编,刊物里不可能只有这样一篇巴金的文章,而且在这两年中,巴金与全国的无政府主义者都保持了来往,不会没有互相之间的影响。但至于他们是否还办起其他宣传主义的刊物?是否写过其他宣传主义的文章?现在都无法断定。有意思的是,这一年巴金把兴趣转向了文学创作,特别是诗歌创作,他开始向上海《时事新报》的副刊《文学旬刊》投稿。那年7月21日,《文学旬刊》刊登了署名佩竿的诗《被虐者底哭声》,诗由十二节警句式的句子组成,写得不算好,感情直露,政治色彩颇浓。接着,又连续发表《路上所见》《梦》《疯人》《惭愧》《丧家的小孩》以及散文《可爱的人》,开始注意到形象的描写。有的通过幻想,有的通过白描,

---

① 引自《我的幼年》,载《全集》第13卷,第11页。

抒发了对贫民痛苦生活的同情和无力改变现状的惭愧。《文学旬刊》是文学研究会的机关刊物，明确提倡"血和泪的文学"，巴金把创作的第一步就迈向《文学旬刊》，应该是有其相通的文学观做基础。他在给旬刊编者的一封信中，首先就配合文学研究会对鸳鸯蝴蝶派的批判，"希望现在一面做建设的工作，一面做破坏的工作，双方齐进"，以期望将来中国文学可"立足于世界文学之间，并能大放光明"。其立意之高，视野之阔，已经显示了他在文学创作上将会有大发展的潜力。到第二年，他的诗作开始在四川的文学刊物或副刊上也陆续发表，现能查到的刊物中，有《草堂》和《孤吟》。《草堂》上发表的是一些冰心式的小诗，也有一篇翻译，是俄国作家迦尔洵的《旗号》，应是巴金发表的第一篇文学译作。《孤吟》上除了小诗以外，最令人注意的是长诗《报复》。诗是为纪念去年被军阀赵恒锡杀害的湖南工人领袖黄爱和庞人铨两个烈士而作，黄、庞原来信仰无政府主义，但他们的牺牲激起了全社会的抗议，并不受到主义的局限。巴金的诗是在黄、庞死后一周年的时候而作，他在小序中说"这首诗就是在愤怒中做的，所以不像诗，但是只要能感人，是不是诗也不要紧。"全诗四十多行，一气呵成，激愤之情洋溢于词句之间，只是形象性毕竟差了些。这种在悲愤中信笔写来的创作方法，后来成为巴金创作的主要方式，并在这种创作心理的基础上建立起他的美学主张。

三、初出夔门

经过这一番补叙，我们再回到1923年5月初的一个晚上，巴金和尧林正随一叶扁舟顺江而去。江面一片黑，船缓缓地前进，只听见有节奏的橹声，不知这船在什么地方停泊。在寂寞难堪、思念亲人的时候，远方一盏红灯若隐若现，为夜航的船指引着方向。"我不知道灯在那里，但是他牵引着我的心，仿佛有人在前面指路。我想着、我等着……"①此刻站在这船头上的,不仅仅是个初次离开大家庭的少爷,也不仅仅是负笈担簦的学子,十九岁的李尧棠,已经是一个确立了信仰和奋斗目标,怀了勇气去开创新生活的年轻战士了。

"一个理想在前面向我招手,我的眼前是一片光明。"②

这是巴金出川后第十个年头写回忆录时说的,这时候他已经成为文坛上的一员健将了。

船行大约一个月,巴金和尧林到达上海的时候,已是5月底或6月初。他们在上海有一房远亲,叫李玉书,是浙江嘉兴老家族方面的人,辛亥革命前曾去成都投靠李镛,与巴金的二叔、大哥都熟悉,现在他在上海《新申报》工作。他们到上海十六铺码头以后,弟兄俩雇了一辆马车准备去找他,谁知没走多久,马车与人力车相撞,违反了交通规章,巡捕把马车夫连同乘客起押到了四马路(福州路)的巡捕房,罚了一元六毛钱。估计那天天气已晚,兄弟俩出了巡捕房,只好在附近一家小旅馆住了下来。对面是"神仙世界"娱乐场,一到晚上,街上就热闹起来。巴金和三哥趴在临街的窗口往下看,只见连续不断的人力车在街上跑,车上装了小电灯,坐了漂亮的姑娘,他们知道是妓女。大上海毕竟与众不同,妓女的气派也跟成都的"礼拜六"那样的土娼不一样。第二天,他们在《新申报》找到了李玉书。经李玉书的介绍,换到春江旅馆住了。

这段历史,是巴金多次谈到的。但他的回忆似乎漏了一个细节,据一篇别人写的回忆里说,巴金的船至汉口时,曾给在上海浦东中学念书的江疑九打了一份电报,希望他来接船。江疑九原是四川重庆商业中学学生,与陈小我(适社创办人)、李崎青(《昧爽轩一夕谈》的作者)等一起搞无政府主义,办过《人声》杂志。他在四川时与巴金通过信。巴金打电报给他而不是先找李玉书,可以说明

---

① 引自《巴金论创作·序》,上海文艺出版社1983年版,第5页。
② 引自《家庭的环境》,载《全集》第12卷,第401页。

巴金当时的一些情况。但这个细节，巴金在回忆里从未提起，我们也姑且作为一个补充吧。

据江疑九本人的回忆，那天巴金船到上海提前了五个小时，没能在码头上接到他们。等巴金给他通了信，他才跑到春江旅馆去看巴金，这是他们第一次见面的情景，"我怀着异常兴奋的心情走进巴金他们住的房间时，首先看到一张方桌的两侧，面对面坐着两个深灰色布长衫的青年，每人面前放着一本书。……巴金比一年前寄给我的相片上的，似乎大多。他圆圆的脸庞，红润丰满，顶平额宽，微露头顶，一望而知是个聪明的形象，但谈起话来，口齿却有点迟钝，不仔细听还听不清楚，他三哥尧林比他稍高一点，瘦长的脸型，又带上略显灰暗的脸色，似乎有些病态。但谈起话来，声音清亮、流畅，加上一腔成都口音，听起来十分入耳"①。

这是迄今为止找到的关于巴金青年时代最具体的肖像描写，也是兄弟初到上海的神情与生活状况。据江疑九的回忆，他们见面的当天下午，他就介绍巴金兄弟搬到了虹口武昌路四川同学聚集的一幢房子，在那儿，弟兄俩一直复习功课，准备过了暑假就考学校。但在巴金的回忆中，兄弟俩到上海后没几天，就跟李玉书一起到浙江嘉兴老家，在那儿拜见了八十多岁的四伯祖，祭了李家祠堂，又回到上海，由二叔在海关工作的老朋友介绍他们住到武昌路的一个叫"景林堂谈道宿舍"的学生宿舍里，与许多学生住在一起。②如果巴金说的和江疑九说的武昌路学生宿舍是同一个地点，那么，不管是谁介绍的，江疑九与巴金的见面当在6月中旬：巴金从嘉兴回来以后。

巴金这次回老家也颇有趣。是他与尧林先到嘉兴，住在四伯祖家里，过了两天，李玉书才从上海来嘉兴，他们一起去李家祠堂祭祖。是时祠堂早已破落，管祠堂的斐卿二哥又因吸鸦片，没了钱就把祠堂

---

① 引自江疑九《忆巴金初到上海》，载《新月》1984年第4期。
② 引自《作家靠读者养活》，载《全集》第14卷，第482页。

里的东西当了。甚至连祠堂地也租给了一个成衣匠。听说四伯祖这番介绍，巴金火热的新鲜感全部冷却了下来。他记下了李家祠堂的情景：

> 未走几步，到了一个地方门口，又像破庙的大门一样，然而这里却很狭，破庙的门却要宽许多。
>
> 路是不平的，两边堆着碎石残瓦，不到四五步，便走进去了，天井中没有石板，是泥地，走上石阶十余步，便是神龛，神龛中放着神主，约有三尊，中间放着始祖的神主，但现在记不清楚了，外面嵌满了玻璃，玻璃窗上已生满了尘埃，中间的玻璃也有碎的了，神龛面前放了一张破桌子。
>
> 石阶两边各有一排栏杆，上面有几扇窗户，但现在已经没有了。屋顶是漏的，抬头可见着青天，靠着栏杆放着几块破砖，围成一个小炉子，上放着一个大罐，是盖着的，不知里面煮的什么东西。
>
> 天井中放着一张桌子，一个成衣匠正在那里缝衣。
>
> 这就是我们的祠堂！
>
> 四伯祖将蜡烛燃起，我们把礼行了。①

我们把嘉兴的李家祠堂和成都的李家大院做一个对比，不难体会这个家族变迁的沧桑之感。巴金当时已经有了信仰和奋斗的理想，但他到上海第一件事就是回老家寻根祭祖，并为祠堂的破落而伤心，也可证明他在离川前对家庭的反抗并不激烈，不像他在回忆录里所渲染的那样。嘉兴之行后，弟兄俩把李家祠堂的情况向四川老家做了报告，不久，由四川老家寄去八十元钱，在三哥尧林的主持下重修了祠堂。到这一年的旧历腊月，弟兄俩第二次回嘉兴代二叔做神主，祭扫祖宗牌位。祭完后，他们直接由嘉兴到南京，以后再也没有去过老家。

---

① 引自巴金手稿《李家祠堂》。

从1923年离开成都到上海，到1927年初离开上海赴巴黎，这是巴金人格的全面形成时期。短短的四年中，他奔波于上海、南京、北京三地（这都是中国政治文化中心，也是20世纪20年代无政府主义力量最活跃的几个地方，除了广州，巴金当时未曾去），结识了国内外的许多无政府主义同志，办刊物、写文章、搞翻译，完全摆脱了成都时期的幼稚与盲目。应该说，这一段历史在巴金人格发展史上极为重要。只要看他对《爱情的三部曲》的偏爱程度，即可证明一斑，《雾》《雨》《电》以及短篇《雷》写的都是这段时期的生活与朋友，作家还写了长长的总序，一一指出书中人物正是他以生活中的朋友为原型。可惜在30年代无政府主义运动已遭镇压，巴金在这篇索引式的长序里只好用语焉不详的暗示来表达。到50年代以后，尽管他一遍又一遍地写作创作回忆录，谈了他创作每一部中、长篇小说的背景，唯独对《爱情的三部曲》讳莫如深。笔者猜想，老人的守口如瓶是否还保持着心灵深处一块最圣洁的祭坛，他不愿意用另外一种被世俗所能认同的语言去谈它。作家的沉默给我们的传记不能不带来遗憾。我们依据的只能是作家当时发表的文章，和少数他人的生活回忆，这会使传记写得枯燥乏味，只能请读者原谅了。

巴金第一次在上海的时间住得不长，不过半年多些。兄弟俩先考上了南洋中学做插班生。巴金入二年级，尧林入三年级。南洋中学在上海颇有资历和声望，但学费、寄宿费都相当昂贵，学制又长，他们只读了一学期，就不得不辍学，到南京进东南大学附中的补习班。半年以后，兄弟俩一起升入高三。他们到南京应是1924年的1月23日，春节前后。这是他们第一次在外面独立过春节，兄弟俩相依为命，住在北门桥鱼市街21号石城中学的一间屋子里。用皮箱做坐凳，在一盏煤油灯下埋头读书。南京的天气一定很不好，冬天风雪交加，道路尽是泥泞，夏天呢，因为没有帐子，南京的蚊子又是以暴虐闻名，他们只能在木板床上无抵抗地受着蚊子的围攻。但更难忍的是寂寞："在那些日子里，我们没有娱乐，没有交际，除了同寓的三四个同乡外,我们没有朋友。"① 唯可做的,是与成都老家写信。这时他大哥的疯狂病大概已痊愈,他用伤感的笔调写了一封又一封的信,告诉他们家庭的种种不如意;而巴金呢,也一封一封地回信,告诉大哥他们内心的寂寞,也报告了他们的生活。这些书信,大约就是后来被焚烧的《给母亲的信》和《鸿爪集》。写信以外,还有一件事情可以排遣寂寞:就是看天上的繁星。他住的房子的后门口有一片菜园,每天晚上,巴金就走到菜园里,静静地仰望着星群密布的天空,那时他正在读一些天文学方面的书。他能根据书上的指示认出一些星星的名字,并跟星星对话,向它们诉说乡愁之苦,就好像他们都是他的朋友一样。②

四、在南京

巴金在南京的生活情景,只有在两篇怀念三哥尧林的文章里稍稍提及。但悼亡之作,悲愤笼罩了一切,游子的凄凉感与孤独感也被凸现出来,成为对南京中学时代的一种涵盖,这就不能不留下一个大缺口。笔者在本传记中一直勾勒着巴金20世纪20年代前五年的基本生活方式:作为少爷的巴金和作为叛逆者的巴金相互交织在一起。前一个巴金给人的印象是多愁善感,重伦理,怀乡愁,感情大于行动,与家族在实际生活上始终藕断丝连;后一个巴金则是热情好斗,重友谊,反传统,憎恨一切旧事物,是一个生气勃勃的年轻安那其。这两种形象是对立的,即使在巴金本人的回忆录里,也不容易统一起来。因此,当我们从巴金的回忆中认识了一个愁绪满怀的离乡游子形象以后,不妨驰开自己的想象力,补出他在南京生活的另外一面。尽管这方面的材料不多,但总会有些蛛丝马迹泄露

---

① 引自《纪念我的哥哥》,载《全集》第13卷,第520页。
② 参考《海行杂记·繁星》,载《全集》第12卷,第53页。

出来。

我们可以设想，1924年至1925年的宁沪一带正是无政府主义的活跃之地，巴金由四川而来，正如鱼跃入了大海。他在这儿结识了许多过去仅通信而未谋面的同志，扩大了为之奋斗的战斗阵营。新结识的朋友，都是与他年纪不相上下，都是一样充满了热情和勇气，他们共同讨论无政府主义的理论，交流国际国内无政府主义运动的信息，分析着国内革命形势以及他们自己应该采取的行动。讨论刺激了学习，他用他那不太纯熟的英语与世界语，如饥似渴地阅读着欧洲社会主义运动的各种理论文献和学术著作，以求从中寻找一条中国的通向自由之路。在巴金的朋友中，最活跃的是瘦瘦小小的四川人卢剑波，他们俩年纪一般大，但卢剑波在运动中的资历比他长，经历也更丰富，他在南京省立一中读书，与另一个同学一起创办了《民锋》杂志，专门介绍世界无政府主义名著，抨击军阀政府。巴金与卢剑波的见面是在1923年，《民锋》刚创办不久。巴金有没有给卢剑波的刊物写过文章？现在因为刊物散失而无法得知。

在南京还有两位年轻的无政府主义者，一位是山西人卫惠林，后来同巴金一起留法，成为非常亲密的同志，还有一位是范雄毅，后来因在徐州散发无政府主义传单，在警方的追捕下失踪。这两人都在南京私立建业大学做教师。巴金应该在这时候与他们结识。[①]

还有四川人毛一波，1924年来到上海，入上海大学社会学系，他笃信无政府主义，而上海大学的教员中有许多是共产党员，常在课堂上宣传马克思主义。在1921年以前，"安布携手"搞社会主义，有过一个短暂的统一战线，但到1921年中国共产党成立以后，这种密切关系逐渐冷却，随而破裂，到1924年双方的情绪相当对立。毛一波在与马克思主义者的辩论中独自创办一个小刊物《马克思主义

[①] 引自蒋俊《卢剑波先生早年的无政府主义宣传活动纪实》，收入《无政府主义思想资料选》下册，第1009—1022页。

研究》，每期一万字，附在北京《国风日报》的副刊《学汇》上出版。这个刊物现在照例也无法找到（连《学汇》这样的大报副刊在国内也很难找到）。据毛一波的回忆，这个刊物的撰稿者中，有芾甘、抱朴和卢剑波。①

据中国老一辈的无政府主义革命家郑佩刚回忆，他与巴金神交已久，早就有通信往来。1925年他在上海创办"出版合作社"时两人方见面，巴金把翻译的《克鲁泡特金自传》交郑氏出版。他还记得，五卅大惨案的时候，巴金和几位同志发刊一小报《×××》，大声疾呼，揭露帝国主义的凶恶面目。但那份小报的名字他已忘记。②笔者曾多次问过巴金老人，他也记不清楚，说他当时在南京未曾办过什么报，也可能是郑氏误记了。至于克氏自传，那该是巴金后来翻译的。但根据巴金的性格和当时的活动，五卅运动这样的事件他不会也不应该缄默。毛一波说，巴金曾给上海工团联合会办的《劳动周刊》写过文章。在更早一些，武汉的无政府主义刊物《A刊》③和广州的无政府主义刊物《春雷》《惊蛰》都出现了李芾甘的名字……

这些可能发生和肯定发生的事件都提供了巴金在南京生活的另外一面，但这些事在巴金的回忆录里都很难找到，也可能时代久远，有些细节早已忘记。但是我们可以肯定，有一件事他是绝不会忘记的，那就是在朋友抱朴的介绍下，他与国际著名的无政府主义者爱玛·高德曼建立了通信联系。高德曼出生于俄罗斯，后移居美国，参加了无政府主义活动，多次被美国政府逮捕。1919年，她和其他二百四十七名外籍流亡者被美国政府驱逐出境，送往苏俄。但在那儿无政府主义也同样遭到镇压，1921年她与情人柏克曼一起逃出苏俄，在欧洲鼓吹反苏活动。对于爱玛·高德曼，巴金是满怀着崇拜

---

① 引自毛一波《前尘琐忆》手稿。
② 引自郑佩刚《无政府主义在中国的若干史实》，收《无政府主义思想资料选》下册，第939页。
③ 引自张铁君《蘧然梦觉录》上册，第120页。但笔者未找到这个刊物。

之心，他早在成都老家时，读了《告少年》煽起了他反抗社会的热情，《夜未央》向他展示了实现理想必须自我牺牲的途径，那么，高德曼是正式向他启蒙什么是无政府主义。巴金曾经感激地说，高德曼是第一个使他"窥见了安那其主义的美丽的人"。抱朴又名秦涤清，早年留学苏俄，在他的引荐下，巴金认识了高德曼，并给她写去了第一封信。巴金在信中说些什么已无法全知，但从高德曼的回信中，可以知道他在信中向高德曼诉说了自己的困惑：他为自己出身于一个富裕的大家庭而感到羞愧和苦恼，这种苦恼多半是关于上等人有罪，他应该赎罪之类的念头。这是巴金在其他文章中一再说到的，高德曼在回信中宽慰了这个二十岁的年轻人，她告诉他："你生在资产阶级的家庭里，并不是你自己的错，我们并不能够自己选择出生的地方，但是以后的生活就可以由我们自己来处理了。"接着高德曼进一步说，"我看出来你是有着每个青年叛逆者所应有的真挚和热情的。我很喜欢。这种性格如今更是不可缺少的，因为只为了一点小的好处许多人就会卖掉他们的灵魂——这样的事情到处都有。连他们对于社会理想的兴味也只是表面上的，只要遇着一点小小的困难，他们就会把它抛掉。因此我知道在你们那里你和别的一些青年真挚地思索着，行动着，而且深切地爱着我们的美丽的理想，我觉得十分高兴……"①

高德曼的话不但向青年巴金展示了理想的美丽，不但宽慰了他关于出身的苦恼，最重要的是向他展示了一种在苦难的考验下不屈不挠、忠贞不贰的人格力量。高德曼所赞美的，鞭笞的，都将作为重要的生活原则融入巴金的人格理想，伴随他经历那坎坷的一生。他把高德曼称为"精神上的母亲"。直至晚年，当八十岁的巴金老人为自己走过的道路发出沉重忏悔时，谁又能说这里没有高德曼的这封信作为他潜在的精神支柱呢？

---

① 引自《信仰与活动》，载《全集》第12卷，404页。

在与高德曼通信的前后，中国的无政府主义者卷入了一场悼念日本同志大杉荣的高潮。大杉荣是日本著名的无政府主义者。自1911年幸德秋水被日本政府杀害以后，大杉荣成了运动的实际领导人，他在日本传播克鲁泡特金的学说，组织实际的斗争，曾被日本政府多次逮捕。1923年9月1日，东京发生大地震，日本政府趁着混乱，命令东京宪兵大尉甘粕正彦将大杉荣夫妇以及正在他们家住的小外甥橘宗一（方五岁）秘密处死。这悲惨的消息传开后，在东亚地区，特别是中国的无政府主义者中引起了强烈反响，各大刊物都出专号控诉日本政府的惨无人道。大杉荣在同年春天去巴黎出席无政府主义代表大会，途经上海，小住过月余，时间大约是二三月里，巴金尚在成都，两人未得见面，但大杉荣的死给巴金带来很大的刺激。1924年春，他在广州真社的不定期刊物《春雷》上一连发表短诗《悼橘宗一》《伟大的殉道者——呈同志大杉荣之灵》，翻译《东京安那其主义者1923年10月25日的报告》，编译资料《大杉荣著作年表》，等等，几乎在同时，他又在真社的另一刊物《惊蛰》上发表译作《1923年日本大震灾中日本政府军阀及反动党对于安那其主义的攻击》，在新会地区的无政府主义刊物《民钟》上发表《大杉荣年谱》，连创作带翻译，一共发表了六篇。

也许是大杉荣的惨剧坚定了巴金为主义献身的决心，就在同一期《春雷》上，刊登了这样一个《芾甘启事》："我欲考究安那其主义在中国运动的成绩，故拟搜集历年所出版之关于此主义的书报，同志们如有此类书报（不论新的旧的）望赠我一份，如要代价者，可先函商。"这个启事只有与高德曼的通信放在一起看才有意义，巴金在这时候终于找到了他为实现理想所能做的工作方式：从事无政府主义的理论研究。巴金从根子上说是李家大院的少爷，正如他童年时代在马房里同情仆人轿夫的苦难，发誓要做一个站在穷人一边的人，但在实际上他并不能做什么事来改变他们的命运。当他参与了社会运动以后，他的生性忧郁，他的讷于言、慎于行的个性，都使他无法投身到实际的运动中去：讷于言使他无法参与鼓动性的演说和宣传，慎于行使他难于进一步投身到实际的政治活动中去。这样，唯能走的一条路就是在书斋里做理论研究，用自己的笔来发泄满腔的怒火和悲愤之情。这是巴金的个性所致。在无政府主义运动史上，卓越的理论家都同时又是实践家，连俄国的克鲁泡特金那样的亲王，法国的邵可侣那样的科学家也不例外，更不要说像巴枯宁一生都在密谋起义活动。在中国，从师复组织暗杀团，李石曾发起勤工俭学，吴稚晖厕身于国民党内利用"肮脏的手"……到叶非英、匡互生筹办教育，无不是在行动中实践理想，而独独巴金不是这样，他始终把自己包裹在纯洁的理想光圈之中，这并非远离实际行动，不是他不想为，而是他不能为，他缺乏这方面的能力。这种矛盾与痛苦，贯穿了巴金的前半生。

五、第一次北上

1925年五卅运动爆发，中国的无政府者都卷入了反帝的浪潮之中：工人罢工，学生游行……此风很快由上海波及南京。南京学生首先罢课游行，到6月5日英国和记蛋厂工人宣布罢工，一直坚持到7月7日才有条件地复工。在罢工期间还发生了流血事件。[①] 巴金也自然卷入到这样的活动中去。但奇怪的是，我们至今没有找到巴金在这场政治活动中的任何证据。他不像他在上海的同志卢剑波、卫惠林、毛一波那样活跃在工人当中，甚至在学校里他也不是积极分子，在一次集会上，他看见一个胖大个子的湖北人，嘶哑着嗓门，在讲坛上向与会群众报告这几天的工作情况，诉说他们如何每天只睡两三个小时，辛苦办事，他指责群众对这么惨烈的爱国运动漠不关心，日愈消沉，讲到激动处，竟痛哭流涕，双脚乱跳。巴

---

① 参阅邓中夏《中国职工运动简史》，人民出版社1953年重印3版。

金认识这个学生,知道他就是张光人,是南京学生运动的积极分子。听了他的一番话,群众仿佛若有所感,散会后纷纷聚集起来,乘小火车到下关的和记工厂去声援工人。巴金也悄悄地跟在群众队伍里面……①

五卅过后,暑假很快就到了,巴金和尧林都拿到了毕业文凭。下一步怎么走?选择摆在兄弟俩的面前。有意思的是,兄弟俩在考什么大学的问题上,竟发生了分歧:巴金向往的是北京大学,他早在成都时期就阅读新文学作品,鲁迅的小说,周作人的散文,冰心、郑振铎的小诗,都深深地吸引过他,唤起了他对新文学的爱好。虽然20世纪20年代中期的北京文坛已经是一派寂寞旧战场的空凉,但在来自成都的巴金心目中,这仍然是新文学的发源地。李尧林却在这时候做出了相反的打算,他决定到苏州去,考东吴大学。因为那是个教会学校,英文教学比较好,但这个学校对新文化的态度是保守的,属于学衡派的范围。这兄弟俩二十年来一直没有分开过,特别是出川以来,尧林虽然比巴金只大一岁,但更加持重、懂事,处处都由他来关心弟弟。现在他们人各有志,真的要分手了,不单单是不同的学业选择,也是人生道路的不同选择。尧林走上了学院的道路,读书、教书、从事翻译,默默地过着虽然清苦,但安定平静的生活;而巴金,却注定还要为理想东奔西闯,四处漂泊,做出一番更大的事业来。尧林显然不太赞成弟弟的生活方式,但并不阻挠他,他尊重弟弟自己做出的决定,默默地帮着打点行李,在浦口送巴金登上北去的火车。

巴金此番北上,似乎还有一些没有说出的原因,就是北京当时的无政府主义搞得十分活跃。辛亥革命的老将景梅九创办了《国风日报》,一时成为无政府主义的舆论中心。日报副刊《学汇》的编辑索非是巴金的好朋友,在1925年初,巴金已经在上面陆续发表了

---

① 引自《怀念胡风》,载《无题集》第166页。

《柏克曼传记》等作品，不过他这次到北京时，索非已经不担任《学汇》编辑了，后任是来自朝鲜的亡命者沈茹秋，他们听说巴金来了，就一起到前门车站去接他，当下就由沈茹秋安排住在北河沿的同兴公寓①，虽然他们都是第一次见面，但共同的理想使他们有说不完的话。巴金在成都就认识了朝鲜人高自性，这次认识沈茹秋，由沈的介绍，又认识了学经济的大学生柳絮，当时朝鲜正处于日本占领之下，亡国的痛苦折磨使他们年纪轻轻的却有了白头发。"我们的生命恐怕还不如一只蚂蚁"，朝鲜朋友用悲愤的语调向他诉说了他们为解放祖国而进行的斗争……我渐渐地忘了自己我跟着他们到遥远的地方去了他们中的一个人在半山里碰了敌人躲到白杨林里打了半天又逃了出来他们中有四五个人被五六十个敌人围困在山顶上过了一晚第二天早晨每个人拿了两支手枪冲下山来打死了敌人自己也死在乱枪下……②异国的朋友向巴金打开了一个全新的天地。十年以后，他把这些故事写进了一个短篇《发的故事》。

但是，巴金在任何时候都是两种性格的合成。在朋友面前，他是兴奋的、热情的，充满着战斗的豪情，可是当朋友们一离开他，寂寞、孤独马上会袭上心头，他离开了哥哥，开始过独来独往的生活了，万事都须自己做主，这是一种自由，也是一种负担，对于一个出身大户人家的少年，尤其会感到一点苦恼。那些亡命在北京的异国朋友无法理解他此时此刻的深切悲哀："在北京我只有偶尔来闲谈的朋友，半个月中间始终陪伴我的就是一本《呐喊》。"——20世纪50年代初巴金这么说。③这种心情似乎影响了他考北京大学的情绪，他一直不大喜欢数理化，也担心考不好，愈临近考期，愈胆怯得厉害，正好这时他去检查身体，医生对他的肺部特别关注，检查后摇了摇头，医生没有说什么，但有着家族遗传史的巴金马上

---

① 引自沈容澈《朝鲜亡命者与巴金》，载《巴金文学研究资料》1989年第2期。
② 引自《一封公开信》，载《民国日报》副刊《觉悟》1926年3月27日。
③ 引自《忆鲁迅先生》，载《全集》第14卷，第6页。

就警觉起来，或许是他当时隐隐约约地感觉到身体的不适，他神情沮丧，再也没有心思去复习迎考，哥哥又不在身边，一切都得他自己来拿主意，他便轻率地放弃了这次考试，只身返回了南京。当他回到三哥身边时，尧林已经拿到了东吴大学的录取通知。

三哥没有责备巴金的轻率，只是陪他去一个同乡的医生那儿检查，查下来确是肺病。20世纪20年代，肺病几乎是绝症，对一个才二十一岁的年轻人未免太残酷了。尽管巴金没有告诉我们他是怎样想的，但从他创作的杜大心、陈真等形象看，肺病给他带来了急躁、偏执以至绝望的心理是可能的。远在成都的大哥知道后写信要他回家去养病，巴金坚持不肯，可南京他也不想再待了，尧林一开学就去苏州，他怎么办呢？这时候，那位医生向他推荐了上海的邓梦仙医生，也是四川同乡。这时他的许多朋友也都已相聚在上海了，他便决定重返上海，一边养病，一边继续为理想为事业而工作。

六、为主义而战

个头矮矮、白白皙皙的邓梦仙医生早年是同盟会会员，民国初曾留学日本，毕业于千叶医科学专门学校，还娶了个日本老婆。回国后在上海霞飞路李梅路口开办了一所医院，叫华光医院，一边行医，一边结交天下各路豪杰，有点像《水浒》里的小旋风柴进柴大官人。他正与广州的无政府主义者联手组织了一个代号为"AF"的秘密同盟，组织部主任是他，宣传部主任是师复的妹夫郑佩刚，军事部主任是大名鼎鼎的上海杀手王亚樵。[①] 这个神秘的组织后来是否展开过工作，现已无法调查。但邓氏的华光医院则成为无政府主义者的聚会地。这幢普普通通的二层楼洋房里，逗留过烟榻横陈的

[①] 引自郑佩刚《无政府主义在中国的若干史实》，收《无政府主义思想资料选》下册，第971页。

无政府主义者景梅九、让黑社会闻风丧胆的王亚樵、曾经大闹"远东运动会"而被判了刑的许持平，还有日本同志大杉荣、岩佐作太郎、石川三四郎、山鹿泰治等，都曾是这里的座上客，年轻人慕名而去，邓梦仙也来者不拒，一律好酒好菜相待。①想来巴金1925年8月返回上海找他看病，病是未必有所好转，但一定在华光医院里认识了不少无政府主义的名流和年轻同志。

巴金8月份到上海，9月份便和同志们创办了无政府主义刊物《民众》月刊。这个刊物阵容强大，汇集了全国各地的活跃分子，在发起人名字里，除了芾甘（巴金）以外，还有下面这些人组成。

一、郑真恒，广州真社的负责人，编《春雷》杂志；二、黎健民，广东新会人，《民钟》杂志的创办人；三、沈仲九，浙江人，上海《自由人》主编；四、李少陵，笔名三木，湖南无政府主义者、活动家，广州《春雷》的编辑之一；五、黄培心，湖北"中社"的创办者之一；六、卫惠林，山西人，当时在上海搞工团自治联合会；七、张惮林，江西人，当时在上海读书；八、张履谦，笔名吕千、谦弟，四川人，是星社的创办人之一；九、周索非，笔名AA，《学汇》《微明》的编辑；十、毛一波，四川人，当时在上海大学读书；十一、沈茹秋，朝鲜人，《学汇》编辑；十二、姜种因，安徽无政府主义刊物《先锋》月刊的主编，后在上海编《土拨鼠》；十三、卢剑波，四川人，当时在上海办《民锋》杂志，并搞工团自治联合会；十四、秦涤清，笔名抱朴，留苏学生，当时在哈尔读工作；十五、陆不如，当时在上海搞青年职工同志会。这十六条好汉中，除了沈仲九年纪较大一些外，其他都是二十几岁的年轻人，但他们中真恒、健民、三木、培心、吕千、抱朴、茹秋等人都在外地，留在上海的也各有事情，有些人在办刊物，有些人正埋头搞工运，真正闲着的大约只有巴金一人，所以这份刊物虽挂的人头多，主要担任编务的就是巴金，估

---

① 引自毛一波《前尘琐忆》手稿本。

计卫惠林、毛一波他们会帮一些忙。

《民众》杂志笔者没有见过。巴金在上面发表了一些文章，但数量不多，比较重要的一篇长文是1926年写的《"五一"运动史》，介绍了国际五一劳动节的来源——1886年美国芝加哥无政府主义者为维护工人八小时工作制而做的英勇斗争。他从无政府主义的立场上阐释了五一节的意义，还进一步指出：应把"五一"工人运动的口号"做工八小时、教育八小时、休息八小时"改成"废灭神，应灭主人；万人的自由！"这份长文曾印成小册子，附订于《民众》十四、十五期合刊，又在上海公共体育场举行的"五一"纪念会上向群众散发。两年以后，巴金编《平等》时又把它重新刊登出来，所以现在还能看到。其他一些文章都无法查考了。

估计巴金当时身体一定不好，他这时写的文章，不但数量多，而且语气激烈，有一种病态的狂热。发表他文章的刊物也很多，有北京的《国风日报》副刊《学汇》、《国闻周报》，上海的《时事新报》副刊《学灯》、《民国日报》副刊《觉悟》、《洪水》，广东的《民钟》月刊等，文章内容依然一如旧貌，涉及面相当广，有翻译也有论著，笔者猜想他是在用生命做拼搏，去实践他准备从事无政府主义的诺言。《爱情的三部曲》里患肺病的陈真有这样一段描写，不知会不会是巴金此时此刻的自画像："他的心里充满着那么多的爱和恨，他的面前堆积着那样多未做的工作，他当然不能够就想到躺下来闭上眼睛不看见、听见一切，不做任何事情的那一天，他更不能够忍受那样的思想：自己躺在坟墓里，皮肉化成臭水，骨头上爬行着蛆虫，而他的那些有着强健的身体的朋友们都站在他的墓前为他流泪，或者说些哀悼他恭维他的话……他害怕这样的一天很快地就到来。"[①] 写这段话的时候巴金才二十八岁，对死却有了这样的想象力。

[①] 引自《雨》，载《全集》第6卷，第104页。

那一时期他的著作中有许多是依据了高德曼、柏克曼等人的材料，写作或翻译反映苏俄布尔什维克在国内镇压无政府主义、社会革命党人左派以及克龙士达暴动的文字，由于高德曼等人在欧洲工人运动中鼓吹反苏活动，中国无政府主义者也做了响应，主要发起者就是从苏俄回国的抱朴，他们在广东新会的《民钟》杂志上发起组织"中国援俄在狱革命党人委员会"，出版《援俄在狱革命党人专号》，通过对苏俄苏维埃政权的揭露，呼吁无政府主义者的最终理想："政府常常是平民之敌，除了把一切政府推翻，我们永不能享受那真正的自由和幸福。"十月革命以后的苏俄政治动荡，国内外武装干涉严重危及了苏维埃政权的生存，布尔什维克领导人采取了强硬措施对一切反对者进行镇压，造成了大批知识分子亡命国外，许多在俄国革命中曾英勇斗争的革命家——包括民粹派分子，社会革命党左派，以及无政府主义者也都或被逮捕，或遭镇压，或被迫流亡，这些都是事实。有一点必要指出，就是无政府主义者不完全反对十月革命，只是反对布尔什维克在掌握政权以后继续用暴力来实行统治。克鲁泡特金是一个最典型的例子。他在晚年写的《给西方劳动者的最后一封信》中，一面高度评价十月革命，认为这跟1789年的法国大革命、1639年的英国革命一样重要，呼吁西欧各国人民起来制止自己的政府对苏维埃的武装干涉，但另一方面对布尔什维克做了严厉的批评。"布党政府所关心的只是维护他的权力，绝对不顾任何的代价，因此他绝对不管像人权、人命等的'小事'。"①巴金对苏俄的观点，基本来自克鲁泡特金和高德曼等人。这方面的文章很多，都属宣传性质，不必一一举例了。

围绕苏俄新政权成败得失的探讨，巴金发表了一篇论文，题目

---

① 前一句引自《克氏全集》第1卷《论国家及其他》，上海自由书店，1927年版，后一句是克鲁泡特金对高德曼说，可能语出高氏《访克鲁泡特金》，苇甘译，载《民众》半月刊第16期。但笔者未查到该文。本文是转引自巴金《论列宁》，载《时事新报》副刊《学灯》1925年12月30日。

是《马克斯的无产阶级专政》,文章中所运用的材料是否正确暂且不论,论题本身却是学术性研究,文章剖析了四个问题:一、真正的无产阶级专政在事实上是做不到的,所谓无产阶级专政不过是自命为倾向于无产阶级的共产党领袖专政;二、无产阶级专政是不应有的,因为社会革命并非单纯复仇的革命;三、无产阶级专政不能达到消灭阶级差别的目的;四、无产阶级专政不能建设无阶级的无国家的新社会,因为国家是掠夺阶级的一种机关,不能自行消灭。文章引经据典,洋洋洒洒,引用了马克思、恩格斯、考茨基、巴枯宁、河上肇、罗素、斯蒂奈、柏尔森司以及中国共产党人瞿秋白的观点,或加发挥,或加批驳,显示了作者对世界社会主义运动史和国家学说史方面的广博知识。他对无产阶级专政的本意提出责难:所谓无产阶级专政究竟是指无产阶级全体专政呢?还是少数人专政?现社会中无产阶级的人数占着最大多数,但大多数人能否构成专政?他回答说:"数千年的历史所给我们的教训中从没有最大多数人的独裁制的事实。"他首先分析了资产阶级的专政:"有产阶级打倒了封建制度,夺得了政权,然而只不过造成有产阶级中少数人的独裁制罢了,假若有产阶级中少数人的专政便能代表有产阶级全体的利益,为什么有产阶级中还互相夺政权呢?"所以,"有产阶级中少数人的专政,只能代表那些专政的少数人的利益,而未得政权的多数人的利益,他们仍然不得代表的"。他以此推论苏俄的无产阶级专政:"俄国的劳工专政在名义上是无产阶级的专政,而实际一切权力操之于少数的共产党人——苏俄共产党中央委员会干部的五个人手里。"而"全俄无产阶级的利益,这五个人并不能代表"。他特别指出了苏俄无产阶级专政中的一个理论与实际的矛盾:无产阶级政党领袖明明出身贵族,"但因倾向于无产阶级,便是无产阶级了,假如一个小时也不停工的工人,他本身是无产阶级,然而他反对共产党的主张,他便是有产阶级了"。他认为这种缺乏客观的阶级基础,仅以是否有利统治者的政党利益为划分无产阶级和有产阶级的区别标准,是"值得我们注意的"。因为这导致"真正的无产阶级专政非但事实上做不到,而且党的少数首领可借此来实行一党的专政"。这篇论文写于1925年初,发于《国风日报》副刊《学汇》。笔者初读这篇论文时,正是"文革"刚过,四凶暴虐历历在目,而他们施以暴政的理论,就是打着"无产阶级专政"的旗号。专政的对象却是千千万万正直善良的知识分子与人民,而维护的却只不过是掌握政权的"四人帮"一小撮;除了自封以外,谁也不能证明他们是怎么代表无产阶级的。痛定思痛,不能不有许多疑问盘旋脑际,读巴金此文,就仿佛在说昨天的事一样。我们今天无法回到当年历史中去判断这些批评是否属实,但所讲的道理却是一样可以引起思考的。

通过声援俄国无政府主义者与社会革命党左派,巴金对俄国革命历史和世界无政府主义运动史发生了浓烈的兴趣。他开始撰写历史传记,第一篇就是根据《"五一"运动史》的材料改写的《芝加哥的惨剧》,详细记录了1886年芝加哥无政府主义受审判案中几名无政府主义者在法庭上的斗争和演说,接着便一发而不可收,连续写了《东京的殉道者》《俄国虚无党人的故事》《法国虚无党人的故事》等等,后来这些作品都收入了他的一本革命传记集《断头台上》。在书中他宣布:"我自己早在心灵筑就了一个祭坛,供奉着一切为人民的缘故在断头台上牺牲了生命的殉道者,而且在这祭台前立下了誓愿,就是只要我的生命存在一回,便要一面宣传殉道者的伟大崇高的行为,一面继续他们的壮志前进。"他同时翻译无政府主义的理论经典,断断续续地译出了蒲鲁东的《何谓财产》,克鲁泡特金的《面包略取》(后改译为《面包与自由》),以及阿利兹、若克尔、马拉斯铁达的几篇解释无政府主义运动的论文。如果说,编写革命传记是为了加强对无政府运动的历史认识,用外国革命先驱的英勇事迹来激励中国的同志,那么,这些理论著作的翻译,也是为了指导中国的无政府主义运动。

除了宣传、介绍、翻译等理论活动外,巴金还介入了国内有关社会主义理论的论争。1926年年初,他和创造社诗人郭沫若发生了一次论战,这次论争的材料,郭沫若的都收入了集子变得众所周知,而巴金的文章却从未收入集子,使人们对其原始面目如坠云雾之中。那时候郭沫若开始信奉马克思主义,正在起劲地同国家主义者关于国家问题论战,国家主义者攻击马克思主义要废除国家,同无政府主义一样,郭沫若则在《新国家的创造》一文中辩解说马克思主义并不否认国家,不过是要创造一种"新国家",他引用德文原文解释马克思在《共产党宣言》里关于"工人无祖国"的说法"本是用来表示他并非否认国家"。郭沫若凭直觉认识到共产党掌握国家机器后只能改造它而不能彻底砸烂它,这被后来的事实所证实,但对马克思主义理论他并不精通,解释中确有牵强附会的地方,在一篇题为《马克思进文庙》的游戏文章中,他设想马克思与孔夫子两人交流思想,最后发现两千年以前的孔夫子学里已经包含了马克思主义、共产主义也即是大同社会。巴金少年气盛,据他后来的文章说,他在1921年就读了《女神》和《天狗》,这些诗对他以后的成长有过影响,但在当时,不知什么原因他对郭沫若会有这么大的反感,他仗着对马克思主义原著的熟悉,在《学灯》上发表了一篇文章,叫《马克思主义的卖淫妇》,这句话本是考茨基骂列宁的话,被他搬来用在郭沫若头上,指出马克思主义的理论确有废除国家的说法,而郭沫若的解释不过是硬抠字面和误译发生的错误。不过他也指出了,马克思关于无产阶级专政的学说并不能消灭国家。这本来是个学术问题,可以心平气和地讨论,但巴金的文章里火气很甚,嘲笑、挖苦,"太不客气"的话语很多,当然,原先郭沫若和国家主义者论争时也用过这些字眼,现在被巴金"以其人之道还治其人之身"未免难堪。郭沫若没有正面去答复巴金,只在对另一个人的论争中,写了一篇《卖淫妇的饶舌》,稍稍带了巴金一下,说:"这样一来,简直把他们所极端反对的马克思当成他们所极端崇拜的克鲁泡特金去了。"巴金读了郭沫若的文章,更被他的轻蔑态度激怒,接连又发表《答郭沫若的〈卖淫妇的饶舌〉》和《洗一洗不白之冤》,前一篇又指责郭沫若关于"马克思进文庙"的错误,他指出,"马克思主义之所以产生在19世纪,是因为它是资本主义工业发达的产物,孔子与马克思所处的时代相差太远,孔子的生活绝不会使他有马克思主义思想"①。这些思想,从理论逻辑上也很难说不对。巴金虽信无政府主义,但对马克思主义的著作读过不少,文章里经常引用。他的同志毛一波曾回忆,他一次在巴金房里看见他正在读1926年芝加哥版的《资本论》三大卷英文本。②但作为无政府主义者,他对马克思主义不能做到正确的解释,也是事实。这次论争只是一场小风波,笔者之所以要把它介绍一番,是因为以后还有机会提到它。

行了,我们总算结束了这段枯燥的叙述。关于巴金20世纪20年代的无政府主义思想以及与外国各种社会思潮的关系,笔者在五年前与朋友合著一部《巴金论稿》③,有过详细的探讨,传记应该保持文体上的趣味性,在这儿就不多说了。

巴金当时写的文章,凡现有能找到的,就是公开的证据。但在这文字后面的事情——譬如他的生活情况,内心世界,我们一无所知,巴金始终守口如瓶,甚至连他的行踪也变得神秘了。照他回忆录中推算,他应该是在1925年8月中旬回到上海,住法租界贝勒路天祥里,与毛一波、卫惠林同屋,楼下住的是卢剑波、邓天矞夫妇。但据1926年1月《民钟》14期上一个启事公布,巴金住址是南京北门桥卫巷6号。这份启事是呼吁中国无政府主义者提供各种旧版邮票,捐给法国老无政府主义者格拉佛,供他出售后集资办刊物。负责此事的通信地址有三个:南京的巴金,上海的毛一波和广东的

---

①巴郭论争文章发表于下:郭沫若有《马克思进文庙》《新国家的创造》《卖淫妇的饶舌》三篇,分载《洪水》第1卷第7期、第8期和第2卷第14期。巴金(署名李芾甘)有《马克思主义的卖淫妇》和《答郭沫若的〈卖淫妇的饶舌〉》分载《学灯》1926年1月19日和4月5日。《洗一洗不白之冤》载《洪水》第2卷第13期。

②引自毛一波《前尘琐忆》稿。

③指1986年由人民文学出版社出版的,与李辉合著的《巴金论稿》。

黎健民。按理说这事不会提供假地址。难道巴金在创办《民众》之初,还是在宁沪两地同时居住不成?但1926年春夏时期,巴金肯定是住贝勒路的那幢房子里。关于那段生活,巴金没有提供多少细节,只说是"一度曾靠着两个面包和一壶白开水度日"①。倒是毛一波,对这段时期他与巴金共同生活的情景有过精彩的回忆:

> 那也是多雨的春夏之交,我和几个亲爱的同志们住在上海贝勒路底。我们那时穷得只能吃几个面包和喝一点清水,然而,同志们的精神却是十分饱满。我们还分了余钱出来出版革命刊物呢。那一个生了肺病的同志带甘,正在负责译述先烈的遗著。从他难看的面色和干咳声中,他常是冒雨去为主义工作。我也曾和他一道在马路上奔跑过。让那斜风和冷雨打在自己头上。从贝勒路的南底跑到远远的印刷所去送取书报,雨水常是迷茫了我们的近视眼镜……②

这是毛一波1929年在日本东京的一个雨夜所记。记忆应该比较准确,这"春夏之交"只能是1926年,"吃几个面包和喝一点清水"的说法也应和了巴金的回忆,所指的革命刊物当是《民众》,先烈遗著当是指《断头台上》的一些篇什。只有一处是夸张了的,据巴金说,那印刷所离贝勒路并不遥远,那是被毛一波的思旧情绪夸张了的。在这篇回忆中,毛一波还提到了几个同住在贝勒路的朋友:"我忆起了在那贝勒路的几个同志,非子远在巴黎,南初死于前线,大苏讨了一个老女人,无日不在愁城里。"非子是卫惠林,南初不详,据说是湖南人。大苏是吴博苏,笔名苏哥,20世纪20年代常有诗文发表,巴金的《法国安那其党人的故事》就是他转给周全平在《洪水》上发表的。

---

① 参阅《我的哥哥李尧林》,载《病中集》第9页。
② 引自毛一波《风风雨雨》,收《秋梦》。

这是唯一关于巴金这段时期的生活剪影。

到1926年下半年,巴金搬出贝勒路,先住到了康悌路康益里的一间亭子间,那是毛一波亲戚的房子,毛一波比他先搬出贝勒路,在那儿住了一些日子,又转让给巴金住了。后来巴金创作《灭亡》时,就把杜大心的住所安排在那间房里,连杜大心夜里听楼下夫妇吵架也来源于这幢房子里的房客生活。在那里,他翻译了克鲁泡特金的《面包略取》。大约年底的时候,他又搬了一次家,搬到法租界马浪路的一条弄堂里,与两个朋友同住在三楼前后楼。那时战争已经打响,北伐军正步步逼近上海,这个被军阀孙传芳统治着的东方大都市里到处是骚乱与暴动。住在他楼下的房东可能是个旧军人,也在暗暗招兵买马,准备迎接北伐军,一时间人来人往很多。一天,他听说常来房东家的一个姓张的朋友被便衣抓走了,楼下混乱了一阵,房东一家悄悄地躲起来了,只留下一个老太太看家。又过了几天,巴金从《申报》上看见了那个姓张的朋友被杀头的消息……①

但巴金这时已顾不得去体会这血淋淋的惨案,因为在两天以后,1927年1月15日,他就同卫惠林一起登上Angers号邮船,到法国去了。

---

① 引自《谈〈灭亡〉》,收《巴金专集》第1册,第420页。

第三章　圣母院钟声响起的时候

一、赴巴黎

李尧林致巴金的信（1926年某月）①

四弟：

　　来信收到真令我感愧之致我自信我不是一个坏人然而我自觉我为人颇自私而寡情这实在是我的缺点离家后在我们同住的两年中间我实在没有尽我为兄的责任对于你有什么帮助心中想及的也无非是我一人的将来就是去年你生肺病我也不曾替你有所打算让你一人在那充满烟煤空气的上海居住家中带来的钱大部分都是我用了也没有说多寄些来买滋养品吃这都是我对不起你的地方现在你反要来感激我真令我置身无地了希望你以后不要提起罢免得我心上难过……

李尧林致巴金的信（1927年1月，巴金离沪赴法前夕）②

---

① 据李尧林致巴金信手稿收入，原件即无标点，现代文学资料馆收藏。
② 据李尧林致巴金信手稿收入，原件即无标点，现代文学资料馆收藏。

四弟：

　　昨天回到学堂里就接到大哥一封信现转上我后来寄的行书备他已接得不要买了你只在中华买学校月历寄他就是

　　昨天开的书目请不要忘记我还要加一本就是"友人之书"若是方便就望代买否则就算你要的两本德文小说另封寄上

　　你这次动身我也不能来送你了望你一路上善自珍摄以后你应当多写信来特别是寄家中的信要写得越详越好你自来的性子是执拗的但是你的朋友多了应当好好地处不要得罪人使人难堪因此弄得自己吃苦惠林兄年长经验足你遇事最好虚心请假〔教〕你到法国以后应当以读书为重外事少管因为做事的机会将来很多而读书的机会却只有现在很短的时间也对于你自己的身体也应当特别注意有暇不妨多多运动免得生病想同你说的话很多但不知说哪些好现在只说了这一点其他也不必说了总之望你善自保重

　　美国来了一封信现转上信面的地址剪下贴在信头的便是

　　　　　　　　　　　　　　　　　林　星期一

　　这是现在仅能看到的三哥李尧林给巴金的两封信，寄信的时间都是在他们俩分手以后，巴金赴法之前，它透露了那个时期巴金的许多信息。这本该放到第二章叙述，但依巴金的心理轨迹发展，这两封信放到他去法国以后的背景中去介绍可能更有意义些，因为在那巴黎圣母院钟声响起的寂寞岁月里，这位远离家乡的海外游子，一定会反反复复地阅读这些亲人书信，格外地珍爱兄弟惜别的情谊。

　　巴金的赴法正是成都老家经济面临破产的时候，他能从家里筹到一大笔钱出走，也是两个哥哥的一片爱心所至。这一点巴金心里自然明白，但他没有为家里的处境多加考虑，去法国巴黎的念头像一个美丽诱人的姑娘，不断地拂撩，以至折磨着他的心。他的朋友吴克刚早几年就去了巴黎，与巴金一直保持着通信，另一位无政府主义同志毕修勺则刚刚从法国回来，他在那儿生活了十年，对法国特别是巴黎的风俗情况都了如指掌,他向巴金一定讲过很多法国的事情,这自然是巴金想去法国的最初诱惑。当时,与他同住的卫惠林已决定赴法,这对他又是一个促动。巴金也许对巴黎向往已久,那里有着悠久的大革命传统。1789年法兰西人民攻占巴士底监狱和1871年巴黎公社的成立,都在巴金心中占着重要的地位。他读过许多欧洲无政府主义文献,不能不涉及这些革命的光辉历史。他在1928年写过一篇文章,探讨中国"无政府主义之实现的两条道路":一条是仿照法国和俄国大革命,由"自发的民众暴力开始",燃起革命之火;另一条是英国式的"总同盟罢工",由"工人与资本家不息的斗争"中壮大工人自己的力量。这是巴金研究无政府主义的"结论"[1]。在当时的情况下,俄国的布尔什维克专政使他厌恶,英国的生活费用又太高,唯可去做实地考察的,只有法国。五十年以后,巴金在一次答法国记者问时说:"法国较其他国家容易接纳中国学生,其次是因为生活费用较低。但最主要的是因为法国是很多被放逐者的庇护所,形形色色的革命者都来到法国生活。"[2] 这话大致不误。

巴金最初打算到法国读经济,这可以看到他作为一个社会主义者与其他无政府主义信徒的不一样之处。在社会主义运动中,无政府主义偏重伦理道德的立场,认为无政府共产社会是建立在人性的互助本能之上。马克思主义则偏重经济的立场,指出社会主义由空想到科学,在于物质生产力的发展。中国大多数的无政府主义信徒都是走重伦理、讲修身养性的路,而巴金在研究克鲁泡特金的理论之外,广泛吸取了其他欧洲各派社会主义的理论。一是阿利兹的学说,他先后翻译了阿利兹的《科学的无政府主义》《科学的无政府主义之战略》《无政府主义之社会学的基础》等,提倡唯物论的无

---

[1] 引自《怎样做法?》,载《平等》第1卷第13期。
[2] 引自《答法国〈世界报〉记者问》,载《巴金专集》第1册,第79页。

政府主义。阿利兹生平不详，但他强调唯物论，认为科学无政府主义思想来源于"技术的进步，社会经济状态的变化"，进而"引起社会秩序的变革"。他的思想学说，对中国的无政府主义者起过一定的影响，其桥梁是巴金。其二是马克思的学说，当时巴金虽然在整体上对马克思主义持不同意见，但对马克思的书，他是认真读的，对马克思的一些具体理论学说，也是采纳的，唯物史观这一点上，他不自觉地与马克思主义接近。这些情况使巴金比其他无政府主义者更重视社会经济，他选择经济学作为上大学学习的课题，可以看作是他在国内已定下的研究无政府主义理论和运动史的一个环节。因为他大哥给他钱，明明是要他学工科，将来回国当工程师。

可是巴金到了巴黎以后，实际情况却让他走上了另外一条路。原因是他不久收到了家里来信，正式告诉他老家破产，无法再供应学费，他当时在巴黎的法国文化协会附设的夜校学习法文，消息传来，他遂停止了正式的学习——这段时间不过是一个多月，巴金和卫惠林是1月15日离开上海，海行三十四天，2月18日到达马赛，第二天上午到巴黎，吴克刚在车站接他们，并把他们安排在Blanvile街五号旅馆。不久他们又迁往拉丁区Tournefor街的一个公寓里，在那儿他整理完成了一部在海行船上逐日记下的游记，一个月以后，他把这部稿子寄给了三哥，直到1932年才正式出版。这部《海行》的最后一篇写作的时间是巴金到巴黎一个月以后，这就是说，在3月20日之前，他还没有接到家里破产的消息。——这期间，他不但整理了《海行》，为了排遣内心的寂寞，他还写下了小说《灭亡》的头四章。

巴金在《海行》中不但记下了他一路的所感所见，也记下了他初到巴黎时对这个城市的印象。这印象的片段被载入了他给三哥的一封信中：

我来巴黎不过一个多月，住在拉丁区的一家旅馆里。每天除了照例到卢森堡公园去一两次,晚上到学校补习法文外,就把自己关闭在六层高楼上的一间充满了煤气和洋葱味的小屋里面。我所看见的只有一个四方的小小的天,连阳光也看不见。

黄昏时分我也常常去街上走走,附近的几条街上,晚间向来是很寂静的,各家店铺通常在六七点钟就关了门,所以街上也没有多少行人。我一个人默默地在那宽敞的大路上散步,我的心里好像被什么东西关住了一般,在我的周围尽是无形的墙壁。路旁关上了的商店的门,都把它们的秘密关闭在里面。那无言的墙壁似乎也现出痛苦的颜色,使人知道它心里有无穷的隐痛。一盏煤气的街灯,一个破败的烟突,都有它们的痛苦的历史。还有那好像在燃烧的红天,像两块墓碑一般高耸着的圣母院的钟楼,整日整夜悲鸣的圣母院的钟声……寂静的街中的仅有的行人穿着破衣服的工人和穷学生,以及颈项上围着狐皮的中等人家的太太小姐,都匆匆忙忙地走过去了。有的一言不发,有的唱着歌,说着笑话。然而就在这歌声和笑声中也含得有一种痛苦的声音,好像每个人都在强为欢笑!他们笑只是为了止住哭。从此我才觉得我不曾了解人,也不曾了解巴黎。巴黎的秘密也不是我一个短期的旅客所能够了解的。那么我非但不配描写巴黎,就是想描写也不能够! ①

这里不仅表现出一个未来的作家对一个陌生城市的观察能力,也写出了初到海外的游子之情,尽管有同志,有理想和有新鲜的生活环境,但内心的寂寞和因语言不通加深了的孤独感,又一次袭上心头,激起了他在初离成都老家时的那种乡愁之情。在年轻的巴金身上,青年革命家和李家少爷的双重角色仍然并存着。夜深人静时,他摊开信纸,向遥远的老家,向遥远的亲人发出了呼号:

---

① 引自《巴黎》,载《全集》第12卷,第94—95页。

我知道你们也不会忘记我，但是请寄一点东西来，从你们那里来的一切，我都是异常宝贵的。

我虽然知道我们的心不会被那无边的海洋所隔断，但是现在我的心确实寂寞得很！冷得很！望你们送点火来罢！①

这封呼号的信随同《海行》的手稿一起寄往中国，时间不会迟于3月底。可以想象，紧接着老家给他送来的"东西"，不是别的，就是破产的消息。

二、立誓献身的一瞬间

巴金在法国的两年时间，是他人生道路上最重要的一环。在这个国度里，巴金完成了人格的第一次自我塑造。在这段时期里，不但产生了"立誓献身的一瞬间"，而且在为实现信仰而斗争的道路上，他的理想和实际所从事的工作贴得最近，心灵与行动之间的默契最为和谐。不妨大胆地说，这是他的人格发展最辉煌的时期。

从现在的回忆材料看，巴金最初到巴黎时有过一段寂寞孤独的时期，这段时期并不长，但由于它所唤起的情绪在巴金以后的环境下多次重现，使它在回忆录里一再成为描写对象，故而变得很有名。无论是20世纪30年代的《写作生活底回顾》，50年代的《谈〈灭亡〉》，还是80年代的《随想录》，不管生活环境的差异有多大，回忆的角度有多少不同，它总是勾起巴金的思旧之情和文学的想象力。所以，我们叙述巴金的旅法生活首先就要领略这一段凄凉的文学描写——

我只是无目的地走着。街上只有寥寥的三两个行人，尤其是国葬院旁边的一段路最清静，而且有点阴森可怕。我走过国葬院前面，

---

① 引自《海行杂记·序》，载《全集》第12卷，第4页。

走到卢骚铜像的脚下。我抚摩那个冰冷的石座,我差不多要跪下去了。我抬起头仰望那个屹立的巨人,喃喃地说了许多话。这些话的意义我自己也不明白,不过我知道话是从我的心里吐出来的。在这里,在这一个角落里,并没有别人,只有那个手里拿着书和草帽的"日内瓦公民"和我。一直到圣母院的沉重、悲哀的钟声响了,我才跟跄地站起来,向着热闹的圣米雪尔大街的方向走了……①

在另一处,他又写到了巴黎圣母院的钟声——

每夜回到旅馆里,我稍微休息了一下这疲倦的身子,就点燃了煤气炉,煮茶来喝。于是圣母院的悲哀的钟声响了,沉重地打在我的心上。在这样的环境里过去的回忆继续来折磨我了。我想到在上海的活动的生活,我想到那些在苦斗中的朋友,我想到那过去的爱和恨、悲哀和快乐、受苦和同情、希望和挣扎,我想到那过去的一切,我底心就像被刀割着痛,那不能熄灭的烈焰又猛烈地燃烧起来了。为了安慰这一颗寂寞的年轻的心,我便开始把我从生活里得到的一点东西写下来。每晚上一面听着圣母院的钟声,我一面在练习簿上写一点类似小说的东西,这样在3月里我写成了《灭亡》底前四章。②

这一段回忆写于1935年,笔者不想把它完全看作是巴金在1927年巴黎一座小旅馆里生活场景的描写,它应该是巴金20世纪30年代写作心理的一个缩影:钟声是一种象征,是理想对作家心灵深处的激情的召唤,而寂寞、孤独和忆旧的折磨,则无时无刻不盘旋于他的胸间,成为他文学写作的一种基本动力。但我们现在还不忙去顾及那以后的事情,透过那浓浓的感伤语调,我们似乎有两件

---

① 引自《我的眼泪》,载《全集》第9卷,第260页。
② 引自《写作生活底回顾》,收《巴金专集》第1册,第254—255页。

事可以确定：一是在孤独的异乡生活里他最思念的是在上海从事无政府主义运动最全力以赴的那段岁月，这段岁月的生活场景开始转化为艺术图像，逐渐地活跃在他的记忆中，出现在他的作品里；第二件可以确定的是巴金在这时候开始写《灭亡》，虽然那时候还没有出现这个书名，也没有意识到他所写的是一种叫小说的文体。

巴金告诉我们，《灭亡》最初的写作是在无意识的情况下开始的。作家写作小说如同导演拍电影，不是在一个预设的构思下从事写作，他只是在情绪兴奋的状态下写了一些心理和场面的片段，是作为宣泄而不是创作。这些片段构成《灭亡》前四章的一些场面：汽车轧死了人，小市民夫妇的打架，杜大心的恋爱以及对女人的诅咒。作家把这些场面的背景置于去法国以前的上海和更远的四川老家，而小市民夫妇的吵架是直接取材于他原先住过的康悌路康益里的那幢房子。但更让人百思不解的是，在这种思乡、怀旧、想念亲人最烈的时候，巴金在无意识中记录下来的竟是一段令人心碎的恋爱悲剧：杜大心与青梅竹马的表妹相爱，但慑于母命，表妹屈从另嫁他人，杜深受刺激，大病一场，从此断绝了追求女人的念头，把全部生命都贡献给政治信仰和事业……特别要指出的是，在那些片段最早写成时，连杜大心的名字还没有，作家不是在编故事，部分细节是作家的自画像：杜大心和李尧棠都是从四川来到上海，从事无政府主义的活动，都写过鼓吹复仇的长诗，都有肺病，都住在康悌路康益里的那幢房子里，甚至杜大心的少年时代的一些经历，也直接照搬了巴金在广元县的生活，而且他们也同样在献身理想的青年时代关闭了心灵中对女性的追求，自愿去过清教徒式的禁欲生活。但是，在杜大心的经历里毕竟出现了早年恋爱的失败经验，而巴金呢？巴金向来不谈自己的私生活，更未谈过自己的初恋和性意识的自觉（尽管这些内容常常是"五四"以后中国知识分子写自传不可回避的内容）。当然我们在传记里不必去猜测现在无法证实的事情，只能说：在这个寂寞思乡的岁月里，巴金不仅想到了在上海为主义献身的生活，也想到了成都老家发生的一些悲惨的爱情故事，想到了女人。这时巴金二十三岁。

《灭亡》的不自觉写作没有继续下去，巴金很快被卷入了忙乱的国际政治活动里。巴金说，法国是世界形形色色的亡命者的庇护所，这里指的亡命者多半是各国的无政府主义者。无政府主义在法国一向有较大的势力，恐怖活动也相当猖獗，这在左拉的时代就被这位伟大作家精彩地描写过。巴金在赴法之前也写过了《法国安那其党人的故事》，介绍这些无政府主义者的献身事迹。1923年，各国无政府主义者准备在巴黎召开世界代表大会，后因为政府干预未能开成，当年日本代表大杉荣摆脱重重的警察追捕，奇迹般地出现在巴黎街头发表演说，成为轰动一时的新闻。转眼四年过去，巴金到达巴黎时，各国无政府主义者又在秘密酝酿着召开新的代表会，关于这次会议，巴金的同志吴克刚是参与者之一。吴在晚年时写的回忆中记叙了这件事："当时有一项运动，叫作国际无治主义（international anarchisme），有人说是第四国际，但这和第四共产国际无关。这个国际无治主义运动有四个领头，一位是苏联的Maskhno，他曾经带领十万农民革命，后来才来巴黎，一位是波兰人Ranko，一位是意大利人Sacco Vanzetti，而中国的代表就是我。巴黎的警察得知我们的活动，把我们找去，要驱逐出境，我去找Jean Grave商量，他找了议员去向警方抗议此事，后来才缓和下来。"①吴克刚撰写这份回忆时已是九旬老翁，有些材料未免模糊，至少他说意大利人Sacco Vanzetti，疑为二人，即被美国政府判了电椅死刑的萨珂（Sacco）和凡宰特（Vanzetti）。1927年这两人都被关在监狱里等待死亡，怎会参与这"第四国际"？②但这次会议与政府的干涉都是曾经有过的。查当时在旧金山发行的《平等》月刊第1卷

---

① 引自吴克刚《九十忆往》打印稿（未刊）。
② 据巴金提供，意大利代表名叫Hugo（雨果），由于吴克刚的回忆录是份打印稿，有些外文拼音可能有错。

第1期上，就有关于这次会议的报道，可与吴的回忆对照来读："第一次各国代表大会，于3月20日在巴黎附近的Bomg-La-Reine举行，到会者有法、俄、意大利、西班牙、波兰、保加利亚、犹太、中国等同志，凡四十余人，于上午九时开会，讨论一切关于组织问题，大家都精神饱满、异常奋发。不意下午四时左右，突有许多警察，如临大敌，将会场重重围住，除法国代表外，所有到会同志几全体被捕。当时法国左派各大报纸，几无不表示反对，政府不得不将逮捕者释放。"巴金从未提过此事，看来他没有参加会议，否则，他很可能会像吴克刚一样被驱逐。但巴金一定是参加了中国代表的筹备活动，他后来发表了一篇署名壬平的文章《中国无政府主义与组织问题》，注明该文本来是作为致"无政府主义者国际"（即国际无政府主义者同盟）的筹备会报告的一部分，后因筹备会受法国政府压迫，各国代表被驱逐出境，这篇报告未能译出送去。这便可作为一个证明。但这份报告究竟是巴金一人所作，还是几个人分段写，巴金只担任其中的一部分，现已不得而知。这次筹备会议的失败和代表被驱逐的事情，巴金在以后的作品里也有所披露。因为这次驱逐的名单中，就有他的朋友吴克刚和波兰的革命姑娘亚丽安娜。巴金在小说《亚丽安娜》和散文《亚丽安娜·渥柏尔格》里，曾描写了这个迫害事件。

  巴金在这期间还会见了著名的无政府主义者格拉佛和柏克曼。约翰·格拉佛是法国无政府主义老将，曾是皮鞋匠出身，后来在克鲁泡特金等人的帮助下自学成为一个社会科学著作家，李石曾1907年在巴黎创办《新世纪》，就是借用了格拉佛在巴黎的房子，在他的家里，还接待过孙中山、吴稚晖等人。20世纪20年代格拉佛已是八十多岁的老翁，他的英国籍夫人是位有点名气、地位的画家，夫妇俩住在巴黎南郊的一幢花园别墅里。吴克刚、毕修勺的回忆录里都记载了格拉佛晚年生活相当富裕，但我猜想这富裕是由他的妻子带给他的，并不是他自己的财产，因为在1926年巴金办《民众》

时，还呼吁过中国无政府主义同志捐邮票来资助格拉佛办刊物，可见作为一个丈夫，他是富裕的，但作为一个无政府主义者他依然一贫如洗。巴金在中国时就与他通信，讨论过无政府主义的问题。亚历山大·柏克曼是爱玛·高德曼的情人，1892年因暗杀活动被美国政府判了十四年的徒刑，出狱后又屡遭放逐，十月革命后，他与高德曼一起回到苏俄，不久又逃亡欧洲，从事反苏的宣传。巴金在研究无政府主义理论时深受柏克曼的影响。但是当时的巴金并没有记录下同这两位名人会见的场面和心情，令人意外的是他与柏克曼的会见远没有当年收到高德曼的信那样使他兴奋，他甚至在很长时间内没有提及这件事。1934年，他在日本写小说《神》的时候，才平静而简单地回忆起这次会见："柏克曼是一个勇敢的活人。六年前我曾到巴黎郊外 St·cloud 他的寓所，拜访过他。他写信时用的那柏林办事处的信笺上详明地印着'没有神，没有主人'的字样。……这又是怎样的一个人啊！这样想着，那个身材短小结实的，秃头的柏克曼的坚定的风姿就在我眼前出现了。"我们从文字上看得出，巴金回忆这次会见时语气是平静的，没有伴随情绪上的激动。

这种情绪或是因为这两位运动老将当时都处在生命与事业的低潮时期。

无政府主义运动在世界范围内的活动高潮，主要有两个时期：1871年巴黎公社和20世纪初。特别是20世纪初的时候，因为第二国际的领袖们热衷于议会，放弃了领导工人反对资产阶级政府的斗争，无政府主义和工团主义在这期间有了较大的发展。在俄国，带有无政府色彩的民意党人在推翻沙皇的斗争中也发挥了积极的作用。但到第一次世界大战以后，无政府主义运动在世界各国（包括苏俄）都遭到镇压；20年代后期，世界无政府主义运动已成强弩之末，克鲁泡特金去世以后，无政府主义运动失去了理论上的指导者，而实际的斗争在1926年英国总同盟罢工以后也开始低落。在巴金到达巴黎时，他一定会感受到这种压抑感，它并非来自法国一个国家，而是来自全世界。

他曾悲愤地写出当时的感觉："整个的西方世界几乎都沉沦在反动的深渊里了"[①]。巴金在法国曾卷入两次营救在狱的无政府主义者的活动，一次是救援西班牙无政府主义者杜鲁底、阿斯加索和何威尔。杜鲁底和阿斯加索曾在1926年西班牙国王访法时计划暗杀国王，遭到法国政府逮捕，第二年春，杜、阿和另一名无政府主义者何威尔一起为抗议法国政府企图把他们引渡到阿根廷而举行绝食斗争，法国的无政府主义组织在外面也配合宣传，终于取得胜利，于1927年7月19日三人出狱。巴金显然是投入了这场宣传，他说："那时我和几个朋友在巴黎编辑了一个刊物，由美国旧金山的友人印刷发行，我密切地注意着这件事件的发展，把详细情形在那杂志上陆续刊出。我也翻译了他们的宣言。"[②] 这里所指的刊物是《平等》，巴金写的报道，现在能找到三篇，长短不等，分别刊于《平等》第1、2、3期的《今日世界》栏中，提供了这件事的最新消息。巴金并不认识杜鲁底等人，也没有与他们通过信，但他们之间的缘分还将会发展，直到西班牙内乱中杜鲁底和阿斯加索等相继丧生。

还有一个事件是对巴金人格发展至关重要的萨凡受审案。由于经过了各种渲染，这个案件被涂上了一层传奇的色彩。我们不妨先依据巴金介绍的情况来描述这个案件的大致经过：意大利工人萨珂和凡宰特都是在美国的意大利工人，无政府主义者，1920年5月，他们为抗议警察局谋害了一个意大利同志，正准备组织大规模的工人斗争，被美国政府逮捕并安上了杀人抢劫案的罪名，判决死刑。这个案件实际上是向美国工人运动施加压力，它激怒了全世界的民主阵营；欧洲的知识分子精英们，法朗士，罗曼·罗兰，巴比塞，爱因斯坦都曾为营救这两个工人发表过声明，世界各地的无政府主

---

① 引自《亚丽安娜·渥柏尔格》，载《全集》第12卷，第220页。
② 引自《战士杜鲁底》，载《烽火》旬刊第14期。

义者更是四处活动，工人罢工，城市挨炸的暴力事件不断发生。萨、凡两人也不断上诉，使这场官司拖延了六年之久。1927年4月，美国马萨诸塞州法庭依然宣判把萨、凡两人处以电刑，在同年7月10日执行。巴金到法国时，这场营救运动正处于高潮，据他记载，在他的住处附近的一家小咖啡店门口，到处贴着"讲演会""援救会""抗议会"的开会日期，报纸上也每天都登载着他们的消息。巴金告诉我们，他与这个事件的最初接触，是无意中读到了凡宰特自传中的几句话："我有一天读到了凡宰特自传的摘录，有几句话使我的心万分激动：'我希望每个家庭都有住舍，每张口都有面包，每个心灵都受到教育，每个人的智慧都有机会发展。'我不再徒然地借纸笔消愁了。我坐在那间清静的小屋子里，把我的痛苦，我的寂寞，我的挣扎，我的希望……全写在信纸上。好像对着一个亲人诉苦一样，我给美国死囚牢中的犯人凡宰特写了一封长信。信寄到波士顿，请萨凡援救委员会转交。信寄发以后我也参加了援救这两个意大利工人的斗争。"[①]这里，巴金又一次重复了他十六岁读克鲁泡特金《告少年》以后激动得到处写信的经验，但他并没有进一步告诉我们他参加过哪些具体的救援活动，他只是用崇敬的笔调，描述过7月23日的一次巴黎集会，大会的主席是七十二岁的无政府主义老将塞威女士，但是我们还是未看到有巴金自己参加集会的记录。萨、凡死后，巴金曾写下了长篇报道《死者与生死》，写了他自己愤怒的心情和写信写文章倾诉悲愤的情况，却没有说到实际行动。——这似乎也证明了，巴金的政治活动永远是理论性的，他没有参加实际行动的兴趣与能力。他在这个时期里的重要工作是收集了大量关于这个案件的报道、评论以及各界反应，写作了一篇长文《死囚牢中的六年——萨珂和凡宰特果然会被杀么？》寄回国内，呼吁国人"勿忘7月10日"。

---

① 引自《谈〈灭亡〉》，收《巴金专集》第1册，第410页。

但在7月10日到来之前,他意外地收到了凡宰特从波士顿死囚牢里寄给他的一封长信,虽然这一天日期不详,却可以断定这是巴金青年时代最重要的日子,巴金自称,"这是兴奋得没有办法"①的几天。从《告少年》中热情的煽动到高德曼信中展示的信仰的美丽,再到将即出现的立誓献身,巴金寻求、探索、困扰了整整七个年头,终于真正把握住了自己为之献身的理想事业。面对这样美丽的一天,笔者自己深感手中一支笔的无力,几经考虑,屡废草稿,总是无法表述好这种兴奋得无以言状的心灵真实。本传记写到这里已接近高潮,传主人格的第一次自我塑造即将完成,对此笔者请读者原谅,只能放纵一下自己的想象,换一种语言来描写这个重要片刻——

立誓献身的一瞬间

他醒得很迟,也感到更加疲倦。窗外仍然是淅淅沥沥的阴雨声。可是,一个厚厚的信封,一包方方正正的书,却奇迹般地出现在他眼帘:邮差来过了?谁送来的?他站起身,念着信封上的邮戳:波士顿。美国。真是他寄来的,凡宰特!他连忙撕开信封,四大张纸上布满了颤抖的英文字迹:"我的亲爱的同志:你的信接到了,这很使我感动……"

雨声消失了,太阳从他心底冉冉升起,忧郁、孤寂、绝望,在这垂死的人面前又算得了什么?那个意大利的工人,身陷在死囚牢里进行了长达七年的不屈不挠的斗争,现在斗争失败了,残酷的电刑将在几天以后等候着他,可是他却这样从容不迫,与这个异国的东方青年谈信仰、哲学,还谈但丁、莎士比亚和巴尔扎克,最后,他还说出了这样的话:青年,是人类的希望。

啊,希望,难道我还是一个失去引导的盲人吗?我还算个有信仰有理想的中国人吗?一封信给了他多大的力量,他的心战栗了,

---

① 引自《谈〈灭亡〉》,收《巴金专集》第1册,411页。

他的手颤抖了，感情像沸腾的水，汩汩朝外涌来，他要说些什么，也想写些什么，终于，他摸索到一本空白的练习本，翻开它，在上面歪歪斜斜地写了一行字："立誓献身的一瞬间"……

"我们宣誓，我们这一家的罪恶应该由我们来救赎，从今后我们就应该牺牲一切幸福和享乐……向人民赎罪，来帮助人民……"

这个片段是典型的文学传记语言的模仿，尽管笔者写的时候很小心，几乎处处都依据了巴金的自述材料，但终究留下了纰漏。凡宰特一共给巴金写过两封信，"青年，是人类的希望"一句出自他第二封信的内容，巴金在叙述他收到凡宰特来信的情景时，把两封信的内容相混了。但这句话对巴金"立誓献身"的戏剧性场面极为有力。笔者姑且就移用在此。巴金在收到凡宰特第一封信时没有理由不高兴，因为 7 月 10 日美国马萨诸塞州法院宣布将萨、凡的死刑推迟一个月，重新给以审理，这给全世界的营救者带来了一个莫大的希望。11 日，巴金立刻给凡宰特去了第二封信，还寄去了他的一张近照。凡宰特给巴金的第二封信写于 7 月 23 日，正是巴黎各界举行盛大援救集会的那一天，但巴金收到这封信时，他已经离开了巴黎，因为健康的原因住到了玛伦河畔的小城沙多—吉里去了。在这封信中，凡宰特向他揭示了一个重要的历史观点：

正如衰亡的文明所表明的历史那样，我们无法知道在我们开始具备历史知识之前的种种来龙去脉。历史照我们现在所理解的进化观念，远远不能解释一个深刻的思想家所提出的问题。那就是：紧接着那些倒退和专制年代以后可能会产生什么样的状况？在一种虚假的民主制度再现以后，是否会不可避免地再产生另一种专制潮流？就像过去几千年中间所发生的那种状况那样？

无政府主义，唯有我们无政府主义者，能够打破这种僵死的循环，根据自然的共同律来建设生活，更为精确地揭示出创造新秩序的本质要点。这样,历史将会奔向无限自由的海洋,以取代上文所说的那种僵死的封闭式的循环,而这种循环似乎一直到今天。

这是一个极宏大的使命——而且是人性的可能实现……但即使如此,我们还必须使我们的使命发扬光大,否则,作为大规模暴行的必然结果,只能使一种新的专制来取代目前的专制。

凡宰特还向年轻的中国同志寄予了新的期望:

青年人是人类的希望,当我看见你的照片时,我的脚就激动地跳起来,我对自己说:"啊! 在我衰弱的手中渐渐倒下去的旗帜——那自由事业的旗帜,那无上美丽的安那其的旗帜将在他们中间高高地举起。"——如果真能这样的话,那可就太好了。①

凡宰特给巴金的两封信的内容是一致的,第一封信谈无政府主义的哲学观,比较虚玄;第二封信说无政府主义的历史观,较为具体。只有将第二封信的内容结合进去,才配得上巴金"立誓献身"的重要意义。所以巴金在谈自己的人格发展的那一瞬间时,有意无意地将两封信视为一个整体。

巴金收到第二封信的时间大约是8月上旬。8月10日,美国法院宣布萨、凡的死刑再推迟十二天,营救者们更加乐观了。在《平等》月刊上,有一篇很可能是巴金执笔的简讯中,作者预测:据现在的形势看来,他们大概可以不死。他们的死刑会由州长特赦减为无期徒刑。8月12日,巴金又写信给凡宰特和波士顿的萨、凡援救委员会,但这封信凡宰特无法看到了,十天以后,8月22日午夜,两个意大利工人正式被押上电椅处死,临死前,萨珂高呼:"无政府主义万岁。"凡宰特在电椅上仍向人们做最后的申辩,他是无罪的。然而他们死

---

① 笔者译自 The Letters of Sacco and Vanzetti,纽约 The Vanguard 出版。

了。这个消息巴金到24日下午才知道，他是从当天的巴黎《每日新闻》上读到那个可怕消息的，报上那黑体字赫然在目："罪恶完成了……两个无罪的人为着增加美国官僚的光荣牺牲了……"当天，他又收到了吴克刚从巴黎寄来的一张明信片，写着："两个无罪的人已经死了！现在所等的是那有罪的人的死！我告诉你，不会久候的！"8月23日，巴黎工人上街游行，包围了美国大使馆，法国的武装军警挥动警棍上街弹压，吴克刚、卫惠林都负了伤。这情景后来巴金把它写进了小说《我的眼泪》，但身在小城的巴金没有采取什么行动，他被愤怒和绝望所包围："我不能够像往常那样地工作。我绝望地在屋子里踱了半天。……我写了一天的信，寄到各处去，提出我对那个'金圆国家'的控诉，但是我仍然没法使我的心安静。我又翻出那个练习本把我的心情全写在纸上。"①

也许，他无法想象坐在电椅上的人是怎样死的，但他完全可能想到了另一个国度里人被杀的方法：砍下脑袋，挂在电线木杆上……他又隐约地想起了离上海前那个死于孙传芳屠刀下的姓张的先生……头都早已化成臭水，从电线杆上的竹笼里漏下来……他又写道……"凡是曾把自己的幸福建筑在别人痛苦上的人都应该灭亡的……我发誓……"

三、玛伦河畔

1927年7月下旬或是8月初，巴金因肺病加重，离开了那间充满煤气和洋葱味的小屋，搬到巴黎以东约一百公里的小城沙多—吉里休养，那里是法国著名寓言作家拉封丹的出生地。他住在以这个作家命名的一个中学里，学习法语。他的住处就在中学饭厅的楼上，同住的还有几个中国学生，现在能知其名的，有詹剑峰、桂丹华、

---

① 引自《谈〈灭亡〉》，收《巴金专集》第1册，第414页。

巴恩波等几个，在巴金的全集中，至今还留了一张他与詹、桂的三个人合影照片。到了法国的巴金，脸庞清瘦得多，使额头显得更加饱满，双眼也更加亮堂，看不出是个痨病缠身的人。"7月、8月份尚在暑假期间，校园里极静，只有门房古然夫人和她的做花圃匠的丈夫陪伴着他们。校园后面是一片树林，林子外是一片麦田，空气里充满了麦子香。我踏着柔软的土地，听着鸟声……"①"在小城的街上，还有一家花店，立在玛伦河桥头。走进店门，花丛中会露出一个碧眼金发、苹果圆脸的姑娘，含着笑向他们迎来……"②这是巴金对沙城的描写，恬静、古朴的小城与繁华、骚动的大都市巴黎成为一个鲜明的对照，小城宁静的生活把巴金的一颗烦躁不安的、忧郁难熬的心慢慢地熨平了。圣母院的钟声已远去，巴金的心恢复了平静。在那儿，他静心养病读书、翻译、编刊物、写小说，度过了相当充实的一年多时间。

在国内的时候，他对无政府主义的研究还处于学习阶段，他多半是翻译，或者编译欧洲无政府主义者的文章，即使是他自己的文章，也是转述、引用他人的观点，自己见解并不多，对国内的实际运动也接触得少。可是到了异国，他反而更加关心起中国的事情，不但密切地注意了中国政治形势的变化，也不断地以一个无政府主义者的立场，对这些局势发表意见。

巴金离开上海之前，中国的政治形势正处在大革命高潮之下，当时国共第一次合作，正在进行北伐，旨在结束中国被军阀割据闹得四分五裂的局面，北方的许多知识分子受到这形势的鼓舞纷纷南下，转向具体的政治行动。巴金作为一个无政府主义者，他的政治态度是相当独特的。军阀专制政权固然是他和所有无政府主义者的主要敌人，但对于国共两党的态度，无政府主义者中间分歧较大。

---

① 引自《谈〈灭亡〉》，收《巴金专集》第1册，第415页。
② 引自《谈〈新生〉及其他》，《巴金专集》第1册，第509页。

从巴金在这一时期写的文章看,他对两党一概保持了距离,无政府主义者掀起的"抗俄反苏",他是卷入的,但对国民党他也表示了冷淡。据一个1923年前后在武汉搞劳工运动的无政府主义者回忆,当时他们中有些人与居住在上海的李芾甘(巴金)有通信联系,"他们接受了巴金的劝告,不可去参加任何政党的活动"①。但对北伐战争引起的社会革命,巴金又是拥护的,他把它看成是一种民众运动,而与具体政党的行动无关。带着这种观点到了法国,他、卫惠林、吴克刚三个人身在巴黎拉丁区的一座小旅馆里,耳听的是圣母院时断时续的钟声,想的说的却全是中国国内的政治和局势,有趣的是,他们三个身在异国的无政府主义者,热烈讨论的话题竟是无政府主义运动如何与中国的革命实际相结合的问题。他们一致反省了国内无政府主义者对北伐战争中的民众运动所持的消极态度,认为眼前的这一场革命的结果虽与无政府主义的理论相差甚远,但它总是有利于中国社会的进步,而且革命中出现的民众革命积极性也绝非国民党一个政党所能控制的。也许是身在异国,对国内的政治动向看得比较清楚,但也容易看得简单,他们三个人合写了一本小册子,取名作《无政府主义与实际问题》,每人写一节,谈了各人对这个问题的看法。在无政府主义者应当参加实际革命运动,并在这运动中慢慢扩大无政府主义理想这一点上三个人毫无分歧。但对如何参加,他们的看法稍有不同。卫惠林只希望无政府主义者投入到革命运动中,根据现有的条件去实现自己的理想,尽力使平民的幸福与自由扩大。巴金基本上也是这个看法,他说"我们若投身到中国革命的旋涡里去,虽不能立刻使无政府的社会实现,但至少能使中国民众与无政府主义的理想接近一点,使这次运动多少带上无政府主义色彩"。但对于无政府主义者是否要联合国民党,他的口气存些游移不定,他只是说这个问题是否可行应根据实际情况而定,但对

---

① 引自张铁君《遽然梦觉录》(上册),第110页。

加入国民党,他明确表示不赞成。吴克刚的态度似乎更实际一点,他的结论是:在国民党外积极参加这次革命运动,使这次运动渐渐地平民化和无政府主义化,但如果事实上这样做不可能,就加入国民党,在国民党内部实现这个目标。这三节文字出于三个人之手,谈的又是一个问题,惠林打头,巴金居中,克刚断后,三个人的论述一个比一个更加切入实际,所以三篇文字很容易被人看作是一个整体,而吴克刚的结论被称为全书的结论:鼓吹国内的同志联合国民党,投入到民众运动中去。

  这本小册子的完成时间,大约是1927年3月,因为当他们把稿子寄给上海编《民钟》的毕修勺以后,才听说那一头发生了国共两党的分裂事件。这时国内的无政府主义者迅速分化,较老资格的一派,如吴稚晖、李石曾等人,都已身为国民党党员,不但公开支持南京政府清党,还带头在国民党中央监察委员会提出弹劾共产党的呈文。一批更为年轻的无政府主义者则对国民党政府持强烈否定的态度,并批判吴稚晖等人与国民党的合作。这本小册子在这时候由《民钟》社印出来,已经变得不合时宜了,本来是理论的讨论,现在成了对国内局势的一种选择,因此马上就受到了卢剑波为代表的《民锋》的猛烈批评,被指责为"想同国民党妥协","投机性重得很",以至"枪毙了无政府主义"等等。① 对这种抽去了历史背景的批评,卫惠林与吴克刚似乎都没有做出相应的反应,而巴金则极其愤怒地写了一篇答辩文章,郑重地声明了自己的政治态度:"我永远反对国民党,我不但在过去,在现今,不曾卖掉过我的主义,与任何人、任何党派妥协,在将来我也绝不会的,自八年以前做了一个无政府主义者以来,以至我将来未死的时候,没有一时一刻我不是一个无政府主义者。"他在声明里表明,这本小册子寄回中国时,并不知道国内发生事变,

---

  ① 原文发表于《民锋》第2卷第5、6期,作者是黑囚(卢剑波)、吕千(张履谦)、梅梅,这里转引自巴金《答诬我者书》。

待这意外消息传来后,他仍曾立刻去信叫上海的同志不要发表,他进一步又指责印这本小册子的《民钟》社:"在我们自己主张不发表此文之后不通知我们,居然就私自印成小册子,这些举动无非是想利用我们的文章来图私利罢了。我借此机会宣言我反对这本小册子的出版。"①但事实上这本小册子的出版已成为客观事实,而且将成为研究大革命时期无政府主义的一种观点而被后人所重视。

国共合作破裂以后,巴金原来的阵营与朋友随之分化,与他们联系最多的刊物是毕修勺编的《民钟》和卢剑波编的《民锋》。《民锋》从左的立场上对巴金的小册子持强烈批判态度,以至伤了感情,巴金后来也屡屡指责《民锋》上的文章的错误观点。而毕修勺又走了另一条路,他与吴稚晖、李石曾关系比较密切,在他编的《民钟》里也出现了吴稚晖关于"实现无政府主义要三千年"的理论,很受朋友们的责备。四一二反革命政变以后,他放下《民钟》,去编李石曾出资办的《革命》周报,公开宣传吴、李等人支持国民党清党的观点,巴金对此很是愤怒。毕修勺晚年在回忆录中说:"我主编了《革命》周报以后,我写信给巴金,请他为该报撰稿,不料他回信使我大吃一惊,他说我与李石曾等合作,已经'堕落'了,他决不为我所编的刊物写文章,而且不再与我来往。"巴、毕两人原先关系甚密,巴金初译《面包与自由》的时候,卷头语是法国邵可侣写的序言,由毕代译;1927年巴金在法国,办理护照签证,兑换法郎,买船票等,也是毕帮着他办的,毕接编《民钟》则是由巴金向广东的黎健民介绍的。所以他俩的反目,连毕也感到惊讶不已。②笔者曾访问过毕修勺老人,问及此事,毕老曾补充说:"巴金写信给我是怪我办《革命》周报不该拿李石曾的钱,他说这钱是臭的。"查巴金自己的文章,也曾有"我曾经宣誓过几次不给《革命》写文章"

---

① 自《答诬我者书》,载《平等》第1卷第10期。
② 引自毕修勺《我信仰无政府主义的前前后后》,第1031页。

的话。推敲起来，巴金与《革命》周报的破裂，也不仅仅是因为李石曾的缘故，巴金与李石曾当时可能未曾谋面，但文字缘是有的。巴金的启蒙书《告少年》《夜未央》都是李石曾所译，1927年广州革新书局出版克鲁泡特金自传中的一章《狱中与逃狱》，系李石曾用文言翻译，但40页以后的12页，则是由巴金补译完成的。1928年巴金在法国译廖亢夫的小说《薇娜》，寄到国内无处出版，开明书店当编辑的索非将其与李石曾译的《夜未央》合编成一个小册子才得以出版。这虽不一定证明李石曾是巴金的同志，但也不曾见过巴金的抗议文字。可见在个人关系上，巴金对李石曾并没有太大的反感。他反对李石曾的言论，甚而反对李石曾出资办报，理由全在于李支持了国民党政府屠杀共产党的政策，毕修勺当时在《革命》上发表过一篇《给海外同志的一封信》，曾说到这个问题：

你们因不知道国内的情形，所以对我们发许多牢骚。你们责我们的最大一点就是视我们太反对共产党。你们以为在国民党未清党以前，共产党没有被捕被杀的时候，我们反对他是应该的，是合乎我们的原理的，但是在国民党清党以后，我们都更加努力地反对他们，却未免替强者张目，做落井下石的勾当了。你们说为人道计，我们不应该赞助国民党杀人，我们对于无论何人都没有杀害的权力，什么人都有父母养育成人的。你们又以为共产党是弱者，我们本着抑强扶弱的原理，应该同情于共产党反对国民党，我们现在不替共产党抱不平，似乎是我们的主义所不许的。

显然，这个"海外同志"的态度包括了巴金。巴金在同时期写的《答诬我者书》中，也表达了同样的观点：

我这一生只帮助弱者。在国民党未得势以前，我不愿谩骂它（理论上反对是可以的），在它成了升官发财的党以后的今天，我自己也已经在攻击它了。对于共产党,也是如此,我反对骂共产党为卢布党徒者也如此。

由此,我们能看到巴金对清党事件的基本态度。

在1927年7月出版的《平等》创刊号上,登载了一首诗,里面有这样两句:"《民钟》的钟啊,他已渐变其嘹亮的腔;《民锋》的锋啊,他也顿敛其犀利的芒。"《民钟》(包括《革命》)和《民锋》的各行其道,使巴金等海外的无政府主义者处于两难的境地。这时他们身边只有一个《工余》杂志,原是由陈独秀的儿子陈延年创办,这时由李卓吾接编。笔者未能寻到这个刊物,不知巴金在上面是否写过文章。为了摆脱这种被动局面,正面阐释自己的政治主张,巴金与其他几个留法的无政府主义者一起着手创办了一个新的刊物,就是《平等》月刊。这个刊物办得甚奇,由巴金等人在法国负责编稿,然后寄到大洋彼岸的旧金山,由那儿的一位信仰无政府主义的华侨工人钟时出钱印刷。印成后再寄回国内。这样,一期刊物的编成就旅行了整个东西方世界。《平等》月刊只办三卷二十三期,在1927年7月1日,巴枯宁去世五十一周年祭日创刊,十三期以后稍停数月,自1929年1月又续办第2卷,但内容日见松散,出版周期也拖得长了,巴金当时已回国,文章也出现了敷衍的情况,办到8、9期合刊遂停,到1931年10月又复刊第3卷,只办一期又停下了,巴金没有文章。以此估计,巴金负责编务工作只到第1卷止。这第1卷13期《平等》办得相当有生气,与1925年至1926年期间那些照搬外国理论的空洞文章相比,《平等》所刊文章大多短小精悍,针对中国当时的实际形势,探讨了无政府主义运动的方法与前景。巴金在刊物上发表的短文、翻译、通信、补白、报道等各类文章近四十篇,尤其像《中国无政府主义与组织问题》《一封公开的信(给钟时同志)》《给急弦先生信》《答诬我者书》《我们现在应该怎样做呢?——答CA同志的一封信》《怎样做法》等,对中国无政府主义运动提出了切实的看法,当然任何事物只有在实践的检验下才能考察其正确的程度,远隔重洋,又仅仅停留在理论研究范围中提出这些看法,究竟于当时国内的无政府主义的实际情况有多大补益,这是很难估计的,因为事实的情况是,1927年以后,作为实际政治运动的无政府主义,对中国政局的影响是微乎其微了。

但我们从这一时期的文章来推断,巴金的心境是相当舒畅的,他精力旺盛,兴趣广泛,文锋敏锐,语气咄咄逼人,丝毫没有20世纪30年代的文章里拼命呼喊痛苦、矛盾、孤独的现象。他在为主义而战,主体战斗精神的高扬甚至战胜了疾病的威胁——他的肺病非但没有把他拖回绝境,相反,倒是渐渐地好转了。当然这种顺境是在1927年8月过后,沙多—吉里小城的美丽宁静气氛渐渐平息了萨凡事件在他心底引起的愤怒和绝望之情。他在以后的几个月里曾拼命读书,主要是读俄法革命的历史书籍,他原先就向往法国大革命,到了巴黎以后,亲历了7月14日巴黎群众在街头庆祝捣毁巴士底狱的纪念场面,观瞻了蜡人馆里马拉等大革命时期领袖的塑像,对研究这段历史有了更加浓厚的兴趣。他还系统阅读了俄国革命的历史,开始着手写作《俄国革命史》,这两项工作在当时都没有结果,但到20世纪30年代,他写出了关于法国大革命的一些美丽篇什,而《俄国革命史》的第1卷(约七万字),也改名为《俄国社会运动史话》出版了。

中止这两项研究的原因,是因为1928年初开始他被一项更为重要的工作迷住了,那就是翻译克鲁泡特金的《伦理学的起源和发展》,这是克氏晚年的一部未竟之作。十月革命起后,克氏回到苏俄预备设计自己的无政府理想,但他发现革命后的结果与他所设想的相距甚远,据说克氏与列宁会见过,但话不投机,便退出政治圈子,隐居到莫斯科附近的一个小村里,埋头著作。克氏与高德曼等人不同,他不愿向西方披露革命的阴暗面,为帝国主义干涉提供证据。他与列宁的分歧在于,他认为革命成功后不应该继续使用暴力,因此他写作了一部长达三四十万言的《伦理学的起源和发展》,探讨人类伦理道德的发展历史，揭示人类本性中互助、正义、自我牺牲的三大规律。这是一部知识渊博如海洋的学术著作，涉及人类道德的起源，从《圣经》、亚里士多德、柏拉图一直谈到康德、黑格尔。巴金在当时很难说已经具备这方面的丰富知识，他为了翻译这本巨著，埋头去啃那些欧洲古典哲学和宗教书籍，整整工作了两个多月，如他自己所描绘的："这两个月来我底全部的精力差不多全耗在这上面，每天一字一字地写，尤其在黄昏及深夜时候，日间的功课已经不来缠绕我了，我一个人可以安安静静地做我底工作，往往写到十二点钟以后，学校附近的钟声已叫了两三次了，我才从书本中惊了起来，知道时间已迟了，于是才放下笔，结束了这一天的生活。这两个月的时间就是这样过去了，好像刻好了的木板似的，很少有变化。"他甚至在给三哥的信中感叹："自然要这样地度过一个人的青春，也许是可怜的事，然而现在我也找不到更美丽的方法。"他从克鲁泡特金的渊博学说和华丽的思想中看到了有种变得高尚起来的东西，面对这国际上泛滥着镇压无政府主义的滚滚浊流和国内大开杀戒的危险局面，他只能沉醉到书本中去，在先驱者的思想中寻求精神支柱。所以他在译完这部书的上册后，有所指地表明："他是以克鲁泡特金在俄国革命横遭摧残之际拼命地著述《伦理学》时那样的心情，在这中国人大开杀戒的时期中拼命翻译《伦理学》。"[①]译完《伦理学》的上部是在1928年的三四月间，这部著作最初以《人生哲学：其起源及其发展》的书名，同年9月在上海自由书店出版。

四、《灭亡》的诞生

译完《伦理学》的上部，巴金感到松了一口气，他的情绪变得轻松起来。他起初打算继续关于俄国革命史的研究，阅读各种回忆录和书籍，但渐渐地，他被一些描写俄国民粹派革命者的文学故事

[①] 引自《人生哲学：其起源及其发展》译者序。

所吸引,在阅读过程中,断断续续地写作了关于俄国革命家的传记,译出了几篇描写革命党人的小说和特写,一度还曾打算翻译出车尔尼雪夫斯基的《怎么办?》,文学作品刺激起他自己的文学想象力,他的思路逐渐地由学术研究转向了空灵的艺术的想象。这一段日子过得真是平和,克鲁泡特金的崇高理想之光似乎还整个地沐浴着他,他读托尔斯泰的小说,读惠特曼的诗,读莎士比亚的戏剧,已故的文学大师们不断地刺激起他的创作欲望。"每天早晨和午餐后我一个人要走过一道小桥,到河边的树林里去散步,傍晚我们三个聚在一起沿着树林走得更远一点,大家畅谈着各种各样的话,因为在那里谈话是很自由的。"就在这种气氛下,他收到了一封大哥从成都写来的信。尧枚这些年来独自苦撑着成都老家,对外要供两个弟弟上学读书,对内要养一大堆家眷,他又不善经营,祖传的田大约已经卖了,只是把钱放在外面收利息,入不敷出。他给弟弟的信中无非是说一些伤感的话,希望弟弟学成归来,也可光宗耀祖。可是这个念头对一个已经"立誓献身"的年轻无政府主义者来说,是多么的陌生,兄弟俩从1923年成都码头分手后,不过才隔了五年光景,思想竟隔得如此的遥远。此时的巴金,已经不是一年前初到巴黎,满怀乡愁的伤感,渴望从家里获得一点温暖的小少爷了,他正在为一种理想献身,这"献身",就意味着舍去他与家庭的各种温情,甚至还可能舍弃自己的生命。他读着大哥的信,心慢慢地痛苦起来:"我觉得我必须脱离家庭,走自己选择的道路。我终于要跟他分开。我应当把我的心里话写给他。然而我又担心他不能了解。我又怕他受不了这个打击。想来想去,我想得很痛苦。但是最后我想出办法来了。我从箱子里取出了那个练习本,翻看了两三遍。我决定把过去写的那许多场面,心理描写和没头没尾的片段写成一部小说,给我的大哥看,让他更了解我。"① 于是,他决定写出那部早已在断

---

① 引自《谈〈灭亡〉》,收《巴金专集》第1册,第414页。

断续续地写作的小说。巴金的这些创作动机虽然是以后写的，但大致符合当时的情况，因为在这部小说写成后，他在序里特别提到了他的大哥，宣称："我为他写这本书。我愿意跪在他的前面，把书献给他。如果他读完以后能够抚着我的头说：'孩子，我懂得你了，去罢，从今后你无论走到什么地方，你哥哥的爱总是跟着你的'，那么我就十分满足了。"这自白，多少可以让我们看到他最初创作这部小说的真实感情。

他写这部小说并不累，因为当时他已经写完了小说中的一些最激动人心的思想和场面。他在组合这些场面时心情并不激动，相反，是一派恬静："每天早晨我一个人在树林里散步时，我完全沉溺在思索里。土地是柔软的，林外是一片麦田，空气中弥漫着甜蜜的麦子香，我踏着爬虫，听着鸟声，我底脑里却出现了小说中的境界，一些人在我的眼前活动；我常常思索到一种细微的情节，傍晚在和朋友们散步谈话中，我又常常修正了这些情节。夜静了，我回到房里就一口气把他们写了下来。"[①] 这情景与巴金在翻译《伦理学》时那种紧张、疲惫的状态正好相反。据他说，这些日子他白天照样读书和译书，写小说只放在晚上，花了半个月的工夫，他编出了李冷和李静淑一对兄妹的故事，写了杜大心与李静淑相恋的场面，连当时已去了南方的桂丹华的恋爱故事，也变成了小说中的一个章节……都是一些甜软的、抒情的情节，这些情节早先在激动、愤怒、绝望、寂寞状态下写出的一些片段互相穿插，构成了他的第一部中篇小说《灭亡》。

《灭亡》不是一部宣传主义的书，杜大心也不是巴金的自传，但对这个人物的许多深刻的心理体验，若不是有亲身的经历则很难被表述得这样精彩。这个人物在中国现代文学史上第一次给人一种向上的精神力量：一个病魔缠身的肺结核病患者，忍着极大的生理

---

① 引自《谈〈灭亡〉》，收《巴金专集》第1册，第415页。

和心理痛苦，为反抗专制制度而拼命工作，肺病使他看不到个人的前途，过于强大的黑暗环境使他看不到人类的前途。虽然他也被人爱过，但个人的爱情远远抵不住社会让他绝望而产生的恐怖，他自愿走上了灭亡的道路，以求一死来获取永恒的安宁。巴金创作这部小说与当时的中国文坛没有一点关系，但留下了外国小说对它的不可忽视的影响，从杜大心身上，我们似乎看到了仿佛是牛虻的满腔悲愤与爱憎像火山一样压抑在心间得不到发泄，仿佛是沙宁在无边黑暗中发出野兽般的绝望的嚎叫，又仿佛是拉赫美托夫咬紧牙关睡在铁钉板上——现在，中国读者终于有了自己的自由英雄。这部小说写完后，巴金似乎没有什么把握，他以前的书都是宣传主义的，由自己阵营的出版社印刷出版，而他在这一时期翻译的几篇短篇小说，想介绍到社会上的出版社出版都碰了钉子，这也不能怪出版商，李芾甘的名字，除了自己的同志以外，社会上又有几个人知道呢？巴金最初的想法是自己花钱来印刷出书，出版费可以用翻译的稿酬来付。8月初，他用五个硬纸面的练习本整理和抄写了《灭亡》的全稿，在前面写了一篇自序和一句题词"献给我的哥哥"，就寄给了国内的朋友索非，那时索非正在开明书店里当编辑。在这本书稿里，他第一次使用了"巴金"这个笔名。

《灭亡》寄出以后，巴金真正过上了几个星期的轻松日子，除了詹剑峰以外，还有一位山西籍的留学生岳煐，从巴黎来这里住了一段时期。岳煐是个戏迷，在巴黎看了不少话剧，巴金刚到巴黎时，他还把他翻译的米尔波《工人马德兰》剧本交给巴金，请他为它作序。现在他来到小城，与巴金整天谈巴黎舞台上演出的戏剧故事，有声有色地讲述了左拉《小酒店》的故事内容，他的介绍勾起了巴金对左拉《卢贡-马加尔家族》式的系列小说的向往。詹剑峰是《灭亡》的第一个读者，他发现了巴金这个念头，便问他是否也想写一部连续的小说，这对巴金倒是一个启发，不久，他就尝试着把《灭亡》的故事扩大为五部连续性小说的内容：《春梦》《一生》《灭亡》《新生》《黎明》。"《春梦》写一个苟安怕事的人终于接连遭逢不幸而毁灭;《一生》写一个官僚地主荒淫无耻的生活,他最后丧失人性而发狂;《新生》写理想不死,一个人倒下去,好些人站了起来;《黎明》写我的理想社会,写若干年以后人们怎样的过着幸福日子。"①这是巴金在20世纪50年代写回忆录时告诉我们的,但除了一本《新生》以外,其余几本都没有写成。他在从法国回国途中,在马赛,在船上,都曾在那种廉价的硬纸面练习本上试着写下一些《春梦》里的片段,内容是关于杜大心的父母的故事,这些细节后来一部分用到了《死去的太阳》里,另一部分经修改后成了《家》里瑞珏郊外生产,觉新在房门外捶门的精彩一章。《春梦》的稿本,经过了六十年磨难竟神奇地保存了下来,现在还在巴金手边。

8月底,巴金回到巴黎,这时起,他就开始做回国的打算,为什么在这个时候决定回国?巴金从未讲过,我们也不去做无谓的猜测,只是在巴金的回忆录里知道,他临行前心情很差,②尽管这期间他还译成了廖亢夫的《夜未央》和托洛茨基论述托尔斯泰的文章。

10月18日早上,他由巴黎到达马赛,因海员工人罢工,他滞留了十二天,住在海滨的美景旅馆,整天阅读左拉的小说和看电影消磨时间。30日他乘法国邮船离开马赛回国。邮船的名字可能是阿多士号。

五、回国一年间

巴金没有想到,他回到上海不久,他的《灭亡》已经由叶圣陶推荐在《小说月报》上开始连载。《小说月报》在20世纪20年代是全国最有名望的文学期刊,而且编者以显著的篇幅推出这部作品,

---

① 引自《谈〈新生〉及其他》,《巴金专集》第511页。
② 引自《沙多—吉里》,收《随想录》第93页。

它的受人注意是不难想象的。在《灭亡》刊登前一期里，编者就做了预告，介绍这本小说是位青年作家的处女作："写一个蕴蓄着伟大精神的少年的活动与灭亡。"在二十卷第四期小说刊完时，《最后一页》上已经说到"曾有好些人来信问巴金君是谁"。到二十卷的最后一期编者做全年报告时，特别把巴金与另一个崭露头角的年轻作家老舍并提，说他们的小说"极博得批评者的好感"，预言他们"将来当更有受到热烈的评赞的机会"。

巴金也没有想到，《灭亡》的成功将会改变他的人生选择，从而也使他的心灵坠落到一种极其矛盾而无法自拔的深渊中去。他从法国回到上海，依然是个雄心勃勃，一如既往的青年无政府主义者。但是他到达上海后一定会发觉，无政府主义运动在上海已经是今非昔比，与他在编《民众》的时代不可同日而语，昔日运动中的老将早已在政府里当了差，坚持理想的朋友都离开了上海，去了福建、广东、四川等地乡村或小城市里，去从事更为实际的工作，在上海的无政府主义刊物只剩下一家《革命》周报，巴金早已与之断绝交往了。在江湾，有一个匡互生创办的立达学园，这与主义的关系不大，再说教书也非巴金所长，至于那个半无政府主义半国民党办的劳动大学，虽然是当时国内外无政府主义者云集之处，但由于与吴稚晖、李石曾沾了边，巴金就更不愿去了。幸而与他保持联系的还有一家自由书店，它创办于1927年11月，"是由几个同情于克鲁泡特金学说的人捐款办的"[1]。在毕修勺的回忆录里，自由书店的创办，是由李石曾出了一笔钱，再加上办《革命》周报赚了些钱，合伙办起来的，它主要的工作是印无政府主义的经典理论著作。[2]自由书店印了不少有分量的书，第一本就是巴金译的《面包略取》（即《面包与自由》），书出版以后非常畅销，购买者代销者纷至沓来。

---

[1] 引自爱如《自由书店的一段小史》，载《自由月刊》第1期。
[2] 引自毕修勺《我信仰无政府主义的前前后后》，第1031页。

接着又印了克鲁泡特金的《国家论及其他》《近世科学与安那其主义》《克鲁泡特金学说概要》《人生哲学》等等，这些书都得以再版。经理又请沈仲九主编了一套"自由丛书"，先后出版了《苏俄革命惨史》《革命之路》《马克思主义的破产》《革命的先驱》等，在巴金接手以前，它已经是个在无政府主义范围内享有盛名的书店。据有关资料证明，书店创办费为三千一百余元，书店经理乐夫也是留法学生，在巴金编的《平等》上发过文章。但1928年上海警备司令部查禁书店，抓走了黄子方等三个人，后经吴稚晖奔走保释才放出来。"书店受到了这番打击，在经济、信誉上都有损失，印出的书款一时收不回，积压的书稿难以印出，人手也显得紧张。"[①] 巴金就是在这样的时候参加了书店的工作。但巴金从未在回忆里讲过他与自由书店的关系，我们现在唯能依据的，就是他以马拉的名字，在自由书店编了一份《自由月刊》，这是一份模仿开明书店《开明》出的小刊物，专介绍自由书店出版的各类书，出到第4期即被查禁，第5期只登了巴金写的一篇《告别的话》。可惜这一期刊物我们也看不到了。

　　前四期的《自由月刊》主要以书评广告为主，同时巴金在每一期上都发表了一篇较有分量的文艺评论，评论美国电影《党人魂》、托尔斯泰的戏剧《黑暗的势力》、米尔波的戏剧《工女马德兰》，本来预告还将发表评论左拉《萌芽》的文章，但随刊物的停办而流产。笔者觉得有意思的并非是这些评论（这方面实非巴金所长），而是一篇散文《我的心》，文章里作者虚拟了与母亲的对话，要母亲把他的这颗心"收回去"，因为母亲曾教导他爱人，"承受这颗心的人将永远是正直，永远是幸福、和平、安宁，度过他的一生"。可是文章中的"我"却在现实生活中发现了许许多多丑恶、惨剧、背叛，使他不得不"看我所怕看的，听我所怕听的"，于是，"我

[①] 引自爱如《自由书店的一段小史》，载《自由月刊》第1期。

的幻象完全破灭,剩下来的依然是黑暗和孤独"——注意,这篇散文的写作时间最迟是1929年2月,是他回国后第三个月,这时候,他的心灵似乎又产生了初到巴黎写《灭亡》时的感觉,沙多—吉里古城的宁静气氛在他身上消退。而孤烛、寂寞、黑暗将使他的心长期旅行在"心的沙漠"上。这时候的巴金不再是乡愁满怀的富家子弟,他文章中最后叹息,"母亲已经死了多年了",这母亲,又何尝不能作为他所追求的理想来理解呢?

《自由月刊》期间还有一个小插曲,是巴金与当时著名的太阳社批评家钱杏邨的冲突。事情的起源还是在法国巴黎的时候,巴金应胡愈之之约,译了一篇托洛茨基论托尔斯泰的文章,寄回国内后载于《东方杂志》上。在之前巴金读了《文化战线》上的一段话:"中国有革命文学家者,破'二道手'之工夫而从倭国学得老俄罗斯的马克思主义之父普列汉诺夫之言曰:'托尔斯泰,卑污的说教人也。"《文化战线》是毛一波等几个无政府主义者办的一个小周刊,1928年是托尔斯泰百年诞辰纪念,它出过一个特辑。鲁迅在《奔流》上曾经有过介绍,《文化战线》现在已找不到。毛一波的回忆录里有这样一段记载:"关于这次文坛论争,有人做过年表,也一同介绍了主要由我编辑的这两种杂志。《文化战线》第2期,是《托尔斯泰百年纪念特集》,于1928年8月出版,内容已不详记。除了我用毛一波署名写了一篇纪念文章外,有丽尼所译的克鲁泡特金的《托尔斯泰论》,柳絮、吕展青译的作品(题名均忘记),马彦祥译的托尔斯泰艺术论等。"① 但纪念特集是《文化战线》第2期,巴金所引的是第1期,很可能是这期上为第2期特辑做的广告。这里所指的"革命文学家",当是指钱杏邨,因为当时毛一波等无政府主义者正加入了文坛上关于"革命文学"的论争,主要论争对手就是

---

① 引自毛一波《前尘琐忆》手稿本。毛在手稿中把《文化战线》写成《现代文化》月刊,估计有误,笔者擅自改了一下,特此说明。

钱杏邨。巴金在那篇翻译的前记中,也刺到了钱杏邨:"'托尔斯泰,卑污的说教人也!'好一句漂亮的话!其实昆仑山之高,本用不着矮子来赞美,托尔斯泰的价值也用不着'革命文豪'来估定。"钱杏邨针对巴金的批评,在《力的文艺》的《附论》里引用了托尔斯泰给辜鸿铭的信中一段关于忍耐的话和列宁论托尔斯泰所说的"虽然以愤慨的现实主义剥去反动的假面具,但同时又是世界中最卑污的人即宗教的说教者"当作答辩,声明关于托尔斯泰是"卑污的说教者"语出列宁。钱杏邨的文章刊于《海风周报》第9期,是1929年1月底,巴金已回到上海,于是在《自由月刊》上连续发表《随便写几句答复钱杏邨先生》《现代文坛上最有力的批评家的真面目》《Marxism与绿林英雄》等长短文章,对钱进行嘲讽。这次争论同前一次巴金与郭沫若的争论不一样,前次完全是个人学术观点不同的争辩,这一次却是带有更大的文艺背景,当时钱杏邨正是"革命文学"的倡导者之一,搬了日本藏原惟人的理论在文坛上横扫"五四"作家,对鲁迅、茅盾诸人都有猛烈的批评,而鲁迅正在沉着应战,引起了一场"革命文学"论争。毛一波等无政府主义者异军突起,自办《现代文化》《文化战线》等刊物,从无政府的立场对革命文学加以批评,托尔斯泰的评价问题正是争论的一个组成部分。巴金虽未正面参战,但在这个问题上已经表明了他的立场与态度,20世纪30年代中国左翼作家联盟成立以后,巴金长期与之保持距离,并偶有相讥龃龉,起因正在于此。

巴金为自由书店做的另一项工作就是继续翻译出版经典著作。回到上海后,他翻译的两种小册子凡宰特的《一个卖鱼者的生涯》和克鲁泡特金的《普鲁东的人生哲学》(即《伦理学》下部中的一章)相继出版,接着,他又译出了《伦理学的起源与发展》下部,克鲁泡特金的自传《一个革命者的回忆》和俄国民粹派作家斯捷普尼雅克的《地底下的俄罗斯》。这几种译著中,《伦理学》下部于1929年7月出版,仍然是用《人生哲学》的书名。而克鲁泡特金的自传是否由自由书店出过就不清楚了。巴金只说这部自传在1930年由几个朋友花钱印过一千册，但无法看到原书。① 现在能找到的自传已经是1933年以新民书局名义（实际由郑佩刚主持的江湾合作社发行）出的插图本。当时似乎打算出《克鲁泡特金全集》，自传只是第1、2册，但以后并未见其他书。而另一种《地底下的俄罗斯》则是1929年8月由上海启智书局出版。还有一种克氏的名著《俄国文学的理想与现实》（郭安仁译）曾在自由书店广告中预告多时，可也不见自由书店版的书，现在能看到的是1933年重庆书店版。——由此笔者估计克氏自传的第一个版本不一定会是自由书店出版。很可能是1929年下半年至1930年初，自由书店就关闭了。《人生哲学》下部应是它的最后一部书。自由书店为何关闭，目前尚无正式的文字可依。一种说法是经济的亏损，经理乐夫将钱用于轮盘赌博，终因失算使书店一蹶不振。笔者在访问与自由书店关系甚密的毕修勺老人时，他除了证实上述原因外，还隐约地说了另一个原因：巴金与乐夫的关系不好，工作中发生了一些冲突。这事毕老声明只是听乐夫所说，他因为《革命》周报的事与巴金绝交，但感到不平的是，自由书店也同样是用《革命》周报和李石曾的钱办的，巴金又为何不嫌其臭了呢？笔者为此事又曾经问过巴金，巴老承认他与乐夫曾有冲突，因为他怀疑乐夫把书店的钱自己用掉了。而乐夫现已去世，此事无法做进一步的推究。对于历史的旧案，笔者一向懒于究其是非曲直，也姑且不论是否确有巴朱（乐夫姓朱）龃龉之事，但从巴金一生的情况来看，他的才能始终表现在理论范围，对于处理实际生活中人事、经济的各种能力，可以说是非其所长。他自小就有一种"不完全，毋宁无"的脾气，但是当他把这种脾气放在实际事业的追求上，不能不碰壁，失败，以至搞得身心疲惫。这种困境在他以后办出版社时还会再次遇到。

---

① 引自《我底自传·前记》，载《巴金研究资料》上册，第120页。

六、西湖的梦

巴金1928年12月初刚回上海,初住旅馆,这段日子中他与世界语学会发生了一些关系:"友人索非来看我,他当时还担任世界语学会的秘书或干事一类的职务。他说:'学会的房子空着,你搬过来住几天再说。'我就搬了过去,在鸿兴坊上海世界语学会的屋子里搭起帆布床睡了将近半个月,后来在附近的宝光里租到屋子才离开鸿兴坊。但从这时期我就做了学会的会员。不久又做了理事,也帮忙做一点工作。……一直到1932年'一·二八'事变,日军的炮火使鸿兴坊化为灰烬,我才搬出闸北,上海世界语学会终于'消亡',我也就离开了世界语运动。"[1]这里所说的"做一点工作",可能是搞过一些关于世界语函授教学的工作,但他更多的时间放在翻译世界语文学作品上。此外,巴金好像也参与了世界语杂志《绿光》的工作,他在刊物上比较系统地发表过一些关于世界语文学史方面的论文。但有一种说法,说在"一·二八"事变以后,无政府主义者郑佩刚在北四川路重建《绿光》书店,由巴金负责《绿光》月刊的编辑工作。[2]但笔者搜集的《绿光》只到1931年为止。战后是否还办过《绿光》月刊,是很值得怀疑的。上述所引巴金本人的回忆,也可证实这种怀疑。

自由书店关闭后,巴金似乎和整个中国无政府主义运动一起沉寂下来,他从事的最后一件工作是编《时代前》。郑佩刚有过这样一段回忆:"1931年夏天,有几位从各省来的同志,齐集杭州。在一个月色皎洁的夏夜,我们在西湖雇一画舫叙会,讨论加强宣传工作,出席约四十人。我记得有巴金、惠林、少陵、志伊、绍先、剑波各人。

---

[1] 引自《世界语》,载《探索集》第83页。
[2] 参见唐金海编《巴金年谱》第280页。

结果：产生《时代前》月报，由惠林、巴金主编，我任发行。"① 郑佩刚的回忆经常有误，关于这一段事迹，也不见当事李少陵、卢剑波诸人的回忆，估计具体细节尚有出入，客观上也没有那么大的意义。但巴金参加这次活动大约不会有错，正确时间应是1930年而非1931年，因为《时代前》创办于1931年初，到同年6月止。巴金在1937年写《春》的时候，曾暗示了觉慧曾去杭州旅行。晚年的随想录里，又多次回忆起这次杭州之行："1930年我第一次游西湖，在一个月夜，先到三潭印月，仿佛在做一个美丽的梦。"② 没有说到同游者与会议，但那个"美丽的梦"又是何指呢？不过梦终究是梦，虽然美丽但并不长久，西湖会议的结果是，第二年初巴金（李一切）与卫惠林（卫仁山）合编一本《时代前》的刊物，但这个刊物办得不很景气，文章也很沉闷，卫惠林在《编者余话》里不断叹息："第1期发出去后，我们所得到的批评是'太沉闷了'，'不大适合于一般青年的知识程度'，'太稳健了'，'为什么不批评时事'，等等，是的，我们也是这样感觉，因为在这个沉闷的时代，我们怎么能不沉闷呢！""我们将把持着这个新时代的天秤，但当这个天秤还没有放稳的时候，我们能评判什么呢？"（第2号）"我们是在严冬的季节，执着凉笔，开始了工作，现在我们的稿纸上已经落着汗点，回头想起已经是半年了，杂志还没有多大发展，或者竟像一部分朋友责备我们的话，一期不如一期地退步了。""近半年办得实在不好，很呆板，印刷得很坏，错字连篇，格式也毫不新颖，宣传力很薄弱，知道的人还很少"（第5、6合刊）。从这些自我检讨来看，刊物主要是卫惠林主持的，巴金在上面发过一篇书评、一篇译序和几篇在法国时写的俄国革命史片段，远不及《平等》那样充满着生气。半年以后，《时代前》无疾而终。

---

① 引自郑佩刚《无政府主义在中国的若干事实》，《无政府主义思想资料》，第970页。

② 引自《又到西湖》，载《病中集》第75页。

中国的无政府主义的政治运动大约真的寿终正寝了，作为在这个运动中投入了十年之久的巴金，这时候才真正感到了彻身的寂寞。"每夜每夜我的心疼痛着，在我的耳边响着一片哭声。似乎整个的黑暗世界都在我周围哭了。"①

---

① 引自《复仇·自序》，《全集》第9卷，第3页。

第四章　无边黑暗中的灵魂呼号

一、人格的榜样

1929年至1931年，是巴金人生道路的转折期，也是他由坚定的信仰至上者向痛苦的双重人格的转化期。他真正感到了无政府主义理想的遥远和改变中国残酷现状的困难，虽然太阳仍然一天天升起，但他心中的理想却一天天远去。刚回上海不久，他出版了两本革命传记，一本《断头台上》是他以前所写的世界各国无政府主义者、民粹党人以及恐怖主义者的英雄传记；另一本是《俄罗斯十女杰》，记叙了俄国女革命党人的传奇故事。这都是在法国研究俄国革命史的副产品。1930年，他又根据柏克曼的《安那其ABC》编译成一本理论小册子《从资本主义到安那其主义》，当时无政府主义运动风流云散，巴金在序中抚今追昔，称道："我在安那其主义的阵营中经历了十年以上的生活，运动的经验常使我觉得理论之不统一，行动之无组织，乃是中国安那其主义运动之致命伤。在中国安那其主义的宣传虽有了二十多年的历史，然而至今能够明确地懂得安那其主义的理论体系的人，可说是很少、很少，无论是赞成者，或反对者。所以在中国就出现了关于安那其主义的种种奇怪的误解，甚至有人在安那其主义的名义之下宣传反安那其的理论。在这多年的痛苦经验之后我曾几次抑下了奔腾的血潮，以一个冷静的头脑来观察、来构思、来研究。其结果便有了写一部正确地解释安那其主义的书之计划。我以为这是不可缓的工作。"这可以看作是巴金为无政府主义运动所做的最后一次努力。这本小册子以美洲平社的名义出版后，没有得到应有的反响，首先注意到它的倒是国民党官方，在它问世不到七个月，就因为"宣传无政府主义"罪名被国民党政府查扣，以后没有再版。但巴金对这本晚产又早夭的小册子十分偏爱，他在1935年写的一篇文章中说："我对于自己的作品从来就没有满意过。倘使别人一定要我拣出一两本像样的东西，那么我就只得勉强地举出一本作为'社会科学丛书之一'的《从资本主义到××××》，这本书从写作到发行，全是我个人一手包办，这里面浸透了我个人的心血。"①巴金说这话的时候已在文坛上久负盛名，出版了他最主要的中长篇小说《灭亡》《新生》《家》和《爱情的三部曲》，可见到那个时候，巴金对于追求无政府主义事业还是文学事业的选择依然态度暧昧，举棋不定；也可见虽然这几年来他一直被文学创作的巨大诱惑力所吸引，身不由己地写出了那么多作品，可是内心深处，明明白白地知道他从事文学创作与原来走的实际的政治道路并不一致，他试图抗拒这种文学的诱惑力，回到朴素的实际工作中去，像他的许多朋友一样，在默默无闻的工作中实践自己的理想。

1930年1月，他译完了克鲁泡特金的自传，这是他译的克氏的第三种著作。克鲁泡特金出身俄国贵族，后来投身于反对沙皇专制的斗争，过着监狱和亡命的生活，最终又成为无政府主义运动中最杰出的理论家。他在自传中写了他的前半生——自童年到亡命西欧的一段生活经历，也是他如何选择人生道路，寻找到奉献终身的无

---

① 引自《〈爱情的三部曲〉总序》初刊文，收《巴金专集》第1册，第266页。

政府理想的过程。巴金译完这本书后，写了一封给他兄弟尧橡的信，作为书的代序。他向十七岁的弟弟这样描绘克鲁泡特金的一生——

从穿着波斯王子的服装站在沙皇尼古拉一世的身边之童年时代起，他做过近侍；做过军官。做过科学家，做过虚无主义者，做过囚人；做过新闻记者，做过著作家，做过安那其主义者。他度过贵族的生活，也度过工人的生活；他做过皇帝的近侍，也做过贫苦的记者。他舍弃了他的巨大的家产，他抛弃了亲王的爵号，甘愿进监狱、过亡命生活、喝白开水吃干面包、做俄国侦探的暗杀计划之目的物。在西欧亡命了数十年之后，终于回到了俄罗斯的黑土，尽力于改造事业，到了最后以将近八十岁的高龄在乡间一所小屋里一字一字地写他的最后的杰作《伦理学》。这样经历了八十年的多变的生活之后，没有一点良心的痛悔，没有一点遗憾，将他的永远是青春的生命交还与"创造者"，使得朋友与敌人无不感动，无不哀悼。这样的人确实如一个青年所批评"在人类中有最优美的精神，在革命家中有最伟大的良心"。①

巴金把这样的人的一生，称作为"一个道德地发展的人格之典型"，他告诉他的弟弟："你可以反对或者信奉克鲁泡特金的主张，但你一定要像全世界的人一样，赞美他底人格，承认他是一个最纯洁最伟大的人，要拿他做一个模范去生活、去工作、去爱人、去帮助人，这样的话，你的一生才不会有一刻的良心的痛悔，不会有对己对人不忠之事。"——这些话，我们可以看作他对一个年幼无知、刚刚踏上人生社会的小弟弟的告诫，也是一种自我的勉励。无政府主义的政治理论、社会理想在残酷的现实环境里都无法坚持下去，或可以暂且放下，但作为一种道德的人格的发展，不能不继而成为

---

① 引自《〈我的自传〉译本代序》，收《巴金研究资料》上册，第169页。

真诚的理想主义者的人生座右铭，指示着他今后所走的道路。所以，他在这个时候郑重推出克鲁泡特金的自传，正是借助一个伟人的故事来揭示出一个伟大人格的成长史。

二、激情

现在，我们将进入巴金的文学创作生涯了。

因为本传记的宗旨是揭示一个人格的发展史，从这一叙事角度来整合巴金一生，20世纪30年代的创作黄金时代并非是人格的辉煌时代。笔者多年的思索结果，认为巴金的人格发展经历了一个胚胎—形成—高扬—分裂—平稳—沉沦—复苏的壮丽轮回。其高扬的战斗精神，旺盛的生命喷发，圆满的灵肉和谐，均在异国完成，1930年以后，他成为一个多产作家而蜚声文坛，拥有了许许多多相识与不相识的年轻崇拜者，但这种魅力不是来自他生命的圆满，恰恰是来自人格的分裂：他想做的事业已无法做成，不想做的事业却一步步诱得他功成名就，他的痛苦、矛盾、焦虑……这种情绪用文学语言宣泄出来以后，唤醒了因为各种缘故陷入同样感情困境的中国知识青年枯寂的心灵，这才成了一种青年的偶像。巴金的痛苦就是巴金的魅力，巴金的失败就是巴金的成功，这种分裂的人格现象，正是本传记要着重探讨的，所以如果下面的分析中笔者忽略了对巴金作品的详细评论，只好请读者原谅，因为这种忽略在笔者是有意为之。

从我们上一节介绍的情况可以看到，1929年上半年《灭亡》获得意外的成功对巴金本人并没有产生特别大的影响，甚至他还没有意识到今后的人生道路将会改变。最初他打算继续在回国途中构思的《春梦》的写作，1929年7月大哥尧枚来上海探望他，兄弟俩还谈起《春梦》的计划，尧枚支持巴金的设想，但到1930年他写出的却是一部以五卅事件在南京引起的反帝活动为背景的《死去的太阳》，可见他依然不能忘怀赴法以前在宁沪一带搞政治活动的生活。他说他在小说里写了一个"小资产阶级在这事件中的多少有点盲目的活动，以及由活动而幻灭，由幻灭而觉悟的一段故事"。这里面可能有些经验是巴金本人的生活写照，他也承认"我在这里面所写的大部分都有事实作根据"。他托朋友索非把小说转给《小说月报》，但没有成功，稿子被退了回来。其时叶圣陶已不担任《小说月报》主编之职，继任者是原来的主编郑振铎，据说稿子退还的原因是写得不好，巴金本人也认为这本小说不如《灭亡》，至少人物的心理描写比《灭亡》简单得多。但《死去的太阳》在当时的创作水准上看仍然是迎合流行口味的，其格调也一如《灭亡》，它后来由索非收入开明书店的"微明丛书"，印了十四版，虽不及《灭亡》（二十八版）、《新生》（二十三版），但也不能算滞销。

《死去的太阳》大约写于1930年的5月至6月份，也正是他写作《从资本主义到安那其主义》的时期，所以《死去的太阳》中仍有宣传意识，在小说的序里巴金十分自信地说"个人主义的色彩是谈得多了"，而要像左拉的《四福音书》那样来阐释自己的"社会理想"，在序的最后他如宣誓般地说："我仍然要像摩西那样地宣言，道：我要举手向天，我说，我底思想是永在的。"[1]五十年以后，巴金又一次特别提到这两句话，承认"1930年我还认为我的思想永远正确，永不改变"。又承认自己后来"收回了这句大话"，承认自己年轻时候的"胆大妄为"[2]。后一个"承认"暂且不说，第一个"承认"笔者认为是研究巴金思想变化的很重要标志：为什么在1930年6月的时候，他要像摩西向上帝立戒那样地宣告自己的思想永远正确？是否这时巴金的心中已隐约感到自己所信仰的理想、学说、思想都将在中国大地上成为一场春梦飘然而逝？是否他正意识到自己

---

[1] 引自《〈死去的太阳〉序》初刊文，收《巴金专集》第1册，第196页。
[2] 引自《序跋集·再序》，载《真话集》第42页。

的信念即将动摇、自己的人格即将陷入分裂的痛苦而万劫不复？所以他需要用这种庄严的态度来重温自己"立誓献身的一瞬间"？但是立誓终究不能挽回现实中的狂澜既倒，我们不妨排列一下巴金自法国回到上海后的主要工作：1929年1月编完《断头台上》，1月至5月主编《自由月刊》和译完克鲁泡特金《伦理学》下部，7月以前译完斯捷普尼雅克的《地底下的俄罗斯》，10月写完《俄罗斯十女杰》，1930年1月译完克氏的《我的自传》，5月以前写完《从资本主义到安那其主义》，接下去写《死去的太阳》，再次立誓。生活节奏非常紧张，但他内心的节奏一定更为紧张，他在为保持自己人格的高扬做出最后的努力。

我们还发现，到这时为止，文学创作还没有成为巴金的主要工作，但在《死去的太阳》完成后不久，巴金的生活中出现了一个奇迹，这奇迹的发生相当突然，连巴金个人也感到惊讶无比，他在《写作生活底回顾》中曾详细地记下了这次奇迹：

一件偶然的事情改变了我的心思：在一个7月的夜里，我忽然从梦中醒了，在黑暗中我还看见一些痛苦的景象，耳边也响着一片哭声，我不能够再睡下去，就爬起来扭燃电灯，在寂静的夜里我写完了那篇题作《洛伯尔先生》的短篇小说。我记得很清楚，我搁笔的时候天已经大亮了，我走到天井里去呼吸新鲜空气，用我底模糊的眼睛看天空，浅蓝色天空里正挂着一片灿烂的云霞，一些麻雀在屋檐上叫，我才回到床上睡去。①

我们从以前巴金创作《灭亡》的情况中已经知道，当巴金的艺术神经触动时，他会对自然景色表现出特殊的感受力，正如玛伦河畔的树林、小河、松软的泥土与虫鸣抚平了巴金的创作情绪一样，

---

① 引自《写作生活底回顾》初刊文，收《巴金专集》第1册，第256页。

清晨、蓝天、红霞、小鸟，本来都习以为常的自然景象，在这一天，在作者神奇的感觉下，突然产生了那样强烈的诗意，就好像罗曼·罗兰在罗马郊外的霞尼古勒丘陵上突然瞥见一道"灵光"，认清了约翰·克利斯朵夫的面貌一样，年轻的巴金也突然意识到自己的创作才能。从这时起，巴金正式投入了文学创作，一口气写下《复仇》集中的大部分短篇。第二年，"连我自己也料想不到，我竟然把这一年的光阴差不多完全贡献在写作上面去了……环境永远是如此单调的：在一个空敞的屋子里，面前是那张堆满了书报和稿纸的方桌，旁边是那道阳光进来的窗户，还有那张开始在破烂的沙发（这是从吴克刚那里搬来的）和两个小小的圆橙。这时候我底手不能制止地迅速地在纸上动……我时而蹲踞在椅子上，时而抱头俯在方桌上，或者又站起来走到沙发前面蜷伏在那里激动地写字。在这种情况下面我写完了二十几万字的长篇小说《家》（《激流》底第一部），八九万字的《新生》（《灭亡》底续篇）和中篇小说《雾》以及收在《光明》里面的十多个短篇"①。就这样，巴金奠定了他在现代文学史上不可动摇的地位。

　　值得注意的是这种转变不是一下子完成的，也不是有意识完成的。这时候他与新婚的索非夫妇一起搬进了闸北宝山路宝光里14号，这是一幢旧石库门房子，索非夫妇住了楼上前楼，巴金独住楼下客堂间，亭子间由房东住，不久房东到乡下去，整幢房子都租给他们了②。那时候的巴金与上海文坛几乎不接触，不是闭门著书就是外出旅行，行踪飘忽不定，只是与索非保持密切的关系。索非简直成了他的代理人，杂志社约稿，或是巴金写了稿子交杂志社，都由索非代转。1930年7月以后，他第一次到闽南。巴金回忆，第一次在泉州他"写了短篇小说《父与女》，翻译了蒲鲁东的著作《何谓财产》

---

　　① 引自《写作生活底回顾》初刊文，收《巴金专集》第1册，第258页。
　　② 引自《关于〈海的梦〉》，收《巴金论创作》第351页。

的下半部"①。《何谓财产》是无政府主义的鼻祖蒲鲁东的代表作，也是国际社会主义运动的一部经典，巴金1926年就译过这部书的前半部分，连载于《民钟》之上，对于蒲氏关于"财产即赃物"的著名论点还做过发挥（译这部书可能是巴金决定去法国学经济学的一个主要引发点）。现在他译完了这本书的后半部，是接《从资本主义到安那其主义》以后顺理成章的工作，可惜这部译稿交到商务印书馆去以后没有出版，稿子遗失了。巴金一生中稿子多次遗失，这一次最奇，它的遗失似乎是一种象征，这以后，巴金就没有再著译过无政府主义的理论，除非是把一些他所崇拜的人物的传记当作文学作品来翻译或写作。——当然，这个推断并非绝对，有许多材料可能是我们现在还不能掌握的，笔者近读张铁君的《蘧然梦觉录》，他谈到他在1933年4月至6月编过一个《小园地》半月刊，刊登过李芾甘的文章。张铁君先生早年信仰无政府主义，晚年在台湾写回忆录时，身边还残存了一期《小园地》。但这本刊物在大陆无法找到，因此无法推测巴金在上面发表的文章属何种类型。

巴金说他第一次去泉州是1930年7月至9月，②时间可能有出入，就如他在《写作生活底回顾》中叙述的那个"一个7月的夜里"一样。后者有一个疑点，是《洛伯尔先生》刊于《小说月报》第21卷第7号，出版时间是7月10日，巴金写这篇小说的时间即使在7月1日，从交稿到出版只有十天时间，总嫌太紧了一些；而且《洛伯尔先生》以后8、9、10三个月连续发表小说《亡命》《复仇》《苦人儿》，真如巴金说的他去泉州一个多月只写过一篇小说的话，那至少这三篇应当在他去泉州以前完成，由此推想，巴金写《洛伯尔先生》的时间，最早应该是6月下旬，就是他刚刚完成《死去的太阳》的时候。而巴金说去泉州的时间是7月份似乎也嫌早了一些，

---

① 引自《巴金老师自上海来信》，载《信息》第6期。

② 引自《巴金老师自上海来信》，载《信息》第6期。

他说过在那儿住过"二三十个黄昏"①，连头连尾应是一个多月，9月他在泉州，10月曾游过杭州，很可能就是那次关于办《时代前》的西湖会议，那么，他在泉州的时间应是8月至9月，这样，他才有可能在7月份写完这几篇小说，以及办理出版《从资本主义到安那其主义》的诸种工作。

从1930年10月以后，到1931年的上半年，可能巴金没有再外出，这段时间是他闭门发愤著书的最高潮时间，甚至在他参与编的《时代前》上都看不到他关于无政府主义的文章，只是拿一些旧作来搪塞。他同时创作了三个中长篇：《新生》《雾》和《家》。当然，最重要的是《激流》第一部《家》的诞生。关于这部名著的产生，巴金有过多次论述，我们取其最近一次的说法："上海《时报》的编者委托一位学世界语的姓火的朋友来找我，约我给《时报》写一部连载小说，每天发表一千字左右。我想，我的《春梦》要成为现实了。我没有写连载小说的经验，也不去管它，我就一口答应下来。我先写了一篇《总序》，又写了小说的头两章（《两兄弟》和《琴》）交给姓火的朋友，转送报纸编者研究。编者同意发表，我接着写下去。我写完《总序》决定把《春梦》改为《激流》。故事虽然没有想好，但是主线已经有了。我不是在写消逝了的渺茫的春梦，我写的是奔腾的生活的激流。"②

《激流》脱胎于《春梦》，早在1928年归国途中巴金就开始构思了。1929年7月大哥尧枚来上海，住在霞飞路霞飞坊的一幢公寓里，兄弟俩抵足而眠，一定是说了许多别后的事情。巴金在政治、学术以至文艺活动中的变化发展，估计尧枚不会有多少理解，但尧枚这六年来苦撑着日益破败的成都老家，上奉继母，下养妻子，还要资助两个弟弟在外读书，再加上旧病缠身，总有说不尽的酸甜苦

---

① 引自《悼范兄》，载《全集》第12卷，第475页。
② 引自《关于〈激流〉》，收《巴金论创作》第421页。

辣，巴金一定会深抱同情。尧枚是个伤感的人，也接受过一点新文化，他把旧家庭的黑暗内幕一一向弟弟披露，激起了弟弟写《春梦》的旧念，正如他所说："那个时候我好像在死胡同里面看见了一线亮光，我找到真正的主人公了，而且还有一个有声有色的背景和一个丰富的材料库，我下了决心丢开杜家的事改写李家的事。"[①]应该说，巴金从这道亮光里看清了觉新的面貌，他决定用他大哥的性格、事迹及其委顿的人格，来揭示一个旧式大家庭的衰败历史。当他把这个想法告诉尧枚后，尧枚喜出望外，热情地鼓励他，要他不要怕得罪人。直到现在，巴金身边还珍藏了尧枚1930年给巴金的信，上面有这样一段话：

《春梦》你要写，我很赞成；并且以我家人物为主人者，尤其赞成。实在的，我家的历史很可以代表一切家族的历史。我自己得到《新青年》等书报读过以后，我就想写一部书。但是我实在写不出来。现在你想写，我简直喜欢得了不得。我现在向你鞠躬致敬，希望你有余暇把他写成罢，怕什么，《块肉余生述》若怕就写不出来了。[②]

尧枚这段话很有意思，他非但意识到写自己的家庭在当时社会上具有较大的典型性，而且能用世界文学的眼光，用狄更斯的作品去勉励弟弟。尧枚与两个弟弟不同，几乎没有为世人留下什么文字，人们通过巴金的《激流》中塑造的文学形象去理解尧枚，总以为是个暮气沉沉、懦怯软弱的地主少爷，但从这封信的见识看，实非如此，可惜的是他在1931年4月自杀，过早结束了自己的生命。他的死对巴金关于《家》的构思可能产生过很大的影响，从《家》的内容来看，

---

① 引自《谈〈新生〉及其他》，收《巴金论创作》第199页。
② 引自《关于〈激流〉》，收《巴金论创作》第420页。

在第六章以前并没有联系到高家的主要矛盾，作家主要写了四个人物：觉民、觉慧、琴、鸣凤。只是暗示了这两对年轻人之间若即若离的爱情关系，直到第六章才开始写觉新，运用了尧枚的某些经历。按巴金写小说的习惯，他不是对整部小说有了详细的构思以后才动笔的，而是确定一个大致的主题就顺着灵感写下去，所以估计到这时，巴金还不会对小说的基本冲突有清楚的布局，高老太爷还没有出场，高家的基本冲突也都没有发生。若是尧枚不死，难保《家》不会以另一种面貌出现。然而尧枚确实死了，更有戏剧性的是，在《时报》始载《激流》的第二天，巴金刚刚写完第六章《做大哥的人》的时候，讣电来临。大哥的死激起了巴金对家庭以及别房长辈的仇恨，他把运动失败以后在社会上感受到的精神压抑和反抗的要求，统统发泄在导致大哥自杀的旧家庭制度上，而且，大哥一死，巴金和这个大家族的其他房亲戚之间的最后一点牵连也中断了，他可以无所顾忌地把家族看作是他假想的敌人，用夸张的笔调塑造出高老太爷、克明、克安、克定这样一大帮没落地主们的丑恶，并且无中生有地在这个半虚构半写实的高家大院里制造了一桩桩血案。

这部小说中最有意义的是塑造了觉新这个人物，与杜大心一样，觉新在当时的新文学创作中也是一个崭新的角色，尽管这个人物性格到《秋》里才最后完成，但第一部里已经勾勒出这个悲剧人物的基本性格：觉新是个懦夫，是一个清醒地认识到自己悲剧命运的懦夫。他不是愚昧像阿Q那样麻木，他接受过五四新文化的影响，和他的弟弟们一样，清楚地认识到封建家族制度的罪恶、不义及其必然崩溃的命运，但他与弟弟们的根本区别在于他本人就是这一行将崩溃的家庭制度的产物——长房长孙，他无法抛掉这个包袱，轻装前进。他整个人都是属于旧制度的，他无法想象离开这个家庭的"大锅饭"将会变得怎样？如果说，奥勃洛摩夫躺在自己的床上眼睁睁地看着自己走向死亡，那觉新也正是这样的一个"多余人"。因此，为保住自己可怜的生存权利，他只能怯懦地甚至可耻地赖活着。他一次次向恶势力退让,每一次退让都以牺牲别人(包括他所爱的人)来换取一己的暂时安宁,为此,他本人也付出了惨重的代价。像觉新这样的悲剧,是封建末占大部分软弱的知识分子的悲剧,他们以清醒的头脑眼睁睁地看着把别人送进坟场,他们并不怀疑这样的命运最终会临到自己头上,但又总是抱着一丝幻想,祈求大限晚一些时候到来。这似乎也带有一点悲凉的味道,由此产生的绝望、悲观、颓废、自卑以至精神崩溃的种种心理,对于跋涉于苦难历程的现代中国知识分子性格具有很大的概括性——自然,这是笔者对觉新性格在文学史上的典型意义的理解,不一定与作家的原始创作企图相吻合,但笔者相信,以后几十年的坎坷经历会使巴金越来越清晰地看到觉新性格中的这些意义。但这显然是原型尧枚无法涵盖的。

其实,从后来发表的尧枚的遗书上看,导致尧枚自杀的真正原因还是他的旧病。尧枚从1920年起就时断时续发神经病,他不善理财,分家以后,他辞职卖田,用钱去做投机生意,后来大病一场,失去了赚钱的机会,使"养命根源化成了水"。接着在一夜间突然发病,把所剩"贴现的票子扯成碎纸,弃于纸篓内",第二天醒来,这些撕碎的票子又都已倒掉,家里彻底破产了。① 这与家族的压迫没有直接的关系。尧枚死后,沉重的负担转嫁到尧林身上,由尧林每月寄钱回去养家,而巴金,可能对尧枚丢下的嫂子一家提供过一些帮助,至于他对这个家所承担的义务,那是在1943年以后的事情。

我们再回过头来看《激流》的创作。《激流》从4月18日在《时报》上连载,介绍此稿的是火雪明,一个搞世界语的朋友,《时报》的编辑是吴灵缘,是个写流行小说的才子,写过新诗,与火雪明都是商务印书馆学徒出身。他的前任毕倚虹则是老牌的鸳鸯蝴蝶派文人,可见《时报》的连载小说多是言情通俗的作品,他们托人向巴金组稿,是想改变一下风气,以迎合新文学的时尚。所以《激流》

---

① 参阅尧枚遗书,转引自《谈〈秋〉》,收《巴金论创作》第238页。

刊登的头一天，报纸在排版上花了很大的心血，并用大字称巴金为"新文坛巨子"，这广告式的赞语虽然有点俗气，但对于《激流》的传播无疑是有帮助的。《时报》的主要读者是上海市民（包括学生），《激流》的连载增加了巴金在读者中的知名度，但从连载的最初情况看，小说并没有引起强烈反响，所以当九一八事变后，因为新闻报道的增加，版面有所更改，《激流》一度曾经中断。编辑（吴灵缘的后任）也开始抱怨小说的篇幅太长，巴金还是坚持把它写完，并以放弃稿酬的代价，换得了编辑们继续刊完小说的许诺。这样，直到1932年5月22日，终于刊完了这个马拉松式的连载。《激流》在《总序》里曾预告这是一部"过去十年生活的一幅图画"，但现在写完的小说不过是叙述了一年间的故事，差距实在太大，这时巴金才考虑把《激流》写成多卷本的小说，而这一本只是第一卷，另起了书名为《家》。

巴金写完《家》的时候大约已到1931年底，这之前他与朋友李少陵一起在浙江长兴煤矿住了一个星期[①]，回来以后才把它写完的，同时他还译完了匈牙利作家尤利·巴基的世界语小说《秋天里的春天》。这一年他创作成果累累，另外两个中篇也已交稿：《灭亡》的续集《新生》交给了《小说月报》，《爱情三部曲》的第一部《雾》交给了《东方杂志》。这两个杂志都与巴金保持了持久而良好的关系。到这一年年底，我们似乎可以说，《时报》的预告——"新文坛巨子"真的诞生了。

但是，文坛上的成功和荣誉并没有给巴金带来相应的欢悦，我们在巴金这时写的文章里找不到一丝流露沾沾自喜、踌躇满志之情，

[①] 据巴金介绍,李少陵此时在长兴煤矿当矿局的科长。但李的回忆录里并无反映,据《骈庐杂忆》中说,1930年张静江任浙江省政府主席,李任省保安处第五科科长兼宣传大队长,同年中秋曾去乡下"剿共",回去后不久随张静江下台,到1932年春,出任中央军校政治训练班"军队政工"教员,估计当在这段时间暂且寄身于长兴煤矿,李少陵笔名三木,都曾是无政府主义者。

反而，满纸都是堕入深渊似的痛苦。他这时候又重新提出了性格上的忧郁，也提出了自己所面临的矛盾："我似乎生下来就带了阴郁性，这阴郁性几乎毁了我一生的幸福。但是追求光明的努力我并没有一刻停止过。我过去短短的岁月就是一部挣扎的记录。我的文学生命的开始，也是我挣扎得最厉害的时期。"① 这种挣扎在他这时期的每一部小说中都体现出来：杜大心和张为群的头腐烂了，但《新生》里的李静淑、李冷继续进行斗争；《激流》里的高家在一桩桩血案中走向崩溃，但觉慧走出了这个牢笼；《复仇》集里他哭诉了人类的痛苦，《光明》集里诅咒摧残爱的势力，但又贯彻着对"光明"的呼喊……这种绝望正是巴金在政治运动失败以后的真实心理写照，一个有信仰的人是有福的，他可以追随信仰的指点而行动，不必为自己行动的正确与否负责；可是一旦身处茫茫旷野，心中的灯灭了，这时候的黑夜才是真正的黑，才会体会到真正的孤寂与绝望。巴金的小说，正是在这样的气氛下写成的，尽管他在理性上企图摆脱这种个人色彩的绝望，去寻求新生，他从《死去的太阳》开始，就努力想克服个人主义，在《新生》里又通过李冷之口明显地说出："把个人的生命连在群体的生命上，那么在人类向上繁荣的时候，我们只看见生命的连续广延，哪里还有个人的灭亡？"② 但这类豪言壮语掩盖不了他内心深处日益加重的绝望。终于，在1932年的元旦过后，他在日记本上写下了这样一段独白：

奋斗，孤独，黑暗，幻灭，在这人心的沙漠里我又过了一年了。

心啊，不要只是这样痛吧，给我以片刻的安静，也可以安舒我的疲倦的心灵。

我要力量，我要力量来继续奋斗。现在还不到撒手放弃一切的

---

① 引自《〈雨〉序》，载《全集》第6卷，第100页。
② 引自《新生》，载《全集》第4卷，第321页。

时候，我还有眼泪，还有血。让我活下去吧，不是为了生活，是为了工作。

不要让雾来迷我的眼睛，我的路是不会错误的。我为了它而生活，而且我是不顾一切的人，继续走我的路。

心啊，不要痛了。给我以力量，给我以力量来抵抗一切的困难，使我站起来，永远地站起来，一个人站在人心的沙漠里。

记着你允许过凡宰特的话，记着他所警告过你的。不要有一天你会辜负那死了的他。①

正因为它是日记，才显出真诚，这里许多语言都值得我们仔细体味："人心的沙漠"，"让我活下去"，"迷眼睛的雾"，"我的路是不会错误"……最后他又提到了凡宰特，巴黎"立誓献身的一瞬间"又一次在他绝望中产生出力量。

三、跨入文坛

1932年"一·二八"事变爆发的时候，巴金正在由南京到上海的火车上，战事阻止了火车的运行，车到丹阳又重新折回南京。在乱作一团的首都，他与散文家缪崇群、教育家陈范予以及他的朋友卫惠林、吴克刚等人一起度过了难堪而混乱的一星期，卫惠林在中央研究院工作，正准备和未婚妻一起回汉口岳家，吴克刚已离开黎明高中，到河南辉县省立乡村师范学校当专修科主任，也匆匆地急着回去。每人都忙自己的事情，乱糟糟的。直到2月5日，巴金才搭坐挂英国国旗的"武昌"轮，费尽周折回到上海。② 这时闸北已成一片火海，鸿兴路鸿兴坊75号的世界语学会、宝山路宝光里14号

---

① 引自《〈爱情的三部曲〉总序》初刊文，收《巴金专集》第1册，第279—280页。
② 这一段情况，可参阅巴金《从南京回上海》中的详细介绍，收《全集》第12卷。

的住房，都被炸毁，巴金后来在侵略军的刺刀下从废墟里找回一部分图书，就永远地告别了这片曾经见证他许多重要作品问世的土地。

巴金回到上海先去法租界的邓梦仙医生那儿，这位仗义疏财的医生没过几个月就大祸临头了（因王亚樵策划的南京国府礼堂暗杀汪精卫案而株连，被国民党政府逮捕入狱）。但他现在还毫无知觉地接待了巴金，索非一家也在这里避难（索非在九一八事变以后就搬出宝光里，住到虹口提篮桥附近去了），朋友们总算劫后余生，又接上了关系。过了一天巴金外出寻友，两位刚从日本回来不久的朋友黄子方和伍禅此刻正从闸北搬到了亚尔培路步高里，他们邀请巴金同住。巴金在那儿开始了他去南京前就准备写作的中篇小说《海底梦》，他原来的构思是写一个海和女人的故事，但经过这一番战火，原先的思路被轰毁，他从侵略者的罪行中联想起在巴黎时听说的白俄军官残杀犹太人的残酷行为。1927年一位犹太籍无政府主义者席瓦次巴德在巴黎大街上暗杀白俄军官彼特留拉，并在法庭上慷慨陈词，控诉乌克兰"波格隆"屠杀犹太人的罪行。法国一向有反犹传统，可这次巴黎的陪审团被揭露出来的罪行所打动，席瓦次巴德以无罪释放。此事在巴金编的《平等》里有过报道，巴金回国后还把这个复仇故事写进一个短篇小说。现在，面对日本侵略军挑起的战火，他又一次想起这个愤怒的故事，于是，他在《海底梦》开篇时编造了犹太人席瓦次巴德和里娜的相遇，由此引申出一个关于反抗与复仇的寓言故事。

伍禅在回忆这段时期的生活时曾有这么一个记载："在上海，我和巴金在一起，还有一个云南省的同学叫黄子方的，三个人办小报，叫作《自由》。这个秘密刊物由谁出钱支持呢？是当时在上海的一个叫王亚樵的，这个人是反对蒋介石的，后来参加'闽变'后成立的福建人民政府。那是由朋友向他接头支持我们办报。"[①] 伍

[①] 引自《伍禅老师在座谈会上的讲话》，载泉州黎明学园办的《信息》1981年第2期。

禅没有讲清这个刊物办于何时。他是1931年底回国，有一种可能是住在巴金的宝光里一起办刊物，也有可能是在"一·二八"以后，在步高里办的，但这两个时间都不会太长，因为他们约在4月份就搬出了步高里，一周后巴金即二下闽南了，在这一周中还发生了伍禅被捕，巴金托匡互生设法保释的事件①。这样算起来，《自由》创办的时间至多是一二个月，不会超过一二期，现在当然连内容也无从考察了。

"一·二八"战火对巴金的创作直接带来的影响是《新生》被毁，那一期《小说月报》是第23卷的新年号，同时刊登三个长篇连载：茅盾的《夕阳》，老舍的《大明湖》和巴金的《新生》。当1月27日刚印完最后一页，未及装订，28日的炸弹就使商务印书馆印刷所灰飞烟灭。这三部作品有三种下场：茅盾的小说才写了两章，所以损失不大，待他写完全书后，换了一个书名重新出版，也就是名重一时的《子夜》；老舍的小说既不留底，又不肯再"默写"，结果是《大明湖》永远消失了；而巴金，却在编辑徐调孚的鼓励下，凭着记忆硬是把这部小说重写了一遍，第二年2月份起就在《东方杂志》上与读者见面了。巴金重写《新生》是在1932年7月，正是骄阳似火的季节，他独坐在法租界花园别墅三楼的一间房内，"日也写，夜也写，坐在蒸笼似的房间里，坐在被烈火般的阳光焦炙的窗前，忘了动，忘了吃，这样经过了两个星期的夏季的日子以后，我终于完成了我底'纪念碑'"②。这纪念碑只是一个证明：侵略者的战火能够毁掉坚固的建筑和人的血肉之躯，但它毁不掉一个中国人的创造冲动和文化精神。

从1932年2月到7月，是巴金继1931年来的又一个创作高潮。

---

① 可参读《伍禅老师在座谈会上的讲话》和巴金《怀念一位教育家》，载《无题集》。

② 引自《〈新生〉自序二》，载《全集》第4卷，第16页。

这期间他去了一次闽南，游了一次杭州，而且是在战火焚烧的情况下，能够利用的时间不会超过五个月，可是他连续写作了几部中篇小说：从3月起，他开始写《海底梦》；5月上旬自闽南回来，就着手写《春天里的秋天》，6月又接着写反映个旧锡矿工人生活的《砂丁》，紧接着7月内又完成了《新生》的重写，这期间，他还分几次续完了《爱情的三部曲》之二《雨》，字数计在36万以上。这种精力的旺盛与生命力的膨胀，令人惊讶不已。

这样拼命的写作实践对巴金本来就衰弱的身体没有多少好处，笔者从缪崇群1932年底给巴金的一封信里知道，巴金当时的身体状况很不好，信中这样写道："你的身体怎么弄得这样衰弱下来？转地疗养或许好些，南游的计划还是能实现得好。"① 缪崇群本身患肺病，语中多伤感，寄寓了对巴金的一片拳拳爱心。从中我们不难想象：繁重的缺乏规律的写作生活损坏了巴金的健康，然而病态的心理又支配他更加变态的写作生活，使他把写作当作一种苦恼宣泄、消耗生命的方式，以此来掩盖自己日愈加重的信仰危机。

在1931年11月写的《光明》集序里，他几乎不能自制地写了这样一些话："这一年来不知道怎样，我竟然把患病以外的全部光阴花在写作上面。每夜、每夜，一切寂静了，人间的悲剧也都暂时结束了，我还拿着笔在白纸上写黑字，好像我的整个生命就在这些白纸上面。这时候我的眼前现出了黑影。这个黑影逐渐扩大，终于在我的眼前变成了许多幅悲惨的图画。我的心好像受到了鞭打，很厉害地跳动起来，我的手也不能制止地迅速在纸上移动。我自己也不再存在了，至少在这个时候。不仅是一个阶级，差不多全人类都要借我的笔来倾诉他们的痛苦了。他们是有这个权利的。在这个时候我还能够絮絮得像说教者那样说什么爱人，祝福人的话吗？"②

---

① 引自缪崇群给巴金信手稿，现藏中国现代文学馆。
② 引自《〈光明〉序》，载《全集》第9卷，第161—162页。

就这样，巴金以一种病态的写作热情，慢慢地走出了原来封闭式的生活圈子，走向了社会，也走向了文艺界，他开始在中国新文学的发展史上小心翼翼地开拓自己独特的行走轨迹。巴金常喜欢说自己是"闯"入文坛，这个闯字表现了他桀骜不驯的独立性。20世纪30年代的中国文坛是流派林立，文人斗法最厉害的时期，而巴金对这些争斗毫无兴趣，他从不在文艺观点，也不在政治观点上去寻求认同者（在这些方面他有着不可认同的独立性），他只相信友谊，只认识朋友，在友情这个界限内，他把复杂浊恶的文坛斗争处理得相当妥善。所以在他发表作品的刊物中，会有近国民党官方的《文艺月刊》，这本是十分令人奇怪的现象，但更奇怪的是他竟在这个刊物上发表了抨击现实最强烈的《雨》。巴金与这个刊物的主编王平陵、徐仲华显然没有什么关系，巴金最初与这个刊物的联系是一个叫"左兄"的朋友，关于这位"左兄"的情况，笔者一无所知，或许他就是抗战时期通知巴金关于缪崇群死讯的左胥之。通过左兄，巴金又认识了散文家缪崇群，缪也是这个刊物的编辑，在缪的友情的催促下，巴金定期地为《文艺月刊》提供稿件，直到"一·二八"以后缪崇群离开了南京，他才与这个刊物疏远。① 同样，他在姚篷子主编的左联刊物《文学月报》上也发表过小说，但自周起应接编这个刊物后就中止了联系。他更多的是把作品发表在一些政治态度中立的大型文艺刊物上，先是商务印书馆的《东方杂志》和《小说月报》，开明书店的《中学生》，1932年以后又有《现代》《申报月刊》，1933年有《文学》，1934年有《文学季刊》和《水星》，此外还有上海《申报·自由谈》《太白》《漫画生活》《时报》，南京的《创作月刊》《大陆杂志》，天津《大公报·文艺副刊》，等等，也有一些无政府主义朋友编的刊物。这些刊物品位不低，影响也广，包括了各个阶层、各个方面的读者群，这使他的作品渗入

---

① 但在1932年底，《文艺月刊》上还登过巴金的小说《堕落的路》。

到广大的读者中去，知名度迅速地增强。

巴金的名声越来越高，熟人越来越多，向他拉稿的刊物也愈来愈多，到1932年的后半年开始，巴金一面旅行，一面写短文，署了他的名字的作品像天女散花似的出现在各个刊物上，但较大构思的作品却不多了，取而代之的是短篇小说、散文、随笔和杂文。文章越写越短，从1932年下半年到1937年上半年的五年中，巴金只写过两个篇幅都不大的中篇小说。这期间出现一些比较粗制滥造的应酬在所难免，这不但使巴金本人感到痛苦，也使一些爱护他的老作家和朋友们感到担心。巴金处女作《灭亡》的责任编辑叶圣陶，先是编《小说月报》后又编《东方杂志》的老编辑徐调孚，都曾托索非带过口信，要巴金慎重发表文章，但巴金没有接受这样的劝告。很显然，他对写作的看法与一般作家不同，他从不考虑自己在文坛上的名声，更不考虑艺术的永恒，他只求宣泄心中的热情，只求他在与读者的交流和沟通中平衡自己的内心。1933年他在平津道上旅行期间写的散文《灵魂的呼号》，倾吐了这种想法："我不是一个文学家，也不想把小说当作名山盛业。我只是把写小说当作我的生活的一部分，我在写作中所走的路与我在生活中所走的路是相同的……我的文章是直接诉于读者的，我愿意它们广泛地被人阅读，引起对光明爱惜，对黑暗憎恨，我愿意我的文章完成了它们使命过一个时期就消灭到无踪无影，我不愿意它们永久孤寂地躺在名人的书架上，所以我毫不抱怨地拿文章来应酬朋友，让它们出现在各种刊物上面。我的文章是写给多数人读的。我永远说着我自己想说的话，我永远尽我在暗夜里呼号的人的职责……"

"暗夜里呼号的人"，这是巴金给自己加上的一个称号，在他第一本小说《灭亡》的头一章，标题就是"无边的黑暗中一个灵魂底呻吟"，这一个灵魂，始终是那么不安宁、那么痛苦，这种痛苦发泄在写作中几近于自虐，如他在同一篇文章中所叹息的："我这样不吝惜我的精力和健康，我甚至慷慨地用我日后的几年的生命来换这八十多万字。我每写完一本书，总要按摩自己的膀子，我明知道这本书又吞食了我一些血和肉，我明知道它会使我更逼近坟墓，虽然说是慷慨，但我也不能没有悲戚……我直直地望着面前写成的稿子，想到过去和现在有一些像我这样的年轻人怎样过着充实的生活的事情，我的眼睛就润湿了……我是在怎样的一种情形下面糟蹋我的年轻的生命。"这种夸张了的自暴自弃情绪，只有在我们理解了巴金的人格分裂的痛苦以后，才能信其全部真诚性。

不安定的灵魂与不安定的生活是一致的。自宝光里的住房被炸了以后，整整三年中巴金始终过着"不安定的漂游生活"，生理上的疾病和心理上的痛苦都需要他"转地疗养"。他把疗养当作了旅游，使精力与体力得以恢复和调剂，这期间巴金几乎马不停蹄，奔波于南北两地，但有趣的是，南北不同方向上的漂游给他精神上带来完全不同的反应。尽管巴金声称他的旅行"不是为了游山玩水，只是去寻求友谊"，但南北友谊圈子是不同性质，也不同范围的，这使巴金长久地在理想与现实、事业与写作、热情与纠葛之中摇荡，一如他人格的两极，在这旅行中出现反复的轮回。

四、南国的梦

我们接下去要探讨的是巴金几次南下的动机与感受，要看一看他在风景宜人的南国究竟做了一个怎样的梦。

巴金20世纪30年代曾三次南下泉州晋江一带，一次远游广东。他在《旅行随笔》的序里写了这么一段话："朋友们给我的东西确实太多太多了。然而我拿了什么东西来报答他们呢？我是一个心地贫穷的人，我所能够献出来的，除了这生命外，就只有一些感谢的表示。所以我要到各地方去看那些朋友们温和的面孔，向他们说一些感谢的话语，和他们在一起度过几天快乐的时间。抱了这个目的，这一年来我走过不少的地方，而且我也许还要继续走下去，到另一些未曾有过我的脚迹的地方去,我并不是为了喜欢'名山大川'才开始旅行的,虽然我也很想知道一点各地方人民的生活状况。"这类话他说过多次。30年代以后,巴金与昔日同志的关系,仅限于私人间的友谊,而非为一个共同理想而战的战友。这是一个基本的事实;巴金虽然数次南下结交新友旧知,他赞美他们,钦佩他们,甚至一定程度上羡慕他们,但这种心情仅仅是站在他们的友人地位上发出的,他并未参与到他们的活动中去,更没有成为他们中的一分子。这是笔者理解巴金与30年代中国无政府主义活动的关系的一个前提,与巴金在20年代作为无政府主义运动中的一分子的立场是不同的。

这样一个前提下,我们再来看20世纪30年代闽南、广东的这些朋友们的活动背景。在前两章里,笔者曾描绘了大革命前的中国无政府主义的政治运动,主要是在上海和广东开展的,但1927年以后,政局骤变,国民党在中国建立了统一的政权,共产主义与无政府主义作为政治上的异端力量都遭镇压。有一部分广东、福建的年轻无政府主义者都聚集到福建泉州、浙江温州等地,深入到农村山区,先是打算筹办武装力量,当这些努力都失败后,鉴于搞军事活动之不可能,他们又转向群众组织、文化教育等方面的工作。此时上海的无政府主义运动基本解体,两股力量合在一起,把泉州、晋江等闽南一带的活动搞得火红。① 泉州黎明高中正是这些工作中的一个重要环节。关于它的成立,现引中国新闻社的报道是这样的:"1929年,著名教育家蔡元培和马叙伦来到泉州,建议在泉州创办一所高级中学,为社会培养人才。当时在泉州的许卓然、秦望山向海外募捐办起了黎明高中,由梁龙光担任校长。"② 这里提到的许卓然,是"同盟会会员",梁和秦都是无政府主义者,秦望山在30

---

① 本书所引范天均的回忆,参见《访问范天均先生的记录》,第1039—1048页。
② 引自周景济《访问泉州黎明学园》,载中国新闻社《中国新闻》第9536期。

年代初曾用国民党名义搞过党务"宣传员养成所",暗地里搞无政府主义的武装,为泉州发展无政府主义运动培养了一批骨干,所以这个学校成立时就有较浓的无政府主义色彩。无政府主义者范天均回忆里干脆这样介绍这所学校:"创办'黎明高级中学',作为无政府主义活动的重要据点。以关帝庙为校址,向各界民众和华侨筹款做经费,1928年夏秋间创办,一共五年之久。校长梁龙光,教员多是'少联'盟员和劳大教师,卫惠林、吴克刚、陈范予、陈君冷、范天均、许谦等都在该校活动。学生多是华侨子弟和贫苦家庭出身的子弟。教学内容多是宣传无政府主义。"范天均的回忆总是言过其实,有不少地方与事实有出入,把无政府主义力量夸大并正规化了。但这段回忆,除去一些政治化的断语(如"重要据点"之类的说法)不一定妥当外,基本的情况还是有一定依据的。"少联"是指"少年中国无政府主义联盟",劳动大学是国民党与无政府主义合办的,师资来源决定了这学校具有无政府主义的政治倾向。教员中卫惠林大约跟巴金一样,只是在黎明高中讲过学,但吴克刚以下几个在20年代都是无政府主义者大致无误。唯许谦的情况不甚了解。但从许谦回忆[①]黎明高中教师中与他关系密切的人,有梁龙光、姜种因、王鲁彦、郭安仁、陈君冷,这些人或是无政府主义者,或有较浓的无政府色彩。泉州平民中学的情况基本也是如此,但色彩可能淡一些。据有的回忆说:"这所初级中学原来是由当地热心教育人士苏秋涛先生创办的,经费是向南洋华侨募集的,为数不多,也不固定。……学校里没有一位工友,清洁卫生、杂务工作都由师生自己来做。住校的老师和寄宿的学生同住在一间寝室里面,伙食也由师生共同办理。"[②]"平中"的校长有好几任:刘青山、陈范予等。校务主任先后有伍禅、叶非英,校长并不在学校负责实际责任,"平

---

① 引自许谦《美好的回忆,奋斗的历程》,载《信息》1982年第2期。
② 引自吴朗西《忆平中》,载《信息》1984年第6期。

中"的主要校务工作是叶非英负责搞的。教师里还有袁志伊、吴朗西、袁继热、陆圣泉、陈瑜清、俞福祚、张正楷、朱舜葩、卢采等人。这些人中，不一定都是无政府主义者，但像陈范予、叶非英、袁志伊、袁继热等无疑是无政府主义者，吴朗西、伍禅多少有些联系。无论教师是否属无政府主义，学校的教学方式和办学制度上，都带有浓厚的理想色彩，这可能与无政府主义也有关系。我们姑且可以推想，当无政府主义者在政治军事上无法取得成功的情况下，他们将这种理想主义转向教育，使无政府主义的人格修炼落实到具体的日常工作中去，为己是修身养性，为公是教育培养青年，可以说这是中国无政府主义在30年代活动的主要方式。

但教育并非是闽南无政府主义者唯一的工作，据范天均的回忆：1928—1933年泉州无政府主义者的主要活动除了办黎明高中与平民中学外，还有五个方面：

一、主持"晋江县总工会"，由范天均负责，组织工人反对资本家罢工，为改变工人的生活而斗争。工会会员发展到五千至一万人。下层基层工会有十个至二十个，有交通汽车工会，印刷工会，电灯工会等，总工会还有武装的工人纠察队，曾阻止过土匪高为国进入泉州。后来土匪陈国辉占领泉州，各工会均受破坏，工会指导员谢宝儒被杀。

二、1929—1931年间组织厦门机器工会，并组织电灯工人罢工，负责者是湖北人董寄虚。

三、主办《泉州日报》，社长张赖愚，是无政府主义在福建公开的报纸，与厦门的《民钟日报》并驾齐驱，远销南洋。

四、进行世界语活动，宣传大同思想。除了在几所学校里开设世界语课程外，袁国钦等人还组织过"泉州世界语学会"，办过刊物。

五、在闽南进行反迷信活动，工会曾发动青年学生毁庙宇，引起过南京政府下令限制的事件。

范天均的回忆里可能有夸张的地方，但上述五个方面的工作，笔者都曾找到过旁证，证明当时确有其事。限于篇幅，这里就不一一介绍，但这些活动与巴金的创作，都发生过一点联系。

巴金三次去泉州，他的主要目的是探望朋友，或可说，他是以一个局外人的眼光去看这些昔日同志们的努力的。但这种隔膜，并非一开始就形成，而是随着巴金对运动的失望而逐渐加深的。1930年夏秋之交他第一次来泉州，是应黎明高中校长吴克刚的邀请来的。同行者是卫惠林。这三个好朋友曾在巴黎探讨过无政府主义与实际问题，现在又碰在一起，国内的形势有了很大的变化，但他们的热情与理想似乎还一如既往。这一次南下对巴金来说印象很深，1939年他身陷孤岛时，还充满诗情地想到了这次船到厦门，住在鼓浪屿的厦门酒店三楼望大海的情景："白天我们到外面去，傍晚约了另外两三个朋友来。我们站在露台上，我靠着栏杆，和朋友们谈论改造社会的雄图。这个窄小的房间似乎容不下几个年轻的人和几颗年轻的心。我的头总是向着外面。窗下展开一片黑暗的海水，水上闪动着灯光，漂荡着小船。头上是一片灿烂的明星。天没有边际，海也是。在这样伟大的背景里，我们的心因为这热烈的谈论而无法安静下来。有一次我们抑制不住热情的奔放，竟然匆匆地跑下码头，雇了划子到厦门去拜访朋友……"① 这就是1930年的巴金，与两年前在巴黎时的热血青年没有多少改变。那一次到了泉州以后，他住在吴克刚的寝室里，与他交往的有陈范予、袁国钦、叶非英、沈一叶等，"在十二年前那个南国的秋天里，我们在武庙的一个凉台上喝着绿豆粥，过了二三十个黄昏，我们望着夜渐渐地从庭前两棵大榕树繁茂的枝叶间落到地上，畅快地谈论着当前的社会问题和美丽

---

① 引自《南国的梦》，载《全集》第13卷，第284—285页。

的未来的梦景"①。不久,吴克刚因伤寒而住院,几乎丧命,陈范予帮忙照料学校,巴金也在一旁帮忙,"偶尔我也坐坐办公室,帮忙办一点杂事"②。应该说,巴金第一次来泉州时,他还是一个参与者,他满怀激情,自然而然与朋友们融为一体,成为他们中的一分子。那时候的巴金,对理想还没有完全丧失热情,他在泉州翻译了蒲鲁东的《何谓财产》,而且从领导厦门工会的无政府主义者董寄虚那儿了解了工人反对当局的斗争。董因为领导电灯厂工人罢工而被捕,在狱中写下了一些动人的日记,记叙狱中情况和自己思想。这本狱中日记被巴金带回上海,第二年写《新生》时,根据它提供的材料改写成李冷被捕的心理活动。③

在另一处的回忆中,巴金是这样描绘这些南方朋友的生活:"有一个时候,我的确在那些好心的友人中间过了一些日子,我自己也仿佛成了故事中的人物。白天在荒凉的园子里草地上,或者寂寞的公园里凉亭的栏杆上,我们兴奋地谈论着那些使我们热血沸腾的问题。晚上我们打着火把,走过黑暗的窄巷,听见带着威胁似的狗吠,到一个古老的院子去捶油漆脱落的木门。在那个阴暗的旧式房间里,围着一盏发出微光的煤油灯,大家怀着献身的热情,准备找一个机会牺牲自己。"④——这段描写巴金写于1939年孤岛时期,有些情绪不能不带上当时的幻想:把朋友们的教育事业政治化和传奇化了,但由此我们看到巴金与南方这些无政府主义者的认同与区别。巴金对他们那种全部地贡献于教育事业,在点点滴滴的改革中施展自己的理想的做法并没有很深的理解,他只是赞美他们,但并不看重,反之,他所看重的,依然是在这表面的埋头苦干掩盖下的政治激情,他对这种激情所寄予的希望可能要比他们实际从事的工作更大,这

---

① 引自《悼范兄》,载《全集》第13卷,第475—476页。
② 引自《谈〈春天里的秋天〉》,载《巴金论创作》第351页。
③ 引自《谈〈新生〉及其他》,收《巴金论创作》第206页。
④ 引自《黑土》,载《全集》第13卷,第280页。

就造成巴金对南方无政府主义者的认同点与他们实际从事的工作之间的距离。这种距离我们在巴金的小说创作中也可以看到：他写《新生》采用了董寄虚的故事，写《星》，采纳了泉州工人纠察队阻止土匪高为国进攻泉州的故事，《电》更是绘声绘色地写了厦门（或是泉州晋江一带）的工会、妇会、报社，以及养蜂事业等无政府主义的活动，但泉州朋友们最重要的教育工作，却从未进入他的艺术构思。（《春天里的秋天》是唯一以泉州黎明高中发生的一桩恋爱事件为题材的，可是作家完全避开了对学校的描写，把故事移到鼓浪屿去了）。

巴金第二次去泉州与袁志伊同行，时间是1932年4月或5月。袁在泉州从事养蜂事业，又是一个忠诚于自己理想，甘愿牺牲个人幸福的同志。郑佩刚关于西湖会议的回忆里也有他的名字。巴金在一封信中曾说他第二次去泉州是和袁住在他所租来的房子里，有一至两星期；但在其他一些回忆里，又说是住在平民中学校务主任叶非英的宿舍里。这时候的叶非英已经从两年前"穿着蓝色西装上衣和白色翻领衬衫，服装相当整齐"的漂亮青年变成了又病又瘦，"微驼着背，一身肮脏的灰布学生服，一头蓬乱的头发，陷入的面颊"；他为学校工作消耗尽了自己的青春与健康，换来朋友们称他"耶稣"的尊敬。① 巴金描写自己在叶的寝室里度过的难以睡眠之夜的情况："晚上我睡在他的房间里，他们为我安置了帆布床。煤油灯被吹熄后，屋子都是蚊虫声。他却睡得很好。我不能睡。我睁开眼睛，望着阴暗的空间，我想到今天听见人谈起的这个朋友的痔疮和虱子的事。两年前他穿着翻领衬衫的姿态在黑暗中出现了。这两年间一个人的大量的牺牲和工作成绩折磨着我。我拿我自己的生活跟他相比。我终于不能忍受这寂寞，我要出去走走。我翻身站起来，无意间一脚踏灭了蚊香，发出了声音，把睡在对面帆布床上的他惊醒了。'你

---

① 引自《怀念叶非英》，载《无题集》第145页。

做什么？还没有睡？'他含糊地问道。'我闷得很。'我烦躁地回答。'你太空闲了。'他梦呓似的说了一句，以后就没有声音了。我再说话也听不见他的回答。"①这种寂寞难眠不但与旅途后的兴奋、睡眠习惯有关，还暗示了一种心灵没有沟通的不安。叶非英是广东人，虽也信仰无政府主义，但他没有参加过上海的无政府主义活动，社会关系、朋友圈子、兴趣爱好都与巴金不一样，他是1930年夏秋来泉州工作，比巴金晚到两三天，巴金第一次在泉州聚友长谈的豪兴，叶非英没有参与，或可以说，他更注重实干，把自己的感情倾注在具体的事物之中，而不喜欢海阔天空地摆龙门阵。巴金这次来泉州，朋友似乎不多，吴克刚早已离去，丽尼和鲁彦估计也不在了，陈范予虽然挂着平民中学的校长，但也不常在泉州。吴朗西是1932年8月去平民中学的，伍禅也同时去，陆圣泉等人是由吴的介绍才去的，所以时间更靠后。据吴朗西回忆，他到平中时，平中的教师有苏秋涛、刘青山、叶非英、卢采、袁国钦、袁继热等，与巴金一起战斗过的同志并不多，他感到了自己是个局外人。这一次他没有像上次那样"坐在办公室里帮忙"，而只是"在旁边看他（指叶非英）如何生活，如何工作"。并说，"我不能做任何事情减轻他的负担，我又不愿意照他那种方式生活。……经过十天的接触，我们成了谈话毫无顾虑的朋友，但还不能说是互相了解"②。这次游泉州回来，他只是捐了两箱图书给这个学校，其他的事情也无法做了。

有一篇当年的"平中"学生的回忆文章似乎也谈到了巴金这次在泉州的情况："（'平中'的）师生们虽然准备为他举行些大的欢迎会，却被他婉谢了，甚至连个座谈会也没有举行。……晚饭后他常在文庙的大石埕散步，看到学生们在大榕树下闲谈，也微笑地走近和我们打招呼，有时也坐在树下面的石板上跟我们交谈。他曾

---

① 引自《南昌的梦》，载《全集》第13卷，第287页。
② 引自《怀念叶非英》，载《无题集》第146页。

同我们讲述十九路军在淞沪英勇抗击日本侵略军事迹和抗战失败的原因,讲得很激愤,使听者燃起一腔热火,甚至激动得掉了眼泪。他也曾向同学们征询对他的作品的意见。"① 巴金这次是在"一·二八"后不久去泉州的,讲十九路军的事完全有可能。这段回忆多少绘出了巴金二次游闽的生活剪影。他这次南下收获不小,访问了新门外著名"桂林"荔枝之乡延陵村和南门外盛产龙眼的青蒙乡,还在朋友沈一叶等人的陪同下到浮桥外高山村探望了一名因封建婚姻而疯了的姑娘,由此激起灵感,回上海后,他把这位疯姑娘的故事和另一位朋友郭安仁的爱情故事结合起来,创作了动人凄艳的中篇小说《春天里的秋天》。

巴金第三次下泉州是在1933年5月初,这一次是同陈洪有去广东旅游,中途在厦门、泉州逗留了一周左右的时间,仍住在平民中学,但没有留下多少记载,估计这一次见到的熟朋友应比上一次多一些,吴朗西、伍禅可能都在,还因吴朗西的介绍认识了许多新朋友,其中就有散文家陆圣泉。叶非英更加瘦弱了,但学校却有了发展。离开泉州后,巴金在一篇散文中说:"我在他们中间生活了将近一个星期,我不曾给他们帮过一点忙。我沉默地旁观着一切,当他们要我写下一点感想的时候,我甚至回答说我没有什么感想。"可是当他住在鼓浪屿日光岩下的一个旅舍里,夜里听着窗外的雨声、风声、海涛声,再想起那古城里所发生的一切时,"热情"开始来折磨他了,他的眼泪禁不住淌了出来,他抓起笔来给朋友们写信,热情就像瀑布一下从他笔底喷泻而出:

你们是献身于一个教育理想的人你们在极其贫困的环境里支持着两三个学校使得许多可爱的贫家孩子也尝到一点人间的温暖受到一点智识的启蒙你们的那种牺牲精神可以使每个有良心的人流下感激的眼泪没有充足的饮食没有充足的睡眠没有充足的休息你们沉默

---

① 引自蒋刚《巴金同志在平中》,载《信息》1981年第2期。

地把那沉重的担子放在肩上从没有过一个时候发出一声怨恨你们忘记了自己的健康忘了自己的家庭你们只知道一个责任给社会制造出一些有用的好青年你们也许不是教育家但你们并不像别的教师那样把自己放在学生的上面做一个尊严的先生你们生活在学生中间像一个亲爱的哥哥分担学生的欢乐和愁苦了解那些孩子教导那些孩子帮助那些孩子……

在信的最后，巴金还说："我的心还在你们那里，我愿把我的心放在你们的脚下，给你们做一个柔软的脚垫，不要使你们的脚太费力。"①

从这些火一般的文字中我们不难看出巴金对泉州朋友们的态度：他既是他们的局外人，又对朋友们的"殉道精神"满怀了感激之情，他在他们中间，仅仅是寻找友谊，寻找安慰。当时上海的无政府主义运动早已销声匿迹，朋友中也发生了很大变化，我们从巴金1932年写的小说《雨》中可以看到，他在小说里讽刺了不少自己的同志，被巴金称为"年长的朋友"的沈仲九，原来在年轻无政府主义者中享有很高声誉，他在20世纪20年代曾模仿克鲁泡特金的笔法写下《告中国青年》，风行一时，还一度办自由书店、《革命周报》、劳大工学院，主编出版《自由丛书》，可以说是名噪一时。但在30年代他匆匆结婚，跑到福建省当省政府参议，终于走了原先反对的吴稚晖、李石曾的道路。还有吴克刚，一场伤寒病使他离开泉州，到河南后也开始婆婆妈妈起来，有一次带了学生来浙江一带参观，那些学生拿了教育厅县里的津贴购买大批香粉，造成很不好的影响。巴金不能不对这位敬爱的昔日战友感到失望……② 当时卫惠林早已离开上海，卢剑波在1931年冬因病回四川休养。毛一波从日本回来后，搞起文艺批评和创作，索非也继续从事编辑工作，信仰与主义

---

① 引自《南国的梦》，载《全集》第13卷，第285页。
② 《雨》中李剑虹影射沈仲九，张小川影射吴克刚。

都已成广陵散绝。而巴金,也仅仅是在纸上苦苦挣扎,呼号内心的矛盾,在他挣扎得最绝望的时刻(恰是他创作的最丰产期),他戛然停笔,南下旅游,用朋友们默默的献身精神来重温自己远去的理想:"在这里每个人都不会为他个人的事情灰心,每个人都没有一点顾虑。我们的目标是'群'、是'事业',我们的口号是'坦白'。"这里巴金用了"我们"这个词,仿佛又回到少年时代在成都组织"均社"的情景,但生活道路毕竟是复杂的,平凡的教育事业不是巴金所能从事的工作,所以他后来说:"我本来应该留在他们中间工作,但是另一些事情把我拉开了。我可以说是有着两个'自己'。另一个自己却鼓舞我在文学上消磨生命。我服从了他,我写下一本一本的小说。但是我也有悔恨的时候,悔恨使我又写出一些回忆和一些责备自己的文章。"①

现在所剩的还有一次广东之旅,不妨做些简单的补充,因为这次旅行巴金有过详细的记载,无须传记作者再来饶舌。第三次下泉州以后,巴金与陈洪有继续南下,经香港、广州以后,到达新会篁竹乡的西江乡村师范,这是陈洪有和他的朋友们一起创办的。陈1930年毕业于上海劳动大学,并受陶行知办学经验的影响,于1932年创办这所学校,在实践中研究和试验乡村教育,贯彻知行合一、手脑双全的学说。巴金后来描述过这所学校,"像一个和睦的家庭,大家在一起学习,一起劳动,一起作息,用自己的手创造出四周美丽的环境,用年轻的歌声增添了快乐的气氛"。这种教育制度和方法大约与泉州几所学校差不多,都是强调正义、互助和自我牺牲三者的结合,使人性在这里得以自由发展。巴金是1933年5月31日到新会,在学校住了三天,随后到县郊的天禄乡、天马乡的茶坑乡游览访问三天。天禄乡是叶渠均的故乡,叶与夫人区雄巾不但在那儿从事教育改革,而且开展农运、妇运等各种活动,叶还竞选上了

---

① 引自《黑土》,载《全集》第13卷,第282页。

乡长，领导农民反对土豪劣绅的斗争。巴金根据这些素材创作了《月夜》等小说。茶坑乡是梁朝令的家乡，也是清末"维新运动"著名人物梁启超的故乡，绿水青山，风景宜人，巴金曾在那儿与朋友一起登上高高的熊子塔（熊，能字下三点，音"坭"）。天马乡是陈毓就的故乡，那里办了两所小学，都是西江师范特约实习小学，天马乡也是有名的风景区，巴金在陈毓就等朋友的陪同下，划船游了"雀墩"，回来后写下文采灿烂的散文《鸟的天堂》：

起初四周非常清静。后来忽然起了一声鸟叫，朋友陈把手一拍，我们便看见一只大鸟飞起来，接着又看见第二只，第三只。我们继续拍掌。很快地这个树林变得很热闹了。到处都是鸟声，到处都是鸟形。大的，小的，花的，黑的，有的站在枝上叫，有的飞起来，有的在扑翅膀……一只画眉飞了出来，给我们的拍掌声一惊，又飞进树林，站在一根小枝上兴奋地唱着，它的歌声真好听……[1]

可惜笔者没有去过这个风景如画、生命扑腾的美丽地方。据说"雀墩"是一棵富有生命力的老树，被当地奉为"风水宝地"，历有"白鹤晚归灰鹤出，居然独木可成林"之誉。后来因发展工业，环境污染，鸟的天堂也随之失去。近年来，当地政府为了保护这块因巴金的散文而闻名的美丽地方，重新开辟旅游点，迁走工厂，修筑公路，在"雀墩"前建起三层高的"观鸟台阁"，吸引小鸟重新返回故居……巴金游了三乡之后，又做了一次新宁铁路上的旅客，去公益会见校董黎百强先生，在东渡潭江的时候，他亲眼见到工人操纵机器，指挥渡船的壮丽情景，对工人、对机器，以至对现代都市文明的赞美之情油然而生，他想起克鲁泡特金赞美机器文明时把它称作"一首真正的诗"，禁不住写下了《机械的诗》，这是巴金歌颂现代都市

---

[1] 引自《鸟的天堂》，载《全集》第12卷，第150页。

文明的唯一的一篇文章。①

巴金在6月7日又回到西江乡村师范,6月8日晚上参加了学生们举行的谈心会,向来不善于当众说话的巴金在会上结结巴巴地说了一通"要爱真理,要忠实生活"的话,最后他向同学们说出了自己早在赴巴黎时就立下的生活信条:"忠实地行动,热烈地爱人;帮助那需要爱的,反对摧残爱的;在众人的幸福里谋个人的快乐,在大众的解放中求个人的自由……"说这些漂亮的话容易,朋友们在实践中的献身精神对他不能没有触动。在谈心会结束,学生们都散去以后,他还一个人默默地留在月光里,赤着脚,在露水重重的草地上散步,心中一个渴望久久折磨着他:我的生命要到什么时候才开花?②

南方这些朋友们的努力没能走得更远,"闽变"后不久,对泉州黎明高中和平民中学的压迫就来了,1934年5月,晋江驻军头目沈发藻借口学校演出话剧《出路》,批评兵甚于匪,逮捕了陈君冷、陈侃两位教师和一名学生,并封闭了学校,结束了20世纪30年代中国无政府主义者的一种可贵尝试;1935年陈洪有等人也因办农民夜校而受当局迫害,西江乡村师范被迫停办。

巴金的南国的梦也做完了,他写了一本《旅途随笔》记载这次广东之行,书里记下了他在新会的那一段感人的生活,也记下了在广州住了一些日子里所遇见的种种愤怒与失望。

五、北方的呼号

巴金在20世纪30年代的北游比南行稍晚一些,是与南行交错进行的。有意思的是,在这种交错旅行中,他的生活圈子、活动方

---

① 本段参阅欧阳可羽《巴金在西江乡师》,载《巴金文学研究资料》1989年第1期。

② 引自《谈心会》,《全集》第12卷,第136页。

式以及心理状况都发生了截然不同的变化。本章中笔者反复论证巴金的写作道路与人生理想的分裂,这种分裂正好象征性地反映在他的南北旅游之中:南方,朋友都是非文学性的;北方,他的朋友都属于文学圈子内。南方,他时时受着理想的鼓励,火热的太阳,湿润的泥土,美丽的风光,都使他心灵充满了温馨,他做的是南国的梦;北方,他却时时感到了现实的压迫,干燥的气候,呼号的北风,传统文化的鬼魅,让他心里感到绝望与愤怒,他发出的是灵魂的呼号。南方给了他温和,北方使他感到恐惧:不仅是对严寒环境的恐惧,更重要的是,他对自己一天天陷入文学圈内却又不甘心如此下去的恐惧,他唯恐信仰会远他而去。这种不安的状态本身就是危机的表现。巴金有一句话说得很形象,他说南下旅行途中红色的土壤驱散了他从上海带出来的悒郁,茂盛的树叶给了他不少的希望,他的心将跟着车轮的滚动变得愈年轻了。① 但是人一往北方去,就会觉得自己正一刻一刻地变老,因为"这里的一切景物都给罩上了古老的、沉重的暗影"②。

  巴金初次北上是1925年,他没能考上北京大学,还检查出了肺病,弄得情绪很不好,但那时候他的事业正在发展,理想的光芒照着他的心灵,而现在这一切都如海市蜃楼般消失了,他以一个知名作家的身份第二次北上,是在1932年的9月,他刚刚经过了第二个创作高潮,完成了《新生》的重写以后。我们前面分析过,巴金走上写作道路就如结了一门不如意的婚姻,梦中情人可望却不可即;结成婚姻的那个女人富有刺激,虽不是他意中人,却能引起他的宣泄感情的欲望,他心中愈痛苦,就愈是陷入感情的泥淖不能自拔,愈不能自拔,也就愈是痛苦……他第二次北上时,正是抱着这种难以忍受的复杂心情出发的。

---

  ① 引自《黑土》,载《全集》第13卷,第280页。
  ② 引自《三等车中》,载《全集》第12卷,第209页。

关于这次北上，巴金没有多少记载，我们只知道他于9月初到青岛，住在沈从文家里，沈在山东大学教书，巴金在那里住了一个星期，接着就到北平，住缪崇群家里。害着肺病的缪崇群和同样害着肺病的缪夫人气喘吁吁地抱病陪他去故宫游览，参观了稀世珍宝，但巴金对这些珍藏的艺术品和古老的文化没有兴趣，他轻蔑地想：就是没有这些东西，中国绝不会变得更坏一点。回到缪家，他当晚就开始构思和写作那篇申诉自己艺术观的散文《灵魂的呼号》，声称他有"一个比艺术更长久的东西，那个东西迷住了我。为了它，我甘愿舍弃艺术"。几天以后，巴金就到天津去看望哥哥尧林。尧林大学毕业后，考进了南开中学教英语，过着平静而清寒的生活，一周领八十元的薪水。巴金在天津写完了《灵魂的呼号》，还写了一篇答《现代》编辑施蛰存的信，题目是《作者的自剖》，继续重申自己在文学和信仰之间的矛盾："有一种比艺术更有力的东西引诱着我，它随时都会把我拉去，使我完全抛掉文学的制作。我时时刻刻都在和它战斗，但时时刻刻都预备着屈服，我的生活就是在这种矛盾中过下去，我有时候拼命写作……为的是恐怕明天我会离弃艺术。明天我就会亲手割断自己的文学的生命。" 10月上旬，巴金回到上海，在病床上躺了好几天。

表面上看，他这一次北游行程很简单，很平静，但从他这一时期写作的内容看，他的内心正在进行很痛苦的挣扎。他从北方回上海后，由于发表的《灵魂的呼号》中说他将会结束自己的文学生活，于是各种小报上关于他的小道新闻更多，"我的生活就陷落在更多的造谣、利用、攻击、捧场里面。这些侮辱伴着病把我压得不能动弹"[①]——这是半年后巴金在一篇给他哥哥的信中这么说的。巴金在这一时期曾多次说到小报上发表的《访问记》《印象记》之类对他的谣言，这些小报现在可能已失传，倒是大报上也有这类文章——

[①] 引自《我的呼号》，载《全集》第12卷，第250页。

譬如天津《庸报》上有一位化名辣夫斯基者，曾用调侃的笔调写过巴金的"访问记"，许多细节当然是捏造的，关于巴金的笔名来源于巴枯宁和克鲁泡特金名字头尾的说法，从现在能看到的材料中，最早也是出于此篇。①——巴金曾被这些喊喊喳喳的谣言纠缠得痛苦不堪。

他继续写作，先是写短篇小说，先后结集成《电椅》集、《抹布》集和《将军》集。第二年的1月份起，他根据1931年长兴煤矿之游的素材写作了中篇连载《萌芽》，写到5月上旬才结稿。据作者声称，那部小说是在"不安定的漂游的生活"中写成的，有时还带着原稿跑了好几个地方。②但从这段时期的日程安排看，巴金似乎没有什么活动，唯一的一次外出是春上尧林来上海，两人一起游览了杭州，估计巴金是在这次游览中还在抽暇创作。其实这部小说写作不算成功，他原来打算模仿左拉，写出一部工人斗争的史诗，可是生活底子的薄弱与创作状态的不安定，使它没有获得应有的成功。但写作的风格是有所转变的，大概是左拉的影响吧，浪漫的、抒情的、伤感的风格让一种雄健的写实风格取代了，这是巴金小说风格转变的最初一个信号。

依前几年的习惯，每当写完一个较大的作品，巴金就要外出旅游一些日子，以平衡精神的疲劳。这次结束了写作后，他就与陈洪有做第三次南游，回到上海已是8月，再接着与朱洗等人一起游普陀山佛国，大约花了一个星期不到的时间。再紧接着就是北上，做第三次北游。这一次去北平的时间应该是1933年9月下旬，因为9月9日是沈从文和张兆和结婚的日子，巴金在上海获知这一喜讯，曾去电致贺，才决定北上的，途中在天津尧林处停留了几天，最早也得在9月20日以后才能抵达。这次他在北平逗留的时间比较长，

---

① 参阅辣夫斯基《中国长篇小说家巴金访问》，载天津《庸报》1933年5月16日—5月18日连载。

② 引自《萌芽付印题记》，载《全集》第5卷，第421页。

直到1934年的2月才回上海。他住在沈从文的新居府右街达子营，"那是一个小院落，正房三间外带一个小厢房，院子里有一棵枣树，一棵槐树"。被主人称为"一枣一槐庐"①。巴金到后，就住在沈从文的书房里，在那里，他结识了一批被称为"京派"的教授学者，也认识了一批正在崭露头角的青年诗人、小说家和剧作家，开始过名副其实的文坛生活。

这种生活对巴金来说也许是痛苦的，但毕竟又是现实的。在这次北上前夕，他似乎有一种预感：他过去所持的信仰已经离他而去，仅剩存一个空洞而美丽的幻想了。在第三次南下过程中，他只谈友情与献身，不谈信仰与实践。回到上海后，卫惠林夫妇来小住数天，临行那天，巴金和另一个昔日同志朱梅子（即梅弟，曾写过小说《争自由的儿女》，此时在上海开一家马来亚书店）一起上车站送行。归来的路上，两人倾心谈论未来的理想。巴金这样记载了这次谈话的内容："我们的心中都刻印着一幅未来的图画，这图画上所展示的，我们相信，是人类社会进化途中所必生活过的一个阶段。然而别的人不承认，他们说我们是拿了幻想来欺骗了自己。我们不觉得我们的错。那图画是洗涤不去的，当初它被刻印在我们的心上的时候，也曾费过不少工匠的力量，也经过长久的时间。对于我们它永远是鼓舞的源泉。"②语气中颇多阑珊，属于末路上的自勉而已。怀着这种情绪他当日晚上购票北上。在北平，他第一件事就是给中断了五年联系的爱玛·高德曼写信诉苦。其时他刚编完第五个短篇集《将军》，集子的序就是致高德曼信，在信中他向这位"精神上的母亲"发出惨痛的呼喊：

E.G.，我没有死，但是我违背了当初的约言，我不曾做了一件

---

① 引自凌宇《沈从文传》第300页。
② 引自《三等车中》初刊文，收《旅途随笔》，第144页。

当初应允你们的事情。我一回国就给种种奇异的环境拘囚着,我没有反抗,却让一些无益的事情来销磨我的精力和生命……这五年是多么痛苦的长时间啊!我到现在还不明白我是怎样度过它们的。然而那一切终于远远地退去了,就像一场噩梦。剩下的只有十几本小说,这十几本书不知道吸吮了我多少的血和泪……①

是对以往的忏悔,是对未来的恐惧,当初在巴黎所立下的献身誓言,他已经明显感到无法实现了。尽管在这封信中他又向高德曼做了若干许诺,包括他想跑到革命形势正在高涨的西班牙去参加实际工作。(这也可看出,巴金口口声声的"实际工作",不是指叶非英、陈洪有那样的教育改革,而是指革命的政治行动,可惜他一生从未参加过这类活动,留下的永远是忏悔。)

《将军》集编完后,他继续在沈从文家里创作小说,写了《爱情的三部曲》的一个插曲《雷》以及第三部《电》的前半段。这时沈从文正在写《记丁玲》和中篇小说《边城》。沈从文回忆说,那时,沈从文每天在院子里的老槐树下写作《边城》,巴金则在客室里着手中篇小说《雪》的创作,巴金写得快,沈从文写得慢,巴金过后对内容记得清清楚楚,但沈从文却写完后就忘了。②这里说的《雪》就是《爱情的三部曲》之三,后来才改名为《电》,足见沈从文记忆并不坏。

他的《电》是在燕大教师宿舍里完成的,可能是沈从文家里来了客人,③巴金便住到沈从文的朋友、燕京大学心理学讲师夏斧心的宿舍里。燕大教师宿舍环境幽雅,巴金说《电》是在"一个极其

---

① 引自《〈将军〉序(给 E.G.)》,载《全集》第 10 卷,第 3—4 页。

② 引自李辉《与巴金谈沈从文》,载香港《大公报》1990 年 4 月 19—21 日。

③ 据凌宇《沈从文传》记载,巴金在沈从文家住了半年,后来沈从文大姐一家来京,家里无法住下,巴金才迁到北海三座门(第 305 页)。

安静的环境里写下来的",但巴金的创作心情并不清闲,从他给爱玛·高德曼发出呼喊以后,他又一次开动想象力,把他三次南下所见所闻的一些事情,幻想成惊险的戏剧场面,把他的朋友们一个个送进永恒的死亡里。他在想象中仿佛参加了一场大战:"他写了雄和志元(以朋友黄子方为原型)的处刑,写了敏和方亚丹(以袁志伊为原型)的奇异的死,还写了一大批人的被捕……他后来说:'我写作时差不多没有停笔构思。字句从我的自来水笔下面写出来,就像水从喷泉里冒出来那样自然,容易。但那时候我的激动却是别人想象不到的。我差不多把全个心灵都放在故事上面了。我所写的人物都在我的脑子里活动起来,他们跟活人完全一样。他们生活,受苦,恋爱,挣扎,欢笑,哭泣以至于死亡。为了他们我就忘了自己的存在。好像不是我在写小说,却是他们自己借了我的笔在生活。在那三个星期里面我无论在什么地方,都只看见那一群人。他们永久不息地在我的眼前活动,不让我有片刻的安宁。……我写完这部小说,我快要放声哭了。'"确实,他在埋葬他的朋友们,埋葬他的事业,也埋葬了他的理想。他写了这么多的死亡、失败和流血,也许正是他已经意识到,他无法再以饱满的信仰去构想那理想的实现了。《新生》写完后,他曾经预告过再写一本《黎明》,如同左拉写《四福音书》那样来预告未来的理想图画。但这部书他再也写不出来,《电》以后,他没有写过一部较大篇幅的著作来歌颂他的主义与信仰了。

写完《电》,他可能搬出燕大,又回到沈从文家小住一段时间,然后搬到三座门14号靳以租的《文学季刊》社,与靳以一道住了。也有一种可能是直接搬到靳以处去,因为沈从文在1934年1月因母亲病重而返回湘西,到2月下旬才回来,而巴金在1934年初也曾去了一次上海,大约是2月底,在上海他编完了一本散文体自传,交第一出版社,随后回到北平,投入了《文学季刊》的编辑工作,尽管他没有在杂志社里负具体责任。

1933年至1934年正是北方文学蓬勃发展的时期。大革命后一度文化中心南移的寂寞局面已经过去,以北京的两座高校为中心,正形成一批融贯中西文化的教授学者的文学圈子。所谓"京派",照笔者的理解就是居住在京津一带文学工作者的创作与活动,以出道的先后可排列出三代人:周作人、冯文炳、梁遇春等《语丝》人马和杨振声、朱自清、闻一多等20世纪20年代出道的作家都是第一代;朱光潜、梁宗岱、林徽因、沈从文等20年代末成名的是第二代;其时还有一批更年轻的新秀正在跃跃欲试:写诗和散文的有何其芳、卞之琳、李广田、孙毓棠、季羡林,写小说的有萧乾、吴组缃,写戏剧的有曹禺、李健吾,写批评的有常风、李长之……他们活动的初期多带自娱性,主要场所是沙龙和报纸副刊。当时梁思成、林徽因的沙龙,朱自清、朱光潜搞的读诗会,沈从文、萧乾先后编的《大公报·文艺副刊》,都是名噪一时的京派阵地。30年代的文学形势也是鼎足三分:南京是国都,近官方的文学活动,总不受在五四新文化熏陶下成长起来的酷爱自由的知识分子的欢迎;上海是洋场,又有租界,文坛上形成了一派光怪陆离、新意迭出的都市文学思潮,既有左翼意识形态下的"反抗"文学,又有对西方新潮的生吞活剥,所谓"海派"之讥由此而来;而北平、天津一带是学府森严之地,燕京、清华的历史已在"五四"以来的自由主义传统中形成,朴实中见开放,对外来思潮也不保守,受到的压迫与政治干扰暂时还不大,正是新文学发展的理想环境。30年代文学的黄金时代,正在北方冉冉升起。但完成这种局面的,恰恰是南方去了几个作家:郑振铎、巴金和靳以。郑振铎是文学研究会的老将,与周作人等老一代京派关系不坏,他从1931年起受聘于燕京、清华两校中文系当教授,吸引了一批文学青年。靳以天生是个编辑,也是文坛上的活跃分子,他是天津人,在上海复旦大学毕业后,回到了北平,这时正以郑振铎—靳以为中心在积极筹办大型文学刊物《文学季刊》。巴金虽没有直接加入他们的圈子,但是在思想感情、文艺观点上,都与郑、靳诸人更为接近。

巴金与京派作家之间的桥梁是沈从文。其实他们俩结成好朋友是很令人奇怪的。这两人个性、出身、教养、人生态度、文艺观点都截然不同，沈从文从来也不曾赞同过巴金的信仰。巴金在文艺界选择朋友很是挑剔，王鲁彦、马宗融早年有过共同信仰，毛一波、索非本来就是同志，胡愈之是因为世界语的关系，其他的文坛朋友都是在20世纪30年代以后慢慢交上的，这时期巴金在文学界的好朋友，第一个是缪崇群，第二个就是沈从文。缪崇群性格柔和，对巴金怀着崇拜之情，而沈从文才是名副其实的诤友。但是巴金没有因为沈从文的关系再进一步被引进京派的教授学者圈子，相反，他对这弥漫浓浓贵族氛围的学术沙龙多少有一种格格不入的情绪。朱光潜、梁宗岱住在景山背后慈慧殿，他是去过的，但总是"敬而远之"，林徽因的沙龙是否去过不得而知，即使去了也不过是客人，不会对他的创作产生什么影响。

这种潜在的矛盾在编辑《文学季刊》中反映出来，据朱自清1934年3月25日的日记所载："下午，振铎兄见告，靳以、巴金擅于季刊再版时抽去季羡林文，又不收李长之稿。巴金曾讽刺即成式批评家，见季刊中，李匿名于《晨报》中骂之云。"[①]"即成式"大约是指"印象式"，文中讽刺一些凭"一时的印象"写"读后感"的批评家不知是否指李长之。季刊第一期载季羡林的一篇书评《夜会》，语涉对丁玲的批评。是时丁玲在狱中，巴金从茅盾处获知鲁迅对这篇书评有意见，便在这一期季刊再版时把它抽去。以至引起了郑振铎、李长之等人对巴金的不满。在季刊的第2期，巴金继续用余五、余三的笔名攻击"批评家"。在曹禺剧本《雷雨》发表一事上，编辑部似乎也有分歧。现在都知道曹禺（当时名字叫万家宝）是靳以的好朋友，他写了《雷雨》给靳以，靳以放在抽屉里多时，后来交给巴金看，巴金看后非常激动，就推荐给《文学季刊》发表。

---

① 引自《朱自清日记》，载《新文学史料》1981年第4期。

这件逸事想来也颇费解，靳以本人是季刊编辑，怎么反而要巴金来决定稿子的取舍？情理上说不过去。笔者曾读过一封巴金给萧乾的书信手稿，透露了这样一个曲折：靳以先将稿推荐给郑振铎，郑看后觉得剧本写得太乱，就搁置了。靳以无法再说，只好找了巴金帮忙。信的原话已记不清了，大致的意思是如此。笔者总觉得，编《文学季刊》的过程中，靳以与巴金比较亲近，而郑振铎则多少与他们有着些隔阂。郑是前辈作家，又是巴金最初文学创作的引路者，他们之间的矛盾不会很深，但若隐若现的冲突是存在的，以至到1935年底《文学季刊》停刊时公开爆发出来。

同样，巴金与京派作家的矛盾也在发展。先是短篇小说《沉落》的发表讽刺了周作人，其实这篇小说中的教授是一个在民族危亡关头依然鼓励学生埋头读书，以不相信既成事实，又以"不抗恶"为人生态度的典型人物，除了有一两个细节（如提倡明代小品）有点像周作人以外，并无影射之嫌。周作人本人也未必明白，但沈从文却为此不安，曾写了长信指责巴金："写文章难道是为了泄气？"当时已是1934年底，巴金动身到日本去了，两人在通信中辩论了一阵，巴金辩解说："《沉落》所攻击的只是一种倾向，一种风气：这风气，这倾向正是把我们民族推到深渊里去的势力之一。"① 到1935年，《文学季刊》上出现了马宗融和巴金夹攻王了一（王力）翻译错误的文章。1936年，巴金与朱光潜又爆发了一场"眼泪文学"的争端，进而引申到关于达·芬奇的画《最后的晚餐》是否是油画的争论，梁宗岱也卷了进去。巴金一连发表《向朱光潜先生进一个忠告》《给朱光潜先生》《几句多余的话》等文章，朱光潜也发表了《眼泪文学》《论"骂人文学"》《答复巴金先生的忠告》等文章。争论是朱光潜挑起的，朱批评巴金关于读《雷雨》"流了四次眼泪"的说法，但争端的核心则是巴金批评朱光潜《中国思想的危机》一

---

① 引自《沉落》，载《全集》第12卷，第465页。

文中要青年在"图书馆里困坐十年再来谈思想"的观点，并指责朱光潜说敬谈美，都是把"毒汁注射进青年的纯洁头脑"。在这同时，巴金又在《我只有苦笑》一文中讥讽了批评家常风对《爱情的三部曲》的批评。这些争端完全不涉及主义与信仰，纯属文坛上不同艺术观和人生观的争论。

巴金与京派文人的冲突曾被挚友沈从文劝阻，沈从文在巴金与朱光潜纠缠不清的时候给他去信。这封信后来收在沈的论集《废邮存底》里，他责备巴金："你代表了多数年轻人的感情，也因此得到多数年轻人的尊敬，可是中国人目前大多数的挣扎，你却不曾客观一点来看看。你称赞科学，一个科学家在自然秩序上证明一点真理,得如何凝静从一堆沉默日子里讨生活！我看你那么爱理会小处，什么米米大的小事如×××之类的闲言小语也使你动火，把这些小东小西也当成了敌人。我觉得你感情的浪费真可惜。"对沈从文这种从大处着眼的批评，巴金心底里是接受的。五十多年后巴金终于承认：我不曾告诉他，他的话对我是连声的警钟，我知道我需要克制，我也懂得他所说的"在一堆沉默的日子里讨生活"的重要。①

尽管巴金与京派的冲突是在以后几年里发生的，但1934年编《文学季刊》时已经埋下冲突的因子，这也是事实。

1934年的文坛空气是沉闷的。国民党政府的文禁日益严重，就在这年1月，巴金中篇小说《新生》以"鼓吹阶级斗争"被明令查禁，2月，写矿工的《萌芽》又被明令查禁，②《爱情的三部曲》之三《电》在上海《文学》杂志上已排版两章，清样送审时却被禁止发表。还有一篇随笔《新年试笔》因为署了比金的笔名，才躲过审查官的眼睛。鲁迅当时在一封信里愤慨地叹息："今之文坛，真是一言难尽，

---

① 引自《怀念从文》，收《怀念集》第324页。
② 在1933年11月,上海现代书局经理张静庐就复信通知巴金,中央明令查禁《萌芽》一书,11月23日上海市公安局会同捕房人员到书店搜查,将该书纸版全部缴去。1934年2月公布了禁令。

有些'文学家',作文不能,禁文则绰有余力,而于是乎文网密矣。"巴金把《电》改头换面地用《龙眼花开的时候》的名字,发表在《文学季刊》上,直到1935年上海良友图书公司出单行本时才改回原貌。这一年巴金创作数量迅速下降。他只是用王文慧的笔名写了几篇法国大革命的历史小说,用余一、余三、余五、余七的笔名写了一些补白式短文,此外还用过黄树辉、竟容、马琴、欧阳镜容等笔名,巴金这个名字用得极少,甚至连这一年出版的短篇小说集《将军》集,封面上也署了余一的笔名。

六、日本之行

笔者猜想,1934年巴金在北平的不愉快情绪和政治压力,不但使他离开北平,而且还成为他在那一年远走日本的动力。巴金在说到为什么要离开北平时只说了"住厌了"[1]三个字,完全没前一年南游归来时唠唠叨叨诉说友情与感激的兴奋,但是北平之行毕竟扩大了他的文学圈子与生活圈子,特别是在三座门14号编《文学季刊》的那一段日子,他结识了一大批年轻的文学朋友:靳以、曹禺、李健吾、卞之琳、萧乾、芦焚……他参与编辑的另一个小刊物《水星》,也在同一年10月创刊。

巴金是1934年7月回到上海的,不知在以后两个月中是否还去过北平,因为《电》单行本序的下面,注着写于"1934年9月在北平"。按理讲这时他再去北平似乎没有什么必要,从7月至11月的四个月他过得很清闲,又编了一本小说集,用"沉默"做书名,也表示了他的一点情绪,其时他已多次声称自己不想再提笔写作了。他还编了一本杂文集《生之忏悔》,其中收了几篇《平等》和《自由月刊》

---

[1] 引自《写作生活底回顾》,收《巴金专集》第1册,第260页。20世纪80年代巴金写《怀念从文》中又重复了这三字。

时期写的书评和杂感,这些文章也许触动了他的心弦,在《前记》中他特意说:"它可以代表一部分年轻人的思想,我和他们在一起生活过,而且至今还没有脱离他们的圈子。"并说,他愿将这本小书"献给"这些昔日的战友们,①虽然巴金回国至今不过六年时间,然而再想起了那一段沸腾而盲目的感情生活,恍如隔世了。

说起巴金去日本的动机和原因,巴金本人说得很简单:唯一的理由是学习日文。但"唯一"以外还有理由,就是曹禺在这年春假时到日本旅行回来,"在三座门大街谈起日本的一些情况,引起我到日本看着的兴趣","这年7月我从北平回到上海,同吴朗西、伍禅他们谈起,他们主张我住在日本朋友的家里,认为这样学习日文比较方便。正好他们过去在东京念书时有一个熟人姓武田,这时在横滨高等商业学校教中国话,他可能有条件接待我。吴朗西(不然就是《小川未明童话集》译者张晓天的兄弟张易)便写了一封信给武田,问他愿意不愿意在家里接待一个叫'黎德瑞'的中国人……不久回信来了,他欢迎我到他们家做客"②。事情似乎就是这么简单,但如从心理的角度去探寻原因,会觉得其中还是有些复杂的、难以言状的缘故。巴金到日本后第一篇文章里说:"留恋、惭愧和悔恨的感情折磨着我。为什么要这样恓恓惶惶地东奔西跑呢?为什么不同朋友们一起在一个固定的地方做一些事情呢?大家劝我不要去,我却毅然地走了。"③在1935年1月写的另一篇文章里,他又一次责问自己:"我为什么要来到这个地方?我所要求的自由这里不是也没有吗?离开了崎岖的道路到一个陌生的地方来求暂时的安静"④。字里行间都吐露出难言的隐衷,绝非单纯学日文可以解释。巴金在日本时又屡屡想到南国的梦,想到他的朋友们"要将碎片集

---

① 引自《〈生之忏悔〉前记》,载《全集》第12卷,第234页。
② 引自《关于〈神·鬼·人〉》,收《巴金论创作》第363页。
③ 引自《海的梦》,载《全集》第11卷,第455页。
④ 引自《月夜》,载《全集》第12卷,第478页。

在一起用金钱系起来,要在这废墟上重建起九重的宝塔"而发出由衷赞美,①他在文章里提到的"朋友们",应该是指南国的昔日战友。笔者从巴金这一时期人格分裂为二元的特征出发,推想他在南游中并没有找到自己足以献身的事业,北游中对身不由己的写作生活又增加了厌倦,两种对立的极端的冲突,造成他身心格外地疲惫,再加上外界政治压力的干扰,终于使他想暂时摆脱这种生活状况,换一个环境,去埋头学一个时期日语,以求得心灵的协调。

巴金是11月3日离开上海,乘豪华轮船浅间丸,经过四天的海上生活,于7日抵达横滨——这个日期是由日本学者山口守先生考证出来的,巴金在回忆录中说他到日本的时间是11月24日。笔者相信山口君的解释是对的,因为巴金曾说过,他的小说《沉落》发表时他人已去日本,《沉落》发表在《文学》杂志3卷5号,为11月1日出版。若巴金在20日左右动身,没有理由看不到这本刊物,只有他是3日动身,或可解释行色匆忙未及看到杂志,或是刊物脱期一两天,他没看到是可能的。当然,山口君有更可靠的解释,这里就不叙述了。②

巴金自11月7日抵横滨后,在武田武雄家里住到次年2月上旬,这样正好住满三个月。他本来说是准备"搁笔"学日文的,结果三个月中既没有搁笔,也没有学日文,倒是写了一组随笔和三篇小说,其中两篇《神》和《鬼》都是以武田为模特儿的,尤其是在《神》里,写了一个知识分子从无神论转向有神论的痛苦和委琐。照巴金的理解,武田原先该是个与他有共同信仰的朋友,这倒不仅仅是因为武田是吴朗西、伍禅的朋友,他在武田家里的藏书中,发现了一大批无政府主义的著作,包括蒲鲁东、欧文、斯丁纳、巴枯宁、幸德秋水、大杉荣,当然也有其他一些文学家和社会主义者的书籍,如托

---

① 引自《月夜》初刊文,参读《怀念非英兄》,收《无题集》第139页。
② 参读山口守《巴金在横滨》,1989年11月在青浦召开的"首届巴金学术研讨会"上提交的论文发言稿。

尔斯泰、陀思妥耶夫斯基、屠格涅夫、雨果、左拉、高尔基、拉萨尔、河上肇等人的书籍，巴金在这里未提克鲁泡特金的名字，可见他对武田藏书的介绍并非虚构。可是令他意外并失望的是，他眼见到的武田却整日念经拜佛信鬼。巴金未能与他深谈，也未在他面前暴露自己的真实身份，他从主观印象出发去理解武田，认为他的信神是"屈服于政治的压力、社会的压力、家庭的压力"①。这可能与巴金当时的心境及处境有关，他借批判武田的沉落，批判"神"的存在，来克服自己内心深处的消极情绪，重新鼓起战斗的勇气，所以他又一次提到了柏克曼，怀念起在巴黎与这位坚强的"恐怖主义者"会面的情景。根据山口守君的调查，武田武雄只是一个普通的中文教师，他"没有参与任何政治活动的迹象，也无法证实他在年轻时期具有左翼思想"②。但山口守君的调查来自武田的遗族，而且经过战乱也无法找到武田本人那些藏书的事实，有些材料也是第二手的，不一定有绝对的把握。一个人的思想发展很复杂，有时连自己都无法理清楚，何况经过战乱后的遗族。笔者认为巴金在《神》里描写的"长谷川君"是否符合武田本人的真实面貌现已无法查考，也没有必要完全弄清楚；笔者更关心的是写《神》的巴金当时流露出来的精神状况。而且，《神》在创作方法上也改变巴金以前创作中一贯浪漫、伤感的风格："我写的是从我眼中看出来的那个人，同时也用了他自己讲的话作为补充，我不需要写他的内心活动，生活细节倒并不缺乏，我同他在一起生活，在一起吃饭，他有客人来，我也不用避开。我还和他们一家到附近朋友家做客……在小说里可能我对他的分析有错误，但是我不用编造什么。我短时期的见闻本身就构成了一个完整的故事。"③这是巴金创作风格走向平实、深沉、

---

① 引自《关于〈神·鬼·人〉》，收《巴金论创作》第364页。
② 参读山口守《巴金在横滨》，1989年11月在青浦县召开的"首届巴金学术研讨会"上提交的论文发言稿。
③ 引自《关于〈神·鬼·人〉》，收《巴金论创作》第364页。

琐碎的一个标志，以后这种风格还将发展，到1942年写作《还魂草》时达到成熟。

巴金在武田家住了整整三个月，尽管好客的主人一再挽留，他还是坚决离开那平静的生活，搬到东京去。照巴金的解释，是他受不了武田的迷信活动，也不能忍受与神鬼共处的生活。但笔者觉得更使他受不了的，应该还是人，是弥漫在日本普通市民头脑中间的敌视中国，同情政府侵略政策的空气。武田是个普通职员，虽然对中国人很友好，对巴金也关照得很细心，但是他对政府好战政策的盲目同情使巴金十分反感，巴金亲眼看他代替十一岁的姑娘文姑儿（应该是武田的女儿，或是住在一起，很近的亲戚，山口守君的调查里没有提到该人）代拟寄守卫满洲兵士的慰劳信稿；1935年元旦那天，巴金还看到一个日本青年拿了一本中国作家孙俍工写的书到武田家来，说了许多愤怒的话，因为孙俍工在书的序言里谴责了日本军队占领东三省的行为，武田也在一旁附和着那个被军国主义狂热煽起仇恨的年轻人。① 更可气的是报纸上连续不断的侮辱中国的言论，都使巴金不能忍受。只要翻开他当时写的那一组随笔，处处都可感受到他是憋了满肚皮的怨气。为了不暴露身份，巴金没有与武田发生争论，但他显然是无法在这种空气下待下去，尽管巴金对武田保持了友好的态度，但这种忍耐无法长久下去。后来巴金在东京受到警察署的拘留，释放后还是拒绝了武田的好意邀请回到横滨去住，甚至连回国时由东京到横滨搭船，也没去看武田。而他对武田的这种不满情绪，直到1937年抗日战争全面爆发后，才在两封公开的通信中发泄出来，其时武田已参加了战争，以陆军翻译官身份驰骋于华北战场。②

巴金在横滨编完了随笔集《点滴》后，就动身到了东京，住在

---

① 参读《给日本友人》，载《全集》第12卷，第573—580页。下文说的两封信即指这篇文章。

② 参读山口守《巴金在横滨》。

中华青年会的宿舍里，都是中国留学生，生活马上就热闹起来。杜宣、吴天等一批留日学生正在楼下的大礼堂里排演曹禺的《雷雨》，巴金对此有浓厚的兴趣。附近有许多西文书店，也足够他流连忘返，去消磨时间。在东京他的朋友也多了，泉州黎明高中的袁国钦和另一位姓叶的朋友正在那儿，与两个中国女学生同租了一幢日本房子，经常有来往；诗人梁宗岱与女作家沉樱的恋爱风波正闹得国内沸沸扬扬，他们只好逃避到日本，住在叶山海滨，巴金在横滨时就与他们联系上了，卞之琳为了译《维多利亚女王传》，把《水星》的编务丢给靳以，自己也跑到日本京都，住在同学吴廷璆那里，与巴金也常见面。日子一天天地过去，如果不是发生溥仪访日前日本警察署实行"政治大扫除"的话，他们在东京的生活会过得满有意思的。

1935年4月6日巴金被日本神田区警察署拘留十四小时的事件，并没有给巴金以后待在日本制造什么麻烦，这次拘留本身也没有使巴金受到什么肉体的折磨，①但精神上的刺激是有的。巴金虽然很早参加社会运动，知道该怎样对待这些警察，但这样面对面地受"审讯"还是第一次，与犯人关在一起也是第一次，特别是他所面对的，是当年残酷杀害过幸德秋水、大杉荣以及古田大次郎的日本政府鹰犬，不能不使他愤怒。他在以后的四个月中，不但写出了拘留所纪实《东京狱中一日记》，还发愤地译出了克鲁泡特金的《告少年》，修订了早年旧作《俄国社会主义运动史话》以及凡宰特的自传，同时还断断续续地翻译柏克曼的自传《狱中记》。过去他一向避开不谈的爱国主义与民族主义，这时也在他的心田里滋生，他开始坐下来翻译屠格涅夫的《俄罗斯语言》。这位伟大的俄罗斯作家一生中大部分光阴是在西欧度过的，但他在这篇散文诗中对祖国的语言发出了由衷的赞美："在疑惑不安的日子里，在痛苦地担心祖国命运的日子里，只有你是我唯一的依靠和支持。"向来对中国的文化传

---

① 这段生活可参读《人》，载《全集》第10卷。

统（包括语言传统）没什么好感，一心推广世界语，梦想走人类大同理想的巴金，在这个时候对这句赞美诗充满了感动，他后来说："我坐下来翻译屠格涅夫的散文诗，又借用它来激励自己，安慰自己，我想到了我们的语言，我的勇气恢复了，信心加强了。……我也想说：'然而这样的一种语言不产生在一个伟大的民族中间，这绝不能叫人相信。'"①虽然这话是说于1937年全民族抗战爆发之后，但他翻译《俄罗斯语言》是在1935年的春天，那种情绪与他在北平时期鄙视故宫的文化遗产相比已经有了相当大的变化，或可以说，巴金由一个无政府主义者到爱国主义者、民族主义者的思想感情的过渡与变化正是在东京时期发生的。从这时起，在相当长的一个时间里，巴金总是并重着无政府主义者与民族主义者双重的身份。

巴金的日本之行，总共九个月。但在巴金人格发展的道路上仍然产生过重要影响。正如1927年至1928年间的法国之行使他立誓献身，高扬起战斗的人格一样，现在经过了几年的人格分裂、矛盾和自我冲突，经过了日本时期的调节修养，终于从自我设置的困境中摆脱出来，人格由呼啸沸腾的汹涌波浪转向了平静、深沉的港湾，以后的岁月并非微波不兴，但在情绪与理智上，巴金走向了人格的成熟。这一年巴金三十一岁，过量的青春耗费使他感到了疲倦，博大与稳健的中年人生涯即将来临。

促使巴金回国的原因是上海文化生活出版社的成立。关于这个出版社，笔者把它看作是巴金人生道路走向平实的一个转折，所以将放到下一章再做详细探讨。在本章即将结束时，还要补充两件事：

巴金在离开日本之前曾去看望日本的无政府主义者、社会活动家石川三四郎。巴金到日本的时候，日本无政府主义运动已经被镇压下去，革命处于低潮，巴金的活动又受到限制，基本上是深居简出，隐姓埋名，到了东京后，他的活动范围也限于中国朋友之间，与日

---

① 引自《自由快乐地笑了》，载《全集》第12卷，第553页。

本的无政府主义者基本上没有接触。当他决定离开日本前，他终于到东京郊外的千岁村，与隐居在那里的石川三四郎见面，这自然是感慨万千。他与石川不是初交，1933年年底在北平就见过面，当时石川正住在法国无政府主义者雅克·邵可侣的宿舍里（雅克的叔祖是爱利赛·邵可侣，著名的地理学家与巴黎公社战士，也是克鲁泡特金的亲密战友）。石川当时正在翻译老邵可侣的巨著《人与地》，与雅克住在一起。巴金与石川还一起游览过十三陵。现在他们在日本见面多少有些感伤，巴金是在另一个参加过运动的日本姑娘望月百合子陪同下到千岁村的，看着简陋的房屋、倾斜的篱笆和园子里石川亲手种的蔬菜，心里不禁感慨：我来迟了……没有机会听你那燃烧着理想之光的演说，或者父亲的慈祥教诲一般的谈话了。他知道，石川现在的处境也相当艰难，法西斯的乌云笼罩着千岁村的上空，便衣侦探随时监视着他的周围，以前欢迎过他的文章的各种杂志现在也不敢发表他的片纸只字，连他翻译的《人与地》第2册也不能续出了。以前百合子曾在好几万日本工人前做过热烈的演说，现在却只能把理想寄托在跳舞之中，日本报纸上正在报道百合子新发明了一种舞蹈。阴云压在两人的心头，他们的会面没有谈论最关心的问题，没有探讨任何容易触犯禁忌的理论，他们两人，一个诚心诚意做客，一个诚心诚意地留客，石川还要求巴金把回国船票退了，在千岁村多住几天，巴金硬着心肠拒绝了，带了一腔遗憾和满腹未了的话，告别了这位可敬爱的友人。回国途中，巴金不断思考着这么一个问题：为什么无政府主义一度大好的形势会丧失，为什么群众高涨的革命热情会消沉，为什么法西斯主义和一切邪恶的势力能够一次又一次地获得胜利，以至横行世界？他从石川的沉默想到日本工人阶级的沉默，再想到意大利、德国以及日本法西斯的日益猖獗，他终于想明白了一个问题：人民对邪恶势力不该有第一次的让步。他愤愤地想："人民在一个决定的时期对统治者表示了软弱，放过了机会，用忍耐来对付专制，用沉默来忍受不义，他们忽视了自己的力量，不能在最好的时候使用它，结果他们自然地遭遇了毁灭的惨祸，甚至不能够给统治者一个坚强的抵抗。"① 这话巴金思考于 1935 年 8 月，公开写出来是 1938 年 6 月。20 世纪 30 年代的巴金，这话说得多么好啊！对于统治者的专制与邪恶，人民就是不能有第一次的让步。

巴金 8 月上旬回到上海，就投入了吴朗西、伍禅等几个朋友办起的文化生活出版社的工作，巴金在文坛上苦斗了五六年，总算有了自己的阵地。那时北平的《文学季刊》和《水星》都已停刊，原因可能是多方面的，卞之琳曾说："北平表面平静，形势日非，靳以也顶不住了，就准备到 1935 年夏天，等《文学季刊》出到了一年半，《水星》出到了一卷半，就此收摊。"② 至于停刊的原因说得很含糊，靳以为什么"顶不住了"？是来自政府的压力还是经济的压力？都没有说清楚。郑振铎作为主编之一，又采取了什么措施？似乎也没有讲。有一种说法是因编委李长之借口巴金等改其论文，发生争执，退出编辑部；随即巴金与靳以也决定脱离该刊，以至停刊。③ 这种说法即使事出有因，也不至于会造成这样的后果。但笔者觉得，这刊物停刊的事，很可能是与郑振铎有关。《文学季刊》的收摊工作是巴金帮着靳以做的，郑振铎没有出场，连《文学季刊》的停刊词都是巴金执笔的，巴金曾有一段话说到这件事情："在北平的一个寒冷的夜晚，在三座门大街的季刊社里，已经过了中夜了，靳以发着烧躺在床上，我坐在外面房间书桌旁边，怀着一个苦痛的心，写了这短文。这文章是靳以要我写的，而且得了他的同意由他发排的。"④ 这就是最后一期《文学季刊》上的"告别的话"。可是刊物出版后，"告别的话"中有一大段话被删掉了，这段话是这么写

---

① 可参读《给一个敬爱的友人》，载《全集》第 13 卷。
② 参阅卞之琳《星水微茫忆〈水星〉》，载上海书店印行《水星》影印本序。
③ 引自杨之华《文坛史料》，上海中华日报社 1944 年。
④ 引自《大度与宽容》，载《作家》第 1 卷，第 1 期。

的："文化的招牌如今还高高地挂在商店的门榜上，而我们这文坛也被操纵在商人的手里，在商店的周围再聚集着一群无文的文人。读者的需要是从来被忽视了的。在文坛上活动的就只有那少数为商人豢养的无文的文人，于是虫蛀的书籍和腐儒的呓语大批地被翻印而流布了，才子佳人的传奇故事之类也一再地被介绍到青年中间。"①这段话中一再怒斥的"无文的文人"指的是谁呢？这段话又是被谁删掉的呢？这些事只有与当时正在编《世界文库》翻印旧书的郑振铎有关。至于《世界文库》的出版与《文学季刊》的停刊有没有联系，就只能存疑了。我们只知道，为了这被删的文章，巴金后来又写了《大度与宽容》和《一阵春风》，继续影射郑振铎。不过他们之间的冲突并不深，在1936年鲁迅逝世的治丧活动中，巴金与靳以对郑振铎又有了新的谅解。

1935年11月，是巴金20世纪30年代最后一次去北平，回上海的时候（11月30日）北平城里一片大雪，沈从文夫妇送他到火车站，当列车徐徐开出车站时，巴金望着阴霾沉沉的天空，想到日本侵略势力日益逼近北平，又想到自己这几年走南闯北的漂泊生活，不知怎的，他从嘴里吐出了这么几个字——"我不怕……我有信仰。"②

---

① 引自《大度与宽容》，载《作家》第1卷，第1期。
② 引自《我离开了北平》，载《全集》第12卷，第435页。

第五章　寻找一个失去的梦

一、文学的新生代

巴金回国是为了参加朋友们在上海筹办的文化生活出版社。这家出版社在中国现代出版史上值得认真研究的价值，不仅仅是它对20世纪30、40年代的中国新文学做出过重要贡献，它的另一个价值表现在经营方式上——用一种理想主义的热情来维持读者、作者与出版家之间的联系。出版社的创办人吴朗西介绍："文生社从1935年至1954年公私合营近二十年，从未发过股息红利，文生社的股都不过挂名而已。他们对文生社尽了义务，却没得到任何报酬……在1954年公私合营中，朱洗、巴金、丽尼、柳静和我，及其他大部分股东都没有领取定息。"而且，"文生社的同人中，巴金、朱洗、伍禅、丽尼、柳静和我各有其他方面的工作收入，我们在文生社是尽义务不争报酬的。"① 曾在文生社后期加入工作的一位职员也做过这样回忆："文化生活出版社创建之时纯系'朋友试办'，类似同人组织，这就意味着它不同于一般的商家、企业，既非某个

---

① 引自吴朗西《文化生活出版社的资金来源》，载《新文学史料》1982年第3期。

人出资独家兴办,也不是几个老板各出若干股金合伙经营,订有合同或什么章则的,更非订有章程招收外股的公司企业组织。"① 很奇怪,在1935年出版界极不景气的情况下,竟会有几个书生靠义务劳动白手办起一个出版社,不是以营利赚钱为目的,而是为了实践一种人生的理想。因此在文生社最初的两年中,始终有一种人格的光辉笼罩着这个小小的文化事业。

这人生的理想是什么?记得笔者十年前为研究文生社历史多次走访吴朗西先生及其夫人柳静女士,老夫妇都已年过七十,吴先生还患着帕金森病,说话的时候,嘴唇、手足都颤抖着。当我们之间的友谊和信任慢慢建立起来以后,一次笔者(还有《萧乾传》一书作者李辉也在场)问起当年文生社同人为什么能够以这种崇高的理想来对待事业,吴先生回答:"那时,我们都信安那其。"说这话的时候,吴老浮肿的脸庞舒展开来,细长的双眼也放出了光彩。笔者顿时感受到一种人格力量弥漫在破旧的屋内(这间房子正是当年文化生活出版社的社址,现在已完全拆除)。吴老的回答提醒了我,这种只讲奉献、不计报酬的人格原则,正是正义、互助、自我牺牲三大信条在几个普通人身上的具体体现,正是20世纪20年代巴金苦苦翻译《伦理学》所要宣传的人生哲学,也正是30年代闽南、广东的"耶稣"们在教育事业上所遵循的人生道路。笔者屈指一算,文生社初期的同人,几乎是泉州黎明高中和平民中学的原班人马:吴朗西、伍禅、郭安仁(丽尼)、陆蠡、杨挹清、俞福祚……而柳静曾在匡互生主持的立达学园做过中学教师和会计。这些人中除郭安仁在劳大时参加无政府主义运动外,其他可能都是因为吴朗西的关系去泉州的,他们不一定是无政府主义者,也不一定都信安那其的理想,但闽南的无政府主义精神一定使他们深受影响,在一个充塞着高尚正气的地方待过的人,心灵会受到净化,品格也一定会变

---

① 引自纪申《我所知道的"文生社"》,载《上海出版工作》1982年第11期。

得美好。再看无政府主义者与文生社的关系：巴金从一开始就担任了总编辑，成为这个社主持业务的实际负责人（另一个负责人吴朗西则主持经济筹划与调动）。卫惠林在办社初期入股五十元，为文生社最初的三笔资金来源之一，吴克刚与毕修勺，当时在李石曾主持的世界社编辑《世界辞典》，吴克刚编译了一套《战时经济丛书》，毕修勺在翻译法国邵可侣的巨著《人与地》系列，他们为了把这两套丛书在文生社出版，就请李石曾介绍上海信托公司给文生社八千元透支额，这笔钱对文生社的资金周转起了相当大的作用（全民族抗战爆发后，信托公司透支到期，巴金向开明书店预支一笔稿酬来偿还该公司）。[①]文生社后期（1946年夏）成立董事会，五个董事为巴金、吴朗西、朱洗、毕修勺、郑枢俊，都信仰无政府主义，朱洗与毕修勺同是留法学生，在法国研究生物学，是克鲁泡特金《互助论》的中译者，郑枢俊生年不详，只听说抗战时曾在苏北组织过抗日武装。从这些关系上看，文化生活出版社之所以能够在中国出版界独树一帜，特别在经营上开创了一种新型的人际关系，可能与他们所追求的共同理想有极大的关系，或可以说，是继闽南和广东一批战友搞教育试验以外的又一种人生试验。巴金无法适应教育工作，三次南下总是停留在"南国的梦"里，依然徘徊于事业与写作的冲突之中，现在好了，出版、编辑，都是他驾轻就熟的老本行，又是与他所从事的写作联系在一起，他在这冲突的两端之间找到了一条合适自己行走的道路，在这条路上，他的人格因分裂而生的痛苦渐渐地平息下去，恢复了统一和浑圆的境界，生活道路也开始走向平静、稳健与深沉。

文化生活出版社创办于1935年5月。起初是由吴朗西、伍禅、丽尼和柳静几个人搞起来的。他们最初想模仿日本岩波文库那样出

[①] 引自吴朗西《文化生活出版社的资金来源》，载《新文学史料》1982年第3期。

一套综合性的丛书。包括文学、自然科学和社会科学。那时吴朗西在编《美术生活》和《漫画生活》，就顺口用了"文化生活"作为丛书的名称。第一批书是许天虹译的《第二次世界大战》和丽尼译的纪德小说《田园交响乐》，算下来尚不赔钱，就放手搞起来。吴朗西回忆过巴金的加入："这期间我写信给在日本的老友巴金，把我们要办书店，出版一套《文化生活丛刊》的计划告诉他，问他索稿，并十分盼望他回国来主持编辑工作，他同意了，我们可高兴啦。巴金当时已是拥有广大读者的有名作家，他有搞编辑工作的经验，他做事认真负责，由他来挑这个重担，我对我们的事业前途是更加有信心了。巴金写的《俄国社会运动史话》，巴金译的《狱中记》，我编选的漫画集《柏林生活素描》，也陆续排印了。大概是8月初，巴金从日本回上海了，接着伍禅、陆圣泉、杨挹清、俞福祚也参加了文化生活出版社的工作，文化生活出版社便正式成立了。"[1]吴朗西这段回忆写于1981年，虽然事隔四十多年了，中途还发生过朋友间的龃龉，但从这回忆的语气中，我们依然能感受到当年的友谊是怎样温暖着老人的心。《文化生活丛刊》第一批书出版时，已经用了"巴金主编"的名义，第二批书是四本，《俄罗斯童话》是高尔基的作品，由鲁迅译出，吴朗西通过黄源的关系从鲁迅那儿约来，这是文生社得到鲁迅的支持的第一步。巴金的两种书可能是由巴金从日本寄回，至少《俄国社会运动史话》是这样。这部稿是七年前在法国撰写《俄国革命史》的第1卷旧稿，有些章节在《时代前》杂志上发过，1935年7月巴金在东京又补写了第九章《拉甫洛夫与伦理的社会主义》，然后写了前记，声称是"读一百本书，写一本小书"。他如此匆匆编完这本书，估计是收到了吴朗西约他编丛刊的信。《狱中记》是柏克曼狱中回忆录的节译本，巴金去日本以前开始翻译，但结束全书是在他回到上海以后的事。巴金在1938年写

---

[1] 引自吴朗西《文化生活出版社的创建》，载《新文学史料》1982年第3期。

的一封通信里描写过他刚回上海时翻译《狱中记》的情景："在虹口公寓的寂寞的长条的小房间里,当回忆来折磨我的时候,热情来揉我的心,悔恨盘踞了我的思想,那个囚笼的房间似乎容不下我,我的心要破壁飞去。但是环境阻碍了我。我不能够说我想说的话。每晚我把自己关在房间里无休息地在那狭小的地板上闲踱。走得疲倦了时,我又坐下来,借着高悬的电灯的微光咬着牙关一字一字地翻译柏克曼的《狱中记》,用他的十四年的痛苦,来折磨我的并不强健的心灵。"① 假如这段回忆全部属实,那它正是1935年9月以前的巴金生活的写照。9月1日巴金写下《狱中记》的译后记,到9月下旬这部书和《俄国社会运动史话》就同时印出来了。

9月21日,上海《申报》上以半版篇幅登载了文生社"文化生活丛刊"的套色广告,其中一段这样写道:"在我们这里,学问依旧是特权阶级的专利品,无论是科学、艺术、哲学,只有少数人可以窥见的门径,一般书贾所着重的自然只是他们个人的赢利,而公立图书馆也以搜集古董自豪,却不肯替贫寒青年做丝毫的打算。多数青年的需要就这样被人忽略了。然而求知的欲望却是无法消灭的。"虽然没有署名,但其语气,其观点,都与巴金批评郑振铎时写的文章一样,可见他们在北平办刊物的分歧,正成为现在办文化生活出版社的出发点:坚持平民色彩。《文化生活丛刊》出书近五十种,最初的一些书目中有不少与无政府主义有关,除了巴金本人著译的新旧作品《狱中记》《俄国社会运动史话》、《俄国虚无主义运动史话》(即斯捷普尼雅克的《地底下的俄罗斯》)、《夜未央》以外,还有柏里华的《柴门霍甫传》,陈范予的《新宇宙观》,古田大次郎的《死之忏悔》,毕修勺译的《上帝是怎样造成的》等。当然更多的是俄罗斯作家的作品,有托尔斯泰、屠格涅夫、高尔基、阿尔志跋绥夫、车尔尼雪夫斯基、涅克拉索夫、赫尔岑、库普林等

---

① 引自《给一个敬爱的友人》,载《全集》第13卷,第268页。

人的作品，以及研究果戈理、屠格涅夫的著作。

接着，巴金就着手编辑《文学丛刊》。这是现代文学史上相当重要的大型丛书。巴金在北平参与编《文学季刊》时，曾与靳以一起编过一套文学丛书，共十本，交立达书局出版。作者以北平的文学新秀为主，作品有曹禺的《雷雨》、卞之琳的《鱼目集》、李健吾的《以身作则》、沈从文的《八骏图》、吴组缃的《饭余集》等，都是很优秀的作品，书局已经付了三百元的稿酬，可是书却一直没有印出来。于是巴金趁那一年冬天北上之便，同立达书局商量，由文生社支付三百元钱将这批稿子带回。他们在鲁迅的支持下，这套丛书第一集在1935年底全部印出，共十六本，其中新加了鲁迅的最后一本小说集《故事新编》，茅盾的中篇小说《路》和巴金本人在日本写的《神·鬼·人》。《文学丛刊》一共出了十集，达一百六十本，包括八十六位作家的作品，体裁有小说、散文、诗歌、戏剧、电影、评论、杂文、书信等，许多年轻的作家——曹禺、何其芳、丽尼、陆蠡、芦焚、汪曾祺，都缘此而登上文坛。许多有才华却不幸早逝，或像流星一样划过文坛的作家——罗淑、万迪鹤、高咏、郑定文、屈曲夫等，也是这套丛刊为他们留下了生命的痕迹。

从《文学丛刊》的作者阵容看，除了鲁迅、茅盾、郑振铎、王统照等少数老作家外，主要是由文学新人构成的，他们大部分来自四个方面。一部分是北平办《文学季刊》结识的一批年轻作家：沈从文、曹禺、何其芳、卞之琳、李广田、靳以、吴组缃、李健吾、芦焚、萧乾等；一部分是鲁迅周围的左翼文学青年：胡风、周文、叶紫、萧军、萧红、张天翼、艾芜、沙汀等；一部分是文生社或与巴金关系较密切的作家：丽尼、陆蠡、缪崇群、王鲁彦、罗淑；后来再加上20世纪40年代西南联大的文学青年和抗战胜利后在上海的一些年轻作家：汪曾祺、方敬、穆旦、林蒲、黄裳等。大部分都是20世纪30、40年代成长起来的年轻人。这种编辑方针打破了以往文学研究会丛书、创造丛书等以社团、宗派为标准的出版丛书的原则，使中国新文学出现了真正恢宏、博大的气象。

巴金显然在文生社的事业中找到了自己的事业，他得心应手地编辑丛书，把一大批作家都团结在文生社的周围，同时文生社又本能地团结在鲁迅的周围。当时上海的文学出版界正涌现一批年轻的出版家、编辑家：靳以主编《文季月刊》，黎烈文主编《中流》，黄源主编《译文》，孟十还主编《作家》，萧乾主编《大公报·文艺》，赵家璧主持的良友图书印刷公司以及吴朗西、巴金主持的文化生活出版社。克服党派与宗派的争斗，超越流派与社团的局限，在独立于官方势力与左翼宗派势力之外，自然而然地形成了一种新的力量。如果说，他们在文坛上也有一个中心的话，那就是鲁迅①。这些青年主编的刊物和主持的出版社，都在鲁迅的支持下工作，尤其是文化生活出版社，鲁迅晚年前著译几乎都在他们那儿出版。小说有《故事新编》，杂文集有《夜记》，翻译有《死魂灵》《俄罗斯童话》，艺术绘册有《诃勒惠支版面选集》缩印本和《死魂灵百图》，分量不可谓不重。若细细说来，每一本书的背后，都可以讲出一段故事。这批年轻人都把鲁迅看作是他们尊敬的前辈，做起事来莫不尽心竭力。鲁迅对他们的工作显然是满意的。日本的鲁迅研究专家增田涉在《鲁迅印象记》里说过一件事，他问鲁迅为什么要和信仰无政府主义的人一道工作。——他显然指的是巴金。鲁迅用信任的口气回答说，巴金做事比别人更认真。认真，这是鲁迅最喜欢的工作品质。鲁迅的话虽然具体指的是巴金，但也概括了文生社的工作精神。

其实，细细考究起来，巴金与鲁迅的接触并不多，说不上私交很深。巴金对鲁迅的回忆中，印象最深刻的就是鲁迅去世的日子，

---

① 关于当时上海的编辑圈子，其中萧乾谈道："文化生活出版社的底子比不上开明，但能（指巴金）拥有新作家特别多，这样使巴金在文艺界形成一个可观的力量。实际上抗战前巴金、靳以及我三个人是形成一个小圈子。"萧乾的说法至少反映了当时以这一批年轻编辑为中心的新的文坛力量（结合了京、海两派的文学中坚力量）的形成。但他们的真正"主心骨"只可能是鲁迅，而不会是巴金、靳以和萧乾。

因为从这天起巴金整个身心都投入了鲁迅的丧礼活动,他每一篇怀念文章都提到了这个日子。但在鲁迅生前,他们的接触很有限。巴金没有到鲁迅家去拜访过他,文生社与鲁迅的工作联系,都是由吴朗西或黄源出面,巴金自己曾说过,他与鲁迅的见面都是在饭馆或者旅馆,"那个时候临时到租界上的大旅馆开一个房间,吩咐餐厅把酒菜送到楼上房间来,吃饭谈话都比较方便,杂志社有事情商谈,也喜欢到南京饭店或者新亚酒店开房间"。但关于巴金与鲁迅的第一次见面时间,巴金却语焉不详。巴金的回忆是这样的:"我第一次看见鲁迅先生是在《文学》社的宴会上,那天到的客人不多,除鲁迅先生外,还有茅盾先生和叶圣陶先生几位。茅盾先生我以前也不曾见过。我记得那天我正在跟茅盾先生谈话,忽然饭馆小房间的门帘一动。鲁迅先生进来了,瘦小的身材,浓黑的唇髭和眉毛……他从《文学》杂志的内容一直谈到帮闲文人的丑态……"①细节记叙得很生动,却没有提供会见的具体日期。在学术界有两种说法,一种说法是1933年4月6日,另一种说法是1933年8月初。这两个日期都很值得怀疑,关于4月6日之说的依据是鲁迅日记所载:"被邀至会宾楼晚饭,同席十五人。"可是据茅盾回忆,这次宴席为商议筹办《文学》之事,出席对象是内定的十个《文学》编委会:鲁迅、茅盾、郑振铎、叶圣陶、郁达夫、陈望道、胡愈之、洪深、傅东华、徐调孚,另外还有周建人和黄源。②人数比鲁迅日记记载的少三个,会不会这三个中就有巴金?笔者觉得可疑,因为这是个内定编委会聚会,刊物还没有正式创办,巴金既不是编委,也不属于上述圈内的人物,参加这样一个会议不很适合。而且《文学》是由生活书店出版,这次宴席会有东道主参加,这缺名的三个可能是生活书店方面的人,与文艺界无涉,茅盾才没有把他们名字写出。第二个值得

---

① 引自《鲁迅先生就是这样一个人》,载《全集》第15卷,第243页。
② 引自茅盾《活跃而多事的年月》,载《新文学史刊》1982年第3期。

怀疑之处就是具体情况与巴金记叙的不符，巴金回忆中说出席人不多，但这一席有十五个人，不能算不多；巴金在回忆中只提到茅盾与叶圣陶之名，其实这二人他都不熟，在席中与巴金交往时间最长的应该是胡愈之，巴金却没有提到他，也于情理上不通。巴金回忆中说鲁迅那天谈话中说到了《文学》的内容，而当时《文学》还在筹办，怎么会有"内容"……在这些疑问没有充分说服力的解答以前，4月6日说是无法使人信服。但是，关于"8月初"的说法似乎更不可能，因为7月29日鲁迅就伍实（傅东华）在《文学》第2期上写的《休士在中国》一文中诬辱鲁迅的话提出抗议，随即就终止了与《文学》的关系约半年之久，怎么可能在8月初出席《文学》社举办的宴席，还说了那么多幽默、隽永的话？而且鲁迅日记上也没有在8月初记载过赴宴的事情。若以巴金的叙述细节为真，那么，这种情谊融融的场面是应该发生在7月1日《文学》创刊之后，7月29日鲁迅写《给文学社的信》之前，而巴金在这个月中又偏偏是外出旅行，人不在上海。所以他们初次会见的日期几乎是无法推算。巴金在回忆中说，继这次会见后，以后在同样性质的宴会上又看见鲁迅一两次。但在1933年9月—1934年7月，巴金始终在北方，中途只有1934年2月间回过上海一次，查鲁迅日记，这个月并无外出饭局。（唯一的一次是"内山招饮"，巴金显然不会参加）。到1934年7月以后，鲁迅日记所载应邀出席宴席的有两次；8月5日一次"生活书店招饮于觉林，与保宗同去，同席八人"；9月4日又有一次"望道招饮于东亚酒店，与保宗同往，同席十一人"。前一次是商议《译文》创刊，由徐伯昕请客，出席者有鲁迅、茅盾、黎烈文，还缺四人之名。后一次是商议《太白》创刊，具体出席人中另九人名字不详，这两个刊物都是生活书店出版，与《文学》社的情况一样，巴金与这三家刊物以及生活书店的关系很好，他刚刚完成的《旅途随笔》也是在这一年8月生活书店出版。他是否会参加这样的宴会很难说，但如果以鲁迅日记为证，大约也只有这几次见面的可能。直到1934

年10月6日，鲁迅日记里才第一次出现巴金的名字："夜公饯巴金于南京路饭店，与保宗同去，全席八人。"关于这次会见，巴金也有过这样的记载："我去日本之前，10月初《文学》社的几个朋友给我饯行，在南京饭店定了一个房间，菜是由餐厅送上来的。鲁迅先生那天也来了。他好像很高兴，他对我说了些日本的风俗人情，也讲了一两个中国留学生在日本由于语言不通闹的笑话。"①只有这一次会见的时间、地点、谈话内容都是可以证实的，也应该说，这一次宴席巴金与鲁迅才真正产生了友谊。

巴金自日本回来后参与文生社编辑工作，与鲁迅可能接触稍多，但若仅限于饭席上的见面次数，那也相当有限。1935年8月以后的鲁迅日记中，吴朗西、黄源的名字不断出现，但巴金的名字却很少，连巴金三次出版著作，都是由黄源代为送给鲁迅的。这一年多的时间里，鲁迅外出参与宴席，大约只有两次是与巴金有关，一次是1935年9月15日，"河清邀在南京饭店夜饭，晚与广平携海婴往，同席十人"，这次宴席是商量文生社出版译文丛书的事情，由文生社做东。茅盾自然参加了这次宴席，按理黎烈文是原先生活书店编《译文》的三人之一，又是巴金、黄源的朋友，可能也会在场，有一种说法是胡风、傅东华也在场，那么再加上巴金和吴朗西"十人"就全了。即使海婴不计入内，也可能加上一个文生社方面的人。这次宴席是商谈出版"译文丛书"事项，巴金也有过详细的叙述。就在这次宴席上，巴金请鲁迅为《文学丛刊》第一集编一个集子，鲁迅答应了，这就是《故事新编》。几个月后，"我在一个宴会上又向鲁迅先生要稿，我说我希望《文学丛刊》第四集里有他的一本集子，他很爽快地答应了。过了些时候，他要人带了口信来，告诉我集子的名字：散文集《夜记》"②。这本集子没来得及完成，鲁迅就病

---

① 引自《鲁迅先生就是这样一个人》，载《全集》第15卷，第243页。
② 引自《鲁迅先生就是这样一个人》，载《全集》第15卷，第245页。

逝了。这次宴会与约稿或许是巴金与鲁迅的最后一次见面,其时间据鲁迅日记推断,只能是1936年5月3日:"译文社邀夜饭于东兴楼,夜往,集者约三十人。"所以算起来,巴金与鲁迅的见面总共不会超过五六次,很难说他们之间有很深的了解。

  使巴金对鲁迅产生终生不渝的敬意与感激的,除了他对鲁迅作品、思想、为人的由衷崇敬以外,就是鲁迅在《答徐懋庸》中对巴金的维护。鲁迅与文生社关系的日益密切引起了原来左联中一些人的误解,徐懋庸仗着同鲁迅有过不坏的关系,于1936年8月1日冒冒失失写了那封著名的信。信中谈及当时"文艺家协会"与"文艺工作者"的两个宣言,批评鲁迅缺乏知人之明:"参加'文艺家协会'的'战友',未必个个右倾堕落,如先生所疑虑者;况集合在先生的左右的'战友',既然包括巴金和黄源之流,难道先生以为凡参加'文艺家协会'的人们,竟个个不如巴金和黄源吗?我从报章杂志上知道法西两国'安那其'之反动,破坏联合战线,无异于托派,中国'安那其'的行为,则更卑劣。……先生可与此辈为伍,而不屑为多数人合作,此理我实不解。"针对徐的来信,鲁迅抱病发表了《答徐懋庸并关于抗日民族统一战线问题》的长文,在许广平抄好的底稿上,又特意加了关于巴金的一段评价:"巴金是一个有热情的有进步思想的作家,在屈指可数的好作家之列的作家,他固然有'安那其主义者'之称,但他并没有反对我们的运动,还曾经列名于文艺工作者联名的战斗的宣言。……这样的译者和作家要来参加抗日的统一战线,我们是欢迎的,我真不懂徐懋庸等类为什么要说他们是'卑劣'?连西班牙的'安那其'的破坏、革命,也要巴金负责?"鲁迅的答复极有分寸,因为徐懋庸曾经是左联中人,尽管其时左联已解散,但毕竟内外有别,他批评了徐懋庸要把巴金、黄源等人排斥于统一战线之外的做法,并根据自己对巴金创作所表现出来的思想倾向(热情和有进步思想)、艺术水平(屈指可数的好作家)以及实际行为(没有反对左翼运动)三方面的印象做出了很高的评价，但他没有为巴金的无政府主义辩护，也没有为西班牙的无政府主义辩护。只是对徐懋庸这种从否定无政府主义的抽象原则出发去诬辱巴金的做法表示了愤懑。

徐懋庸攻击巴金的真正原因，并非是因为西班牙无政府主义的反动。徐懋庸早年在劳动大学读书，吴克刚教过他法文，好歹也算是无政府主义者的学生，应该对中国无政府主义有所了解。[①]1933年年底他在浙江台州图书馆遇到巴金（当时巴金到朱洗的家乡去旅游），二人有过一番交谈，事后徐还专门写过一篇报道，他不会不知事巴金创作上的成就。所以这封信只能暴露出徐懋庸为人的卑劣：为了政治上的需要和个人的目的，可以故意贬斥、诬陷一个正直的作家。他这么做只能是出于一个目的，就是想挽救当时左翼内部宗派主义造成的上海进步文艺界的分裂局面。

20世纪30年代巴金与左联毫无瓜葛。"周扬派""胡风派"闹得甚嚣尘上，于他没有任何影响。如果追根刨底，倒是胡风与他曾发生过一次小小的，虽不伤感情却情绪对立的冲突。为的是胡风把《海底梦》也算作"第三种人"的作品来批评，而巴金对来自左翼的批评一向反感，他写了一篇《我的自辩》，声明他追求的新兴阶级意识不是"在一党独裁制下而卓绝地完成了五年计划的苏联的工农阶级"，而是在"C.N.T指导下面与玛西亚专制勇敢地斗争的西班牙一百三十多万的无产阶级和在F.O.R.A指导下面与白色恐怖艰苦地战斗的阿根廷无产阶级"，他承认他的"政治纲领是和后者相一致的"。这场争论未发展下去，因为鲁迅的关系，30年代巴金与胡风关系处得不坏，文化生活出版社出过胡风的诗集。但他没有卷入到左联内部纠纷，也没有加入两个口号之争。1936年左联默默地解散，鲁迅为之不快，断绝了与周扬等人的来往，并拒绝参加左联解散后组织的"文艺家协会"，在鲁迅周围的年轻人也都没有参加，

---

① 参阅徐懋庸《回忆录》，载《新文学史料》1980年第4期。

于是就有了"文艺工作者协会"的说法。关于"文艺工作者"有没有成立协会的计划,各种当事人的说法都不一样。茅盾回忆录说道,冯雪峰曾告诉他,胡风他们准备另外成立一个组织,名字都想好了,叫文艺工作者协会,参加的多半是青年人,雪峰还鼓励茅盾多动员些人同时参加两个团体,以冲淡它们之间的对立情绪和宗派情绪。① 但胡风回忆录里根本不承认有成立组织的企图,他说"胡风没有任何条件做这样的事,也绝不会蠢到起意要做这样的事"。他们"只是由没有参加文艺家协会的鲁迅为首发起一个《中国文艺工作者宣言》,表示他们也是赞成联合抗日的态度"②。胡风的话在巴金的回忆里也可以得到旁证,巴金在1978年回答来访者时,起草《中国文艺工作者宣言》是由他和黎烈文分头搞的,没有开过任何会议讨论这个问题。他说:"当时《文艺家协会宣言》已经发表,鲁迅、黎烈文和我都没有签名,我和黎烈文都认为我们也应该发起一个宣言,表示我们的态度。这样,就由我和黎烈文分头起草宣言,第二天见面时我把自己起草的那份交给黎烈文。鲁迅当时在病中,黎烈文带着两份宣言草稿去征求鲁迅的意见,在鲁迅家中把它们合并成一份,鲁迅在宣言定稿上签了名。"这份宣言"以《作家》《译文》等杂志社的名义分头去征求签名,胡风也去找他熟识的人签名"③。很清楚,所谓"文艺工作者协会"是子虚乌有的,但以鲁迅为中心,以《译文》、《作家》、《中流》、《文丛》、良友图书公司和文生社为主要基地,再加上胡风等左翼青年的力量,在上海的文坛上确实崛起了一股新生代的力量。这是一个客观的存在。冯雪峰凭着敏感的政治嗅觉,意识到这一点,很可能是他打算将这股力量组织起来,以"文艺工作者协会"的形式加以控制,而这在巴金、黎烈文、

---

① 引自茅盾《"左联"的解散和两个口号的论争》,载《新文学史料》1982年第2期。
② 引自胡风《回忆参加左联前后》,载《新文学史料》1985年第1期。
③ 引自《访问巴金同志》,载《新文学史料》1987年第1期。

黄源、胡风等人意识中是完全不自觉的：他们发了一个宣言，也就各人办各人的事去了。

周扬也一定意识到了这股力量的存在，不管他的新对手有没有成立组织的愿望，在客观上他们已经成了他的工作的阻力，特别是这股阻力来自鲁迅和冯雪峰。当时鲁迅还活着，雪峰又是上级党派来的，他不能不忍气吞声。可是徐懋庸的道行远远没修到火候，他不但年轻气盛，更要命的是他把自己的价值与这个空头的"文艺家协会"联系在一起。据茅盾回忆说："文艺家协会"的九个理事，除徐懋庸外都是长一辈的"中年持重者"，而且各有职务，并不把这个理事当一回事。唯徐懋庸主编的《文学界》，是协会的会刊，他正靠这东西吃饭。也许正出于这种私心，他格外看重"文艺家协会"理事那玩意儿，也格外对鲁迅的拒绝参加耿耿于怀，于是才会把这怨气迁怒于巴金、胡风和黄源。

鲁迅在病中心情一定也不好，这才生了这么大的气去写那篇答徐懋庸的信。这封信刚写完就交给了孟十还编的《作家》去发，孟十还拿了稿件先通报巴金，巴金赶到印刷所看到了原稿上鲁迅亲笔所加上的对他的评语，感激之情一定油然而生。他不是左翼人士，未必会过分看重左翼阵营对他的评价，但交浅言深的鲁迅在重病之下为他仗义执言的侠骨风度，不能不使他感激终生。这种感激随着日后的政治变化变得愈加深切，在1949年10月中国历史处于大变化的关键时刻，他站在北京街头面对阵阵风沙袭来而躲到树下避藏时，写下了这样一段充满感激的话："不，他不只是一个太阳，有时他还是棵大树，就像眼前的树木一样，这树木给我挡住了风沙，他也曾给无数的青年人挡住了风沙。"[1]

1936年10月19日，鲁迅去世，文生社同人与其他伙伴们一起，怀着无限悲恸之情举行了先生的治丧活动，巴金自始至终都参加了

---

[1] 引自《回忆鲁迅先生》，载《全集》第14卷，第8页。

这次活动。

二、转折点：趋向平稳

文生社的成立在巴金人生道路上又是一个转折的标志。他在编辑工作中不但找到了人格理想与文学事业相一致的道路，而且确定了自己在文坛上的位置：上有鲁迅像一棵大树一样庇护着，周围有一批虽然政治主张不一，但文学理想上都志同道合的年轻朋友，结结实实地形成了"五四"以来第二代作家队伍的主体。从1935年回国到1937年全民族抗战爆发，是巴金难得的平静日子，他甚至恢复了写长篇小说的心态。在靳以编的《文季月刊》上发表了《激流三部曲》的第二部《春》。本来在写《激流》的时候，他打算让觉慧做主人公，继《家》以后写觉慧走上社会的活动，书名也想好了，叫作《群》。但在这时，他改变了计划，把艺术构思依然拉回那个破败的高家大院，继续写高觉新的故事，他写了觉新与表妹蕙的若即若离的爱情，写了蕙的被迫出嫁和凄凉的死，也写了另一个少女淑英反抗父命，离家出走。他在蕙的遭遇里糅进了三姐尧彩的死——到现在为止，我们一直找不到机会叙述巴金三姐的事。尧彩在1923年巴金离家前夕出嫁，第二年死于难产，停尸古庙，夫家迟迟不愿花钱下葬。巴金一直心酸地记得三姐上花轿时挣扎的情景。这部小说里，蕙成为最动人的形象之一。这部小说的戏剧性冲突不像《家》那么惊心动魄，越来越多地描写生活琐事，写作风格也趋向平实。巴金认为他之所以要放弃写《群》而取材大家庭的故事是考虑到当时审查机关的威胁，他"一方面不愿意给新刊物招来麻烦，另一方面又要认真地完成新刊物交给的任务"[①]，于是就想到了《春》的故事。他把在日本时从一个与袁国钦相识的四川籍女学生反抗旧家

[①] 引自《谈〈春〉》，载《巴金论创作》第219页。

庭的身世经历，改变成淑英的抗婚和求学故事。但从巴金整个创作倾向来看，《春》取代《群》也包含了巴金审美趣味的变化。《春》写到第十章时，《文季月刊》被禁止了，小说的进度慢了下来，直到全民族抗战开始，巴金才在租界里花了十几天的工夫一口气把它完成，由开明书店出版。在更早一些时候，他还连续出版了《沉落》和《发的故事》两个短篇集。

　　巴金的小说一向拥有读者，他那支带煽动性的笔吸引了大批的年轻人，每天都可能收到各种各样的信，向他诉说各种遭遇，提出各种问题，甚至还有发生在困顿中求他去援救的呼救事件。这已有许多回忆文章说到了。笔者注意到的是，在这时期巴金与他的年轻崇拜者的关系也在发生微妙的变化。1936年，巴金有意从大量的读者信中选出一部分，陆续地发表公开回信，不但介绍自己，也向他们表达自己的社会观和人生观，这些信件后来收入一本叫《短简》的散文集子，其中有几篇都是讲到有个女学生因为"大考时有门功课不及格，同时又嫌她的家庭太官僚派"，就"离家庭和学校到另一个地方去了"，她在外面过得很快活，回信给同学说："在我没有饭吃的时候，我还是会快乐地发笑的。"但是巴金对这种轻率采取逃亡的孩子气泼了一盆冷水，他劝阻和他通信的学生不要轻易离开家庭，因为"在羽毛未丰满的时候，一只小鸟是不能远走高飞的。天空固然广阔，但到处躲着那些凶猛的老鹰，它们具有尖锐的眼睛和锋利的嘴爪，准备着捕食一只迷途的幼禽"。他甚至针对上面那个逃亡的女孩子的话而指出："她不会笑多久，只要饿上三天，她就不会笑了，以后她只有两条路可走，不是落在更悲惨的境地里，就是垂头丧气地回到家中。"为此，他劝那些一心去争自由的孩子们要"忍耐"，但他又为此感到痛苦，他说出了连自己都害怕的这两个字，"我恨我自己没有力量"[①]。类似的话重复在几篇通信中，

[①] 引自《给一个孩子》，载《全集》第13卷，第41页。

这些通信都是以一个女孩子为对象的，尽管每封信的对象不是同一个人，但都说着同一个问题。巴金的言论一定会使我们这本传记的读者感到吃惊，因为迄今为止，笔者多次渲染了他鼓吹反抗家庭，鼓励年轻人走上社会，去改造环境的理想，而为什么在他着手写《春》的时候，一边在小说里描写淑英反抗家庭，一边却劝阻现实生活中的读者不要以淑英为榜样，甚至说了与觉新同样的话："忍耐。"这究竟是怎么一回事？是巴金变得成熟了？老成了？还是因为功成名就而转向保守了？这可以引起各种不同的猜测，笔者的想法是巴金的这种转变与他放弃写《群》的原因是一致的，20世纪30年代中期他对他的理想丧失了信心，社会上不再有一个无政府主义的政治运动成为他憧憬的目标和力量的源泉，他相信改变社会的力量在于"群"，但"群"现在不见了，只剩下个人在"彷徨"，而个人是战胜不了社会的。当年他离开家庭，乘一只木船驶向茫茫黑夜时，他觉得他的朋友遍天下，而现在的学生逃亡后怎样呢？所以他才会面对那些纯洁的孩子感到"痛苦"，因为他说出了他自己不愿说的话。

在一篇通信里，他还是说到了自己的理想，这是他在读闽南的朋友叶非英编的一本小刊物《旅游之书》时产生的联想——当时平民中学已经停了，叶非英还坚持在那儿苦撑，办了一些其他学校。巴金在刊物上读到一篇朋友杨春天的文章，记叙了他带领学生到杭州扫师复墓的事："落叶掩埋了一切，树枝遮蔽了天空。除了背后石壁上的'师复墓'三个绿字尚可辨认，壁上的中文碑文和坟面上的世界语碑文都模糊难辨了，墓身也受了风雨的浸损，我们看到这荒凉的情景我们的心有些沉重了……"师复是中国无政府主义运动的创始人，也是巴金所崇敬的前辈革命家，现在选择了他的荒落的坟作为象征，巴金从这篇散文中看到了一个运动的失败：一个人，一个热爱人类的人，为人类奉献了自己的生命，他如今在这里睡了二十多年了。没有人晓得他是什么人，也没有人来看他，他在这里应是如何的寂寞啊……巴金想起了三个月前他与友人在沐着雨的暮色中也曾去祭扫了这位前辈陵墓的情景,① 他一定会从这些景象中想起屠格涅夫著名的散文诗《门槛》,革命者崇高的献身究竟为后世带来了怎样的结果?但是,他并不因为自己的理想失去了实现的可能性而变得灰心丧气,他坦然地在一篇通信中宣称:"除非人类日趋绝灭,或者社会的演进停止,否则我的路永不错误。因为这不是我一个人的路,这是所有不愿意做奴隶的人的路。这也是人类社会进化所必经的路。"但他对历史的演进结果有了不祥的预感:"有人把路分为两条:一条通自由,一条向专制,但后一条并非必经的。事实上我也给人指出了一条趋向自由的路,至于什么时候才能走到尽头,那却不是我所能知道了。"②

理想将同明天的太阳同升起来……这样的时代已经一去不复返了。他回到了世俗的生活中,过着那繁忙,但心安理得的日子,下面是他向一个通信者记叙他一天的生活实录:

我在大太阳下面跑了半天的路,登了五十级楼梯,到了一个地方,刚刚揩了额上的汗珠坐下,你的信就映入我的眼帘。我拆开信封,你那陌生而古怪的笔迹刺着我的眼睛。我看了几个字,把信笺放回到信封里;我又去拆第二封信。……我和这个地方的人说了几句话,便又匆匆地走下五十级楼梯,跑到街心去了。刚好前面停着一辆无轨电车,我一口气跑了过去。车子正要开动,我连忙跳了上去。车厢里人很少,我占着宽敞的座位。过了一会儿,我的心的跳动渐渐地恢复了常态,我可以把思想集中在一件事情上面了,我便取出你的信来,仔细地但很费力地读了一遍……

电车到了一个站头,我下了车。我半跑半走地到了另一个地方,又登上几十级楼梯,在一个窄小的编辑室里坐下来,我开始校对一

---

① 引自《家》,载《全集》第13卷,第54页。
② 引自《我的路》,载《全集》第13卷,第31页。

篇我的稿子……于是有人来通知说，一个从乡下来的朋友在下面等着见我。我便走了下去。

四年的分别使我几乎不认识那个年轻友人了。……这一天我见到他。我们到附近的一个咖啡店里去谈了一个多钟头。他是从炎热的南洋来的，在那边他每天都喝咖啡，可是现在他说他不大喝它了。我从前看见他的时候，他似乎是一个健谈的人，如今他却不大开口了。……

我回到编辑室，看见写字桌上有一封从北方来的信，也是一个不认识的朋友写的，我拆开信，取出那几张作为信笺的稿纸，我忽然胆怯起来，我不敢看它们，我就把它们揣在怀里。过了一阵一个电话打来，要我再到我先前离开的那个地方去，有人在那里等我。我匆忙地走到无轨电车的站头。无轨电车又把我带到先前来过的地方。我又登了五十级楼梯走到三层楼上。在这里我和不曾约定而无意间碰在一起的几个朋友，谈了将近一个多钟头的闲话。我又应该回到一点多钟前离开的那个地方去。因为那边还有朋友等着我一道吃饭，现在是吃饭的时候了。我从这里邀了一个朋友和我同去。

…………

我们在饭馆里坐了一个多钟头，安静地走出来，看见街上飞驰的兵车和惊慌的行人，才知道一个重大的"事件"突然发生了。……我怀着激动的心情，读了那个北方青年朋友的使人感动的信函。我也怀着激动的心情，给他写了回信。我还继续写我的长篇小说。这些时候外面静得如在一座古城，只有一些兵车的声音来打破这窒息人的沉寂。我一直写到凌晨四点多钟。①

这封长信中说的"一个地方"，是指上海四马路的文化生活出版社，"另一个地方"是北四川路的良友图书公司编辑室，他一天就奔波在出版社、编辑部，看稿，读信，接待友人，写作……日子过得忙碌而充实，不再如20世纪30年代初期那样时时发出灵魂的呼号了。

---

① 引自《我的故事》，载《全集》第13卷，第20—24页。

三、萧珊

收在《短简》里的书信中，据巴金说，有一封是给他后来的夫人陈蕴珍（萧珊）的，但是哪一篇回忆不起来。研究者各有各的猜测，因为当事者宣布已经忘了，终究无法得到证实。但这本书简集中包含了巴金的心灵走向平静的另一个秘密：1936年在他的生活中出现了第一个，也是唯一的女性——萧珊。

那时巴金三十二岁，萧珊比他小十三岁，应该是十九岁，按中国一般的虚岁算法，叫作二十岁。在另外一篇他人写的文章里，说萧珊生于1920年，那就是比巴金小十六岁，当时虚岁应是十七岁。[①]巴金曾说他们相识时萧珊不满二十，正在上海爱国女中读书。巴金晚年在《怀念萧珊》中说："对她的成长我应负很大的责任。她读了我的小说，后来见到了我，对我发生了感情。她在中学念书，看见我之前，因为参加学生运动被学校开除，回到家乡住了一个短时期，又出来进另一所学校。"这另一所学校就是爱国女中。巴金由1936年冬天搬到法租界拉都路敦和里21号马宗融家住（是时马氏夫妇赴广西教书），一直住到第二年7月迁到霞飞路霞飞坊59号。他在那儿结识萧珊，时间当在这一时期中。[②]笔者曾见到一张萧珊年轻时代的照片，这张照片曾被人描写过："你穿着工装裤俯身在草地上，这是在上海一个有名的公园里，你支起胳臂，全然一副顽皮的样子，脸上一对酒窝，还是我们那个时代中学生的打扮，额前梳着刘海，头发盖住耳朵，头上还有一只蝴蝶结……"[③]笔者因现在手头无原件，凭印象无法描写得那般真切，但萧珊在相片上一脸孩子气的兴奋状还历历在目，照片里还有巴金，穿着西服远远地躺

[①] 引自魏绍昌《〈随想录〉读后杂写》，载《巴金专集》第1册，第101页。
[②] 引自《巴金访问荟萃》，载《巴金年谱》第1440页。
[③] 杨苡《梦萧珊》，载《雪泥集》第102页。

在草地上，用礼帽遮着脸，若不特别指出谁也不知这是相片上女孩子的恋人。照片上还有其他人，似乎是陶肃琼和靳以。这张照片是春天照的，按时间推算应是1937年春天的事。萧珊是学校里的活跃分子，陶肃琼是爱国女中的学生会主席，她们一起去邀请巴金和靳以到学校演讲，向来不善辞令，更不善做报告的巴金居然同意了萧珊的邀请，据说还拖了能说会道的剧作家李健吾同去，有人在回忆中记得巴金上台第一句就说"我是四川人"这样一句毫不相干的话。这就是巴金与萧珊之间最初的恋曲。

一部传记作品免不了要写传主的恋爱。克鲁泡特金曾经在评论屠格涅夫小说时说，一个人性格最完全最坦白的表现，应该是他的恋爱生活。这个观点后来被巴金接受，他写他的朋友们的性格与活动，总要编造一些爱情故事来加以说明。可是传记与小说不同，笔者对此有自己的看法。笔者一向认为，恋爱是每一个人的"隐私"，它只属于两个人的秘密，不应该由别人去过问。不管这种恋爱是崇高的还是卑琐的，旁人都没有资格去说三道四妄加评论，现实生活里是这样，写作中也是这样。传记的主人公既是现实生活中的真人，他的恋爱理当受到尊重和保障，发掘隐私，曝光秘密，都是不适合的。当然，也有两种情况是例外，一是当事人自己用某种方式把恋爱公开化了，使恋爱已经成为一个社会事件，了解这段恋爱真相成了了解当事人不可缺少的环节（中国作家里不乏这种情况，如郁达夫的《毁家诗纪》，徐志摩的《爱眉小札》，鲁迅的《两地书》，梁宗岱的离婚官司，等等）；还有一种是当事人的一切都已成为社会的财富，任何秘密对当事人及其子女都不会构成影响。但这两种情况对巴金都不适合；巴金是个健在的，在当代生活中依然发挥着重大作用与影响的作家，而且他从未公布过他与萧珊恋爱的细节和文献。因此，对于这样一个著名作家的浪漫恋曲，我们只好付阙。

巴金早年是个革命的理想主义者，尽管他在行动上从未脱离一般知识分子的行为，但心底深处总有一种更高的理想召唤他随时随地去准备献身，就像门槛上的姑娘那样。也许是他在童年时代家族婚姻生活的丑恶给他留下了太深的印象，也可能是他看到一些朋友因为结了婚就放弃浪漫的理想主义，变成平庸生活的俘虏，所以在他事业和写作最辉煌的时刻，他拒绝了爱情的占有，他曾和陈洪有、袁志伊三个人批评过沈仲九因结婚而忘了事业的错误，被朋友们戏称为"反对恋爱的三人团"。不久，陈洪有、袁志伊都先后"破戒"了，唯巴金还是光棍一个。① 那是在1935年他写《〈爱情的三部曲〉总序》的时候。只过了一年，一个女孩子的一双美丽的眼睛就征服了他的心。巴金在第二年开始写抗战三部曲《火》，他在第一部里引用了萧珊参加伤兵救护工作的经历，小说里冯文淑就是以萧珊为模特来写的。我们看到巴金对主人公最传神的描写是关于她的眼睛："她那两颗圆圆的漆黑的眼珠顽皮地在刘波的清癯的脸庞上滚来滚去。""她衔着吸管慢腾腾地吸着冰水，一面抬起长睫毛盖住的不大不小的眼睛，调皮似的偷偷望着刘波……"② 一双美丽的眼睛，巴金到老也没能忘怀。

恋曲奏响了，一直进行了八年，与他们共同经受的全民族抗战所需要的时间相同。或可以说，正是因为战争，才使他们的爱变得持久而深沉。这八年中，他们在连天的烽火中几度离散，几度相聚，天南地北，两情依依，尽管不着一字，但八年生死恋的经历早已穷尽风流，写出了忠贞高于一切。

四、聚散两依依（一）

巴金和萧珊的第一次分别，是在1938年的春天。巴金在租界刚刚写完《春》，就离开上海去广州，准备在那儿筹办文生社广州分社和复刊战时周刊《烽火》。这个刊物诞生在"八一三"的战火之中，是由《文学》《文丛》《中流》《译文》四个停刊杂志的同人联合

---

① 引自《〈爱情的三部曲〉总序》，收《巴金专集》第1册，第300页。
② 引自《火》第1部，载《全集》第7卷，第8、10页。

凑钱办起来的，茅盾为编辑人，巴金为发行人，先取名《呐喊》，第3期起改名《烽火》。办到10月，茅盾离开了上海，刊物就由巴金接着办，稿件发表不付稿酬，内容是以宣传抗战为主。但办到《烽火》第12期时，杂志被租界当局禁止。当时巴金还在文化生活出版社编辑《烽火小丛书》，内容也都是宣传抗日，巴金的杂文集《控诉》就收在这个丛书里出版。到1938年春，巴金与靳以一起到了热火朝天的广州，那儿似乎有更多的事情可做，他和弟弟李采臣（尧棪）一起，办起了文化生活出版社广州分社，他就住在广州惠新东街20号的文生社址。5月1日《烽火》复刊，改为旬刊出版，依然是以四个出版社的联合刊物名义出版，但开始付稿酬。同时，靳以也复刊了大型文学杂志《文丛》，巴金在上面断断续续地撰写《火》的第一部。这时萧珊留在上海爱国女中读高三。按巴金喜欢写信的生活习惯，这期间一定会与萧珊有频繁的通信，可惜没有一字片纸公布。我们只能在巴金以萧珊为原型写的《火》中，略略地感受到一点作家的眷恋之情。

　　7月份萧珊中学毕业，巴金赶回上海一次，陪萧珊一起来广州。这段时期租界的形势稍稍放松，巴金在上海待了两个星期，没有住在霞飞坊59号索非家，而是与靳以住在辣斐德路的一家旅馆里，为开明书店新排本《爱情的三部曲》做修订。他在《前记》里这样形容这时的生活："公寓里很热，夜晚也不通凉。这几天我常常捧着《爱情的三部曲》工作到两三点钟，有时就在躺椅上迷迷糊糊地睡着了，直到我的疲倦的眼睛无法看清楚书上的字迹时，我才关上电灯上床睡去。"在巴金晚年，他又一次想起这段时期的一个小插曲："一天深夜，早已入睡的靳以忽然从里屋出来，到阳台上去立了片刻回来，走过桌子前，没头没脑地说了一句：'我梦见你死了。'就回到里屋去了。"[①] 也许是广州在6月份已经受了日机的轰炸，精神

[①] 引自《说梦》，载《探索集》第132页。

上对生死感触特别敏感,所以在这一篇《前记》里,巴金又一次重申:"我永不能忘记的是这样二句话:'我不怕……我有信仰。'现在'电光一闪','应该是信仰开花'的时候了。"

这里似乎又涉及巴金早期的信仰了。巴金在抗战以后,虽然东奔西走,行动频繁,但他的心里并不像20世纪30年代那样充满了浮躁、孤独和绝望,他的人格也由二元的分裂走向了和谐的统一,尤其是战争一爆发,官方对意识形态的禁止不像以前那么严厉,无政府主义又可以公开地谈论和传播,但其时巴金本人也在变化,他从战争一开始就认同了抗战和爱国运动,他甚至说他听到抗战的炮声响起时,产生出俄国民粹党人妃格念尔听到沙皇被刺杀时的兴奋心情——其实这两件事是无法相提并论的,一个是维护国家的统一和民族的独立,另一则是暗杀国家的统治者去改变专制社会。而巴金,过去一向对肤浅的爱国主义嗤之以鼻,现在也公开地声明自己拥护爱国战争。他宣布:"我是一个安那其主义者,有人说安那其主义者反对战争,反对武力。这不一定对。倘使这战争是为了反抗强权、反抗侵略而起,倘使这武力得着民众的拥护而且保卫着民众的利益……安那其主义者是不会对它攻击的。"① 但他还是没有放弃无政府主义的理想,他认为抗战是一道门,要争取生存的权利非跨进这道门不可,至于进了门往哪条路走,那是以后的事。② 正因为他从战争中看到了自己的信仰的新希望,他才这样坦然地投入战争,与中国民众在一起受难一起奋斗。在离开上海的时候,他忽然想到了古罗马尼禄王屠杀基督教徒的故事,他呼吁人们要像圣彼得那样,以"重进罗马"的勇气留在孤岛里工作。

7月16日,他搭乘太古轮南下,三天以后到汕头,然后绕香港回到广州。萧珊与巴金同行,两人开始了一场生生死死的苦难历程。巴金从上船起给上海留守文生社工作的陆蠡写信,以通信的形式详

---

① 引自《只有抗战这一条路》,载《全集》第12卷,第544页。
② 引自《失败主义者》,载《全集》第13卷,第238页。

细叙述离开上海后的生活见闻:《香港行》《在广州》《广州在轰炸中》《在轰炸中过的日子》《广州到乐昌》《广武道上》《汉口短简》《广州在包围中》《广州的最后一晚》《从广州出来》……一直写到10月20日他们在广州失陷的前一夜仓皇逃出。这些书信体散文大部分发表在陆蠡编的《少年读物》上。在这些旅途通信中,巴金几乎是自然主义地记载了他的战时见闻,但奇怪的是文章里只字未提萧珊的存在,除了在《从广州到乐昌》里含混地说到一个"上海朋友",而且还用了男性的"他"字来指代。一向以倾吐感情、坦白胸怀著称的巴金在这一组通讯里不提他身边最重要的感情存在,似乎有点令人不解,他是在掩盖着自己的感情?还是他格外珍爱这迟来的爱情,不愿意让别人去分享或介入这种纯属两个人的感情?总之,从这时起巴金开始有了自己的秘密。

萧珊一直与巴金在一起,他们的行踪难以确定。巴金在8月16日写的一篇通讯中说,自6月以后,他去过两个地方,现在是第三次回到广州。这期间一次是去上海接萧珊,还有一次,甚至两次,是到哪里呢?没有记载,唯一能解释的是去香港,因广州自6月以来受日机轰炸日甚,很可能是为躲轰炸去香港暂住,那时萨空了在香港办《立报》,萧乾也在那儿办港版《大公报》,从广州到香港,来来往往非常方便。9月中他们一起到汉口旅行,同行的是前几年在新会办西江师范学校的陈洪有,经过长途跋涉,几经辗转,花了整整七天的时间,他们终于到达战云密布的武汉三镇,住进了汉口的扬子江饭店。其时武汉会战即在眉睫,但中国方面的斗志尚且昂扬,巴金在武汉遇见了许多朋友,有文艺界的,也有其他方面的。巴金曾说,他在武汉时,"没有一刻不是和三个以上的朋友在一起,在睡觉的时候这个房间里也有五六个人"。而巴金自己则睡在沙发上,使他的颈脖"睡得麻木"[1]。在这段"兴奋的日子"中,可能旧时同一信仰的朋友更加多一些。笔者收集了两处关于巴金在汉口的回忆。一段是田一文所说:"老龙告诉我,一个多月以前,巴金

---

[1] 引自《汉口短简》,载《全集》第13卷,第159页。

到过汉口,在扬子江饭店住了一些日子,武汉的年轻朋友都去看望过他。他跟大家谈过抗日民族统一战线问题。他那时的信仰是人所共知的,有着同样信仰的年轻人,都希望从他那里知道自己在抗日战争中的立场和态度,老龙说,关于这个问题,老巴谈得很明朗,很肯定。他说,我们拥护抗日民族统一线战,我们都要参加抗日救亡工作。国家兴亡是每一个中国人的责任。"① 田一文晚年写这篇回忆,有些地方记不准确,他说他是1938年9月到汉口的,却没碰上巴金,他听说的这段事迹发生在"一个多月前",那就是8月初。那时巴金刚到广州,显然不可能在短短的时间里连续两次去武汉。另一段是毕修勺的回忆,毕曾因编《革命周报》与巴金闹翻,1934年自法国归来以后,由马宗融夫妇出面使两人重新和解,其时毕在汉口担任《扫荡报》主笔(巴金的另一个朋友吴克刚,那时也在《扫荡报》工作)。他回忆说:"1938年五六月间,巴金也到武汉,我曾到旅馆去看过他,我也曾告诉陈诚巴金在武汉的事。陈要我转达巴金,他将命令政治部和《扫荡报》给他一个名义,请他到前线去采访战况,写些文章。我把这个意思告诉巴金,巴金摇头。他不久就离开武汉到桂林去了。"② 回忆在时间和有些地点上都有错,但基本事实不会错。从这两段回忆中可以看出:巴金在当时是带着鲜明的无政府主义的烙印投入抗战的,所以他的抗战有明确的独特性:既积极投入民众的抗战活动,希望通过抗战把民众的积极性革命性调动起来,打破死水一潭的中国社会现状,又反对把抗战和拥护政府混为一谈,拒绝来自官方的任何荣誉与利益。这种独特性,正是巴金将人格统一于实际行为的标志,他不再为实际工作与理想的背道而驰而痛苦,也不为灵魂的堕落而呼号。他似乎已经找到了一个切实的工作,在实践中完成理想的道路。田一文还回忆到他在桂林

---

① 引自田一文《我忆巴金》第1页。
② 引自毕修勺《我信仰无政府主义的前前后后》第1037页。

与巴金见面时曾谈到理想与现实的问题。巴金对他说:"我们谈理想,是要努力把理想变成现实;我们要为理想脚踏实地地做些事。"①这话的意思大致符合巴金当时的思想情况。

巴金这一时期里一直在实践这样的道路。他又恢复了写政论的习惯,写了后来编在《感想》这本杂文集里的一组政论,探讨无政府主义在抗战中应取的态度;同时他还陆续译出或编出五六种《西班牙问题》小丛书和几种反映西班牙内战的画册,他宣传西班牙无政府主义者反抗法西斯的斗争事迹,不仅用来激励中国人民的抗战,更主要的是向中国人民指出一条应该如何抗战的道路。这些作品都是在极其困难的条件下译出的,有几种是他逃出广州后,在逃亡的路上断断续续完成的。我们不妨看一下这张简单的年表:1938年7月,巴金自上海到广州,同月用平明书店名义出版《西班牙的黎明》(画册,图配诗),8月,出版译作《战士杜鲁底》和画册《西班牙在前进中》,9月,赴汉口,回广州后28日译出《西班牙》,29日译出《西班牙进入1938年》,同月,出版散文集《梦与醉》,并在两个月中陆续写出《感想》中的《失败主义者》《国家主义者》《最后胜利主义者》等政论;10月,出版《烽火》第20期(最后一期)。13日,日军登陆,逼近广州,19日,在印刷局取到《文丛》二卷四期的全部纸型,20日,与萧珊等离开广州,乘船往梧州方向逃亡。同月,译出《巴塞洛那的五月事变》,作《公式主义者》。11月1日,在往梧州的逃亡路上译完《加米洛·柏尔奈利》。8日,到达桂林。——这年表还略去他在广州期间写作《旅途通讯》的散文,几乎一直写到10月19日炮声逼近广州之时。这可以看出巴金作为一个无政府主义者在民族抗战中所做出非常独特的贡献。

10月20日,巴金、萧珊、李采臣、张宗和(沈从文妻弟)及其未婚妻一行五个人与《宇宙风》社的林憾庐一行五个人会合,一起搭

---

① 引自田一文《我忆巴金》第5页。

船逃离广州。此时离广州陷落只有七个小时。一路上历尽艰险，终于在11月8日巴金与萧珊抵达桂林。林憾庐比他们早几天到达，在漓江东岸福隆街找了住所，巴金与他住在一起。经过广州一段时期的接触，巴金与林憾庐彼此有了较深的了解。林憾庐是林语堂的哥哥，又是个虔诚的基督徒，信仰与巴金不同，但他们的人生态度有相近的地方，那就是人道主义。他们在患难中结成的友情，使巴金感到温暖。

巴金这次在桂林住了三个月，遇到了缪崇群、丽尼、丰子恺、王鲁彦、朱雯夫妇等等，还出席过广西临时参议会议长李任仁为来桂林文化界人士举行的招待会，出席的还有胡愈之、陶行知和日本反战作家鹿地亘等人。李任仁是广西文化界的元老，与桂系政界都有很深的关系，巴金出席这样一个具有官方色彩的招待会，大约是生平第一次。过了几天，桂林的文艺界人士在倚虹楼举行会议，成立中华全国文艺界抗战协会桂林分会，巴金被选为理事。八个月前，在汉口成立中华全国文艺界抗敌协会，巴金在缺席的情况下被选举为理事，这次会议他是应该参加的，不过在他这时期写的回忆录里，这两次会议都未给以记载。

巴金初到桂林时敌机的轰炸不猛烈，日子过得还算充实舒服，风景如画的漓江山水，曾给他和萧珊的逃难生活带来了情趣。他这样描述他寄住的林憾庐家："我爱木板的小房间。我爱镂花的糊纸窗户，我爱生满青苔的天井，我爱后面那个可以做马厩的院子。我常常打开后门走出去，跨进菜园，只看见一片绿色，七星岩屏障似的立在前面，七星岩是最好的防空洞，最安全的避难所。"① 怀着这样的心情，他甚至把躲警报叫作被强迫的"游山"②，但从11月30日桂林市区遭受日机第一次大轰炸起，灾难就连续不断，到12月29日第四次大轰炸时，美丽的古城已陷于一片火海之中。巴金在

---

① 引自《桂林的受难》，载《全集》第13卷，第212页。
② 引自《雪泥集》第2页。

这短暂的平静时期中,迅速复刊了《文丛》杂志,并为筹办文化生活出版社的桂林办事处打下基础。广州的失陷已经使文生社遭受了重大损失,现在他又在桂林积极地筹办起桂林分社,他在这一期《文丛》的卷头语中说:"这刊物虽然对抗敌的伟业并无什么贡献,但是它也可以作为对敌人暴力的一个答复:'我们的文化是任何暴力所不能摧毁的。'"其精神与当年重写《新生》一样。中国的知识分子真不容易,他们就像生存在巨石下的剑麻,只要有一丝空间,一瞬时间,他们就会立刻为文化事业做些贡献。从四面八方逃亡到这里的文人们刚刚站住脚,立刻又办起了各种各样的文艺刊物:《文丛》《宇宙风》《文艺生活》《野草》等等。桂林成了名重一时的文化城。

田一文与巴金于1938年10月在桂林初次见面,他回忆了这时期巴金和萧珊的生活:"在桂林《宇宙风》社,我见到了年轻的萧珊。巴金向我介绍,萧珊是他的女友,也是他的作品的一个读者。她说一口带宁波音的普通话,穿着朴素,不趋时髦;一件长夹旗袍,外罩一件红毛线衣……巴金当时在编辑《文丛》创刊号,忙着发稿,校对,跑印刷所,她也帮着处理一些杂事。"[①]可见巴金在桂林时,萧珊一直伴随在他的身边,并已经介入了他的文学生活。

朱雯的妻子罗洪也曾回忆到巴金和萧珊躲警报并游览七星岩等名胜的生活:"我们随着向导者的火把,在漆黑的岩洞里踽踽地前行……迎面出现一个瑰丽的钟乳,当头漏下一阵阴森森冷风,都会使萧珊发出一声高兴但又惊恐的欢笑。"[②]充满孩子气的萧珊还陪同巴金去广西大学讲演,向来不善于讲话的巴金站在讲台上没讲多少话就讲不下去了,窘得面红耳赤,只好退下讲台。萧珊事后把这事当笑话告诉别的朋友:"她一面说,一面笑,笑得很天真。我被

---

① 引自田一文《我忆巴金》第107页。
② 引自罗洪《怀念萧珊》,载《文汇月刊》1980年第4期。

萧珊逗笑了，巴金也止不住笑。"①巴金关于桂林时期的回忆仍然只字未提萧珊，我们只能从这些旁人的文字中略微搜索到一点简单的生活剪影。

编《文丛》之余，巴金在桂林还继续写通信式散文，叙述从广州逃出到桂林受难的一路经历。这些文章连同在广州写的那一组通信编成一个集子，取名为《旅途通信》，分上下册由上海文化生活出版社出版。尽管这些文章里没有写到萧珊，但巴金心里明白，他所记录的正是他与萧珊共同度过的一段宝贵的经历。许多年以后他才说，这本小书"忠实地记录了当时的一些社会情况，也保留了我们爱情生活中的一段经历，没有虚假，没有修饰，也没有诗意，那个时期我们就是那样生活，那样旅行"②。他还写了《火》的一个片段，写出了朝鲜革命者在上海的锄奸活动，但他没有继续写下去，反而被一个更大的艺术构思所吸引，那就是《激流》第三部《秋》。巴金说他在广州躲避轰炸的时候，常常想到几件未了的事情，其中一件就是写《秋》。现在他脱离了广州的危难，在桂林生活稍定，就想到要完成这个心愿。③但当时桂林已被炸成了一片废墟，难以再做什么事，所以，他与萧珊在1939年春天经金华、温州回到上海。

五、在孤岛

1939年的"孤岛"——上海租界暂时处于安定的状态之下。巴金回到上海，依然在霞飞路霞飞坊与索非住在一起。这时文化生活出版社已搬到法租界的巨籁达路1弄8号，由陆蠡主持负责，生物学家朱洗好像也常来帮一点忙。现在巴金回来，正是如虎添翼，《文学丛刊》的第六、七集就是在这时期陆续编成。巴金不但忙于组稿

---

① 引自田一文《我忆巴金》第5页。
② 引自《关于〈火〉》，载《巴金论创作》第391页。
③ 引自《〈秋〉序》初刊文，收《巴金专集》第1册。

催稿，还自己动手替别人编稿。有些作家在贫苦中死去，也有些作家因战争而不知下落，巴金由于友情，或是对文学的责任，他收集他们的作品编成集子出版。女作家罗淑是巴金的好朋友，1938年死于产褥感染，巴金在广州时就怀着悲痛的心情为她编出了短篇集《生人妻》，收在第五集中。现在他又为只见过一面的屈曲夫和从未见过面的田涛编了两种小说集，都收入了第六集。同时，他还办起了小丛书式的《文季丛刊》和分量更轻、类似袖珍本的《文学小丛书》。《文季丛刊》第一本是张天翼的《同乡们》，于1939年4月出版，《文学小丛书》第一本是李健吾的话剧《十三年》，也于同时间出版。在后一个丛刊里，他还根据罗淑的手稿为她分别编成了《地上的一角》和《鱼儿坳》出版。这两套丛书都以形式轻便为特征，非常适合战时人们的精神文化需要。

这时期巴金的另一个编辑计划是重新编辑出版《克鲁泡特金全集》。这是中国无政府主义者向往已久的宏愿。早在20世纪20年代、30年代他们都曾计划出版，结果都是不了了之，特别是1933年新民书店出版克氏全集的计划，第一本即以巴金译的克鲁泡特金《自传》打头，巴金还用黑浪的笔名写了《〈克鲁泡特金全集〉总序》，但后来也没有能坚持下去。这次巴金用平明书店的名义编辑出版，计划共分两集，第一集为杰作集，共出十本，并且译者都有了分工：一、《自传》（巴金译）；二、《俄法狱中记》（巴金译）；三、《一个反抗者的话》（毕修勺译）；四、《面包与自由》（巴金译）；五、《田园工厂与手工场》（巴金译）；六、《互助论》（朱洗译）；七、《俄国文学的理想与现实》（丽尼译）；八、《法兰西大革命史》（杨人楩译）；九、《近代科学与安那其主义》（毕修勺译）；十、《伦理学的起源与发展》（巴金译）。第二集为克氏论文集，也出十本，分别是：十一、《地理学论文集》；十二、《伦理学论文集》；十三、《劳动问题论文集》；十四、《农民问题论文集》；十五、《科学艺术论文集》；十六、《社会思想论文集》；十七、《经济思想论文集》；十八、十九是通信集两本；二十是克鲁泡特金研究。从出版的几本书看，其装帧一律改为横排本，令人耳目一新。看到这样规模的计划能在抗战时期的孤岛抛出，确使人感到兴奋与惊讶。可惜的是这个计划同样未能完成，能印出的只是巴金根据旧作改译的《面包与自由》和《伦理学的起源与发展》、朱洗译的《互助论》和毕修勺译的《一个反抗者的话》四种，《自传》在1939年5月依然由开明书店出新版，其他几种仍未能出版。

在孤岛上巴金忙于出版和编辑工作，《秋》的写作计划暂时搁置，他在春上陆续发表了关于闽南旅游的回忆和法国大革命历史的札记，后编成散文集《黑土》。这多少也与翻译克氏计划有点相关。6月朱洗的《互助论》译出，巴金为之写序，推崇克氏的"互助论"与达尔文的"进化论"在研究生物特性学术中具有同等的价值，还把这种学说与当前的反侵略战争联系起来，指出这本书在其时出版正是对"侵略战争的抗议"，因为"互助论"是讲同种生物间的团结，它是"抵御外来侵略或残酷的自然斗争"的"最好的武器"。同时，剩下的几种"西班牙问题小丛书"也在这时译完出版。我们似乎看到，巴金的抗战活动始终是与他的信仰结合在一起，踏踏实实，胸有成竹，一件一件地做着。

编完《互助论》和罗淑的《地上的一角》，巴金离开上海到香港去小住了大约一个月，他说是去取衣服的，广州轰炸时他曾把衣物都寄放在萨空了处，萨离开香港，把衣物转放到萧乾处。萧乾在香港编港版《大公报》，正与一个漂亮的四川姑娘恋得火热，打算跟自己的妻子"小树叶"分手。巴金到港后发现了老朋友见异思迁，不免语多责备，他那时正与萧珊处于热恋状态，无法理解萧乾此时此刻的心情。他在晚年回忆这件事时仍然用责备的语气："我批评他，同他争论过，我看不惯那种单凭个人兴趣、爱好或者冲动，见一个爱一个，爱一个换一个的办法，我劝他多多想到自己的责任，应该知道怎样控制自己的感情，等等等等。我谈得多，我想说服他，没有用！"①没有用，为了这件恋爱风波，萧乾还触怒了老朋友沈从文、杨振声，成了大伙儿声讨的对象。五年以前，作家梁宗岱的恋爱风波曾引起胡适、陈受颐等一批师友的责备，闹得对簿公堂，最后与沉樱双双出走日本；五年以后，又一个京派作家萧乾遇到了相同的麻烦，而他的朋友巴金，则从同情梁宗岱的立场转到了反对萧乾，这恐怕与萧珊在他生活中的出现不无关系吧，而且他们之间的因缘还将继续下去，几个月后，萧珊南下昆明考上了西南联大，竟与"小树叶"同一个宿舍，成了莫逆之交。当时有三个女学生特别要好："小树叶"年龄最大，还有一个老二，萧珊最小，被叫作"小三子"。萧珊这个笔名就此而来。②不过在巴金与萧乾争论时候，萧珊对此还一无所知，她正在上海复习功课，准备考西南联大。7月她才动身乘船到香港，与巴金一起受到萧乾的宴请，然后经过越南进入云南境内，考上了西南联大的外文系。巴金把萧珊送上南去的轮船，便回上海继续写作。田一文回忆中记载，巴金送走萧珊后说：萧珊去念大学，他可以专注地写完《秋》了。③其实，当时《秋》还没有动笔，即使回到上海后，也还挨过了几个月的时间。

回到上海后的巴金，先计划翻译克鲁泡特金的《俄法狱中记》，他在7月19日写信给孙陵说，"近来身体不好，打算休养一下，同时在翻译一本克鲁泡特金的书"，打算在上海"住些时候写点译点东西出来，再往内地跑"。到10月底，他又给孙陵写信说，他预备短期内译完克氏的狱中记，然后"打算到昆明过暑假"④。但不知为什么，巴金竟未能译完这本克氏著作，10月以后，他就开始写作《激流》的第三部《秋》，继续讲关于高家大院的故事。

是不是因为9月份哥哥尧林的来到，促发了巴金对成都老家的

---

① 引自《关于〈火〉》，载《巴金论创作》第391页。
② 杨苡《梦萧珊》，载《雪泥集》第103页。
③ 引自田一文《我忆巴金》第108页。
④ 引自1940年1月《笔部队》创刊号。

回忆，以至使他迫不及待地动起笔来？李尧林自1933年春天来过一次上海后，再也没有南下过，一直在天津默默无闻地当中学英文教员。巴金曾这样概括他："甘心做一个穷教员，安分守己，认真工作，看电影是他唯一的娱乐，青年学生是他的忠实朋友。"① 在平庸琐碎的岁月磨蚀下，他年轻时候的勇气和锐气完全消失了，甚至没有勇气去追求理想的女性。巴金对哥哥的感情随着岁月增长而增长，他曾多次关心过哥哥的婚事。1936年，几乎与萧珊同时，有一个十七岁的天津女学生给巴金写信，向他表示了敬爱与关心。这个女孩子是著名翻译家杨宪益的妹妹杨苡，巴金曾好意地介绍她与尧林通信，大概是希望他们之间能增进友情，但是尧林内向和孤僻的脾性与火一般热情的女中学生之间可能无法沟通，不久，杨苡在西南联大接受了另外一个年轻诗人的求爱，她曾写信去征求巴金的意见，巴金的回信多少有些失望，② 但他依然与这个女孩保持了持久的通信，一直到老。从这件事上，能看出巴金一片悌爱之心。来到"孤岛"后，巴金给尧林去信希望他能来上海住，中秋节那天，尧林突然出现在霞飞坊五十九号窗台之下。巴金后来多次回忆起他见到他哥哥的情景："有一天下午我在楼上听见了你的唤声，我从窗里伸出头去，你站在大门前，也正仰起头来看我。是那样一张黑瘦的面孔！我差一点不认识你了。"③ 尧林到上海后，兄弟俩又恢复了十五年前在南京求学的生活："一个星期里我们总要一起去三四次电影院，也从不放过工部局乐队星期日的演奏会，我们也喜欢同逛旧书店。"④ 在融融的气氛下，尧林开始翻译冈察洛夫的《悬崖》，巴金则开始写《秋》。尧林成了《秋》的第一个读者，巴金每写成一章总是让他先看，并与他交换意见，也许正是在这样一种兄弟相

---

① 引自《我的哥哥李尧林》，载《病中集》第54页。
② 引自《雪泥集》第5页。
③ 引自《纪念我的哥哥》，载《全集》第13卷第522页。
④ 引自《我的哥哥李尧林》，载《病中集》第55页。

爱的感情作用下，巴金改变了原有的构思，他本来打算写觉民因参加进步活动被捕，觉新服毒自杀，但现在他决定改变这个结局，给作品添上了一点温情。

《秋》是巴金写得最长的一部小说，达四十多万字，他一气呵成。从1939年10月开始写起，到第二年的5月停笔，共达七个月的时间。这段时期他深居简出："当时我在上海的稳居生活很有规律，白天读书或者从事翻译工作，晚上九点后开始写《秋》，写到深夜两点，有时甚至到三四点，然后上床睡觉……我一共写了八百多页稿纸，每次写完一百多页，结束了若干章，就送到开明书店，由那里发给印刷所排印……我5月初写完全书，7月中就带着《秋》的精装本坐海船去海防转赴昆明了。"① 在这部长篇里，高家终因不肖子弟的堕落而瓦解，高家大院卖给了他人，但书中一个年轻人充满着信心说："秋天过了，春天就会来的。"

巴金所说的白天从事翻译工作，是指赫尔岑的回忆录《一个家庭的戏剧》，在这同时，他还根据俄国民粹党人的故事改编成一个小中篇《利娜》。出版克氏全集的工作也在进行，1940年3月，他改译完《面包与自由》，6月改译《伦理学的起源与发展》，之后又改写了关于《伦理学》的解说。接着又一度拟与朱洗合作译《近代科学与安那其主义》，广告已登，但终究未能动笔。那年7月，租界形势已经相当吃紧，他曾一天得到几次报馆工作的朋友的电话，说日军要进租界搜查，他烧去了一些信件和书刊，② 然后匆匆登上英国"怡生轮"离开上海。陆蠡和尧林去码头送行，船徐徐离开码头时，他朝着两个站在岸上的人挥手告别。他想不到，五年以后再回到上海时，一个失踪在日本人的监狱里，另一个则躺在病床上奄奄一息。

---

① 引自《关于〈激流〉》，收《巴金专集》第2册，第685页。
② 引自《关于丽尼同志》，载《随想录》第56页。

在南下的海轮里，巴金说，他一直念着海涅的爱国名诗：Das Vaterland Wird nie Verderben（祖国永不会灭亡）。①

六、聚散两依依（二）

我们这部传记主要是探讨巴金的人格发展，本章为了描写他的人格如何由骚动走向平实，不得不用许多琐碎的描写来消耗篇幅。读者也许会因其冗长而失去耐心，这种不耐烦是有理由的，一个人在人格高扬时期，其精神处于活跃状态，一年、一月，甚至一日或者片刻，其精神领域里都会出现丰富的变化，可是当人格趋于平稳，心态趋向沉静的时期，一年、两年，甚至十年，虽然生活的颠簸犹在，心灵世界却没有太大的变化，这就不能不让人感到沉闷。自抗战以来的数年（包括笔者还将写下去的数年）生活经历，巴金无论在当时写下的即兴随笔还是以后的回忆录，都有过详细的记载，这对于编写年谱一类的研究著作会极有用处，但对一部以揭示人格和内心激情为旨的传记，其帮助不是很大。笔者极为羡慕罗曼·罗兰写《贝多芬传》那种构思，借人物的内心激情来寄托作者自己的激情，而作者的激情又再生人物的历史形象，但我们在巴金这段历史中寻找这种激情多少感到有些困难，所以，在下面这段经历的叙述中，我们还是说得简略一些为好：巴金于1940年7月乘船到海防，然后经越南入昆明，与在西南联大外文系念书的萧珊见面，借住在由开明书店卢芷芬介绍的一个栈房里。环境非常幽静，只是"一间玻璃屋子，坐落在一所花园内，屋子相当宽敞，半间堆满了书，房中还有写字桌和其他家具"。他在那儿住了将近三个月，写完了《火》的第一部。最初的时候昆明还没有挨敌机轰炸，这是抗战以来巴金遇到的难得清静日子，他甚至感到有些寂寞。他在昆明熟人不多，

---

① 引自《〈秋〉序》初刊文，收《巴金专集》第1册，第362页。

也没有什么人去找他，只有萧珊陪着他，她每天白天来，与巴金一起出去"游山玩水"，有时还约一两位朋友同行。昆明武成路上有一间出名的牛肉铺，巴金和萧珊是那儿的常客，直到傍晚或者更迟一些，巴金才把未婚妻送回宿舍，一早一晚他就在"玻璃屋子"里写《火》。①因为有萧珊在旁边，他写作进度并不快。这部《火》从1938年广州写到桂林，又带回上海，到这时候才算写完。用巴金的话说，这是一部宣传抗日的书，与巴金以前的作品都有些不同，不过结尾时写到了朝鲜革命者的暗杀活动，多少与他生活中的一些异国的无政府主义朋友有些关系。当然，巴金第一次来昆明并非完全与世隔绝，在昆明有文协的"云南分会"，曾为巴金开过欢迎会，西南联大的两个文学团体也请巴金去讲过话，题目都是谈关于创作经验，讷于言语的巴金每逢这种场合总感到尴尬，他总是结结巴巴，词不达意，重复了自己在《写作生活底回顾》里的一些肺腑之言。②这时期巴金的心情是平静的，即使后来日军占领越南，开始向昆明轰炸了，也不能扫灭他们之间充满诗意的温馨生活。面对狂轰滥炸，他居然还能写下这么一段宁静馨甜、生趣盎然的文字：

……警报解除后，我回来，打开锁，推开园门，迎面扑来的仍然是一个园子的静寂。

我回到房间，回到书桌前面，打开玻璃窗，在继续执笔前还看着窗外。树上、地上、满个园子都是阳光。墙角一丛观音竹微微地在飘动它们的尖叶。一只大苍蝇带着嗡嗡声从开着的窗飞进房来，在我的头上盘旋。一两只乌鸦在我看不见的地方叫。一只黄色小蝴蝶在白色小花间飞舞。忽然一阵奇怪的声音在对面屋瓦上响起来，又是那两只松鼠从高墙沿着洋铁滴水管溜下来。它们跑到那个支持

---

① 引自《关于〈龙虎狗〉》，载《巴金论创作》第376页。
② 引自《无题》初版本，民国卅年（1941年）八月重庆再版本。

松树的木架上，又跑到架子脚边有假山的水池的石栏杆下，在那里追逐了一回，又沿着木架跑上松枝，隐在松叶后面了。松叶动起来，桂树的小枝也动了，一只绿色小鸟刚刚歇在那上面。

狗的声音还是听不见……①

10月底巴金告别萧珊回到重庆，这是他1923年离家以后的第一次入川，尽管只有十七年的时间，对巴金来说，这十七年在他的精神道路上发生了巨大的变化，一种沧桑感油然而生。那一年巴金不过三十六岁，按但丁的说法，是处于生命的穹门之顶，不能不生出一种中年人的自我检点。11月份他曾去江安县戏剧专科学校看望曹禺，路过泸县，回想起十七年前与尧林同载一只木船夜泊泸县的情景，他禁不住总结起自己的人生道路："那时我不过是十八九岁的少年，怀着一颗年轻的纯白的心。现在我重睹这个可爱的土地，我的心上已经盖满了人世的创伤，我不能说着十七八年的奋斗给我带来什么结果。不过我走进泸县的街市，仍然只是这个轻松的身子，我的两手并不曾染过一滴别人的血。"②耶稣曾对每一个人说，你们都是有罪的，都应该在这个妓女面前感到羞愧。可是克鲁泡特金说，每一个人的本性都是善良的，只要你依着正义、互助和自我牺牲的本能去做，你一定能寻到快乐。巴金是忠实地按照后一种教导去做的，他忠实地信仰，忠实地生活，保持了一个独立的人格与清白的灵魂。十七年过去，他依然漂泊一身，无私无欲，心口如一，心安理得，这样的人有福了。

纯洁的人终于回到成都老家。这时他的两个弟弟都不在成都，十四弟李采臣，从1935年就离开成都到上海，在立达学园的农村教育科读书，毕业后留在文生社帮忙，全民族抗战爆发后，他先随吴

---

① 引自《寂静的园子》，载《全集》第13卷，第313页。
② 引自《在泸县》，载《全集》第13卷，第325—326页。

朗西到四川办分社，未成，随后又随巴金到广州办分社，广州失陷后，他与巴金、萧珊一起逃到柳州，便分手回四川另找谋生。十七弟李济生（尧集）此时也担起家庭生计，在蒲江县当银行办事员。这个大家庭上有继母寡嫂，下有大哥尧枚留下的五个子女，正处于艰难之中，原来尧林一直供养着家庭，但困居孤岛以来，寄钱也渐渐困难，李济生不得不放弃读大学的机会出去谋生养家。

1941年初，巴金回成都过春节，又一次听到了久违的乡音，看到了童年时代的风俗。他大约住了五十多天，知道了不少老家的故事，也引起了他不小的感触，他这样记载他重新走在正通顺街上的心情："傍晚，我靠着逐渐黯淡的最后的阳光的指引，走过十八年前的故居。……还是那样宽的街，宽的房屋。巍峨的门墙代替了太平缸和石狮子，那一对常常做我们坐骑的背脊光滑的雄狮也不知逃进了哪座荒山。然而大门开着，照壁上'长宜子孙'四个字却是原样地嵌在那里，似乎连颜色也不曾被风雨剥蚀。我望着那同样的照壁，我被一种奇异的感情抓住了，我仿佛要在这里看出过去的十八个年头，不，我仿佛要在这里寻找十七年以前的遥远的旧梦。"① 这座公馆现在是成都保安处处长刘兆藜的府邸，门楣上新题了"藜阁"两个字，巴金看着这巍峨的大门，以及照壁上的题词，一定会想起他新死的五叔的故事：这个纨绔子弟终于在卖尽了祖传的田产和房产以后，被家里人赶了出去，沦落为烟鬼、小偷、乞丐，屈死在监狱里。巴金写《激流三部曲》里的五爸高克定，就是以五叔为原型的。当《秋》写完的时候，他以为高家的故事也应该结束，现在听到五叔的悲惨结局，看到依旧高悬在老家照壁上的"长宜子孙"四个大字，他觉得还有很多话要说，这时他脑子里出现了关于《冬》的最初构思。② "秋"以后不是春，而是严寒的"冬"，这个构思

---

① 引自《爱克尔的灯光》，载《全集》第13卷，第345页。
② 引自《谈〈憩园〉》，收《巴金论创作》第265页。

多少能领略巴金十七年后返老家时的心境。这部小说到三年后才完成，正式出版时定名为《憩园》。

在成都巴金可能还有些其他活动，他与当年办《半月》《平民之声》时代的朋友吴先忧、施居甫都见了面，也去郊外扫了罗淑的墓，但使他吃惊的是在成都收到了好友陈范予的噩耗。他回到重庆后读到了范予生前从福建寄给他的诀别信，开头几句是："无论属于公还是属于私的，我有千言万语需要对你说，但我无从说起……"陈范予不仅是巴金所敬爱的朋友，而且是一个坚强的战士，他一生都在实践着自己的信仰，为科学，也为人生。他写过《战士颂》，高唱着："我如果是一盏灯，这灯的用处便是照彻那多雾的黑暗。我如果是海潮，便要鼓起波涛去洗涤海边一切陈腐的积物。"这样一个精神昂扬的人，最终逃不过肺病的折磨。他在诀别信中写出了重病时的痛苦："自去年冬至节以后，忽然变成终日喘哮不绝，且痰塞喉间，呼噜呼噜作响，咽喉剧痛，声音全部哑失。现由中西医诊断，谓阴历十二月一个月为生死关键。最近几个月来我已受够了病的痛苦，因为喉痛，连鲜牛乳、鸡汁都不能自由地吃。四肢和身躯已成枯柴，仅剩了骨和不光泽的皮。我已不能自己穿衣，不能自己研墨执笔，我的身体可说完全失了自由。"巴金说，他读着信说不出话来，只是伏在书桌上流眼泪。①不知他有没有这种预感，在今后的几年中，他周围的好朋友将一个接一个在贫病交加中死去：林憾庐、缪崇群、王鲁彦、施居甫……以至他的哥哥李尧林。而且他们中，绝大多数都是被肺结核病菌夺走了生命。

在重庆的一段日子里，他住在吴朗西夫妇办的沙坪坝互生书店。这个书店的名字是纪念立达学园的创办人匡互生的，田一文也在那里工作。巴金与田一文同住在书店楼上的一间宽敞的房间里，"只有一张白木方桌，几个白木方凳，几张木架板床"。田一文这样回

---

① 引自《悼范兄》，载《全集》第13卷，第482页。

忆着这个住处:"重庆沙坪坝热得可怕,更可怕的是臭虫和耗子,它们肆无忌惮,一到夜晚,它们就会猖獗活动,任意骚扰,耗子在房里乱窜,乱啃,臭虫使人睡不安稳。而且,暑气逼人,入夜也不解凉。要跟白天比较,夜晚更加闷热。没有一丝风,没有一架电扇,巴金就在这火一般的房间里写《火》第二部。"① 其实巴金写这部小说的时间是3月至5月,这个季节大约还不至于如田一文所说的那般炎热,不过老鼠臭虫的多是可以想象的。巴金在这种艰苦的环境里写一部宣传抗战的书,只能说精神可嘉。不过据巴金自己的回忆,写作地点与田一文所写的有些不同。他说是:"我仍然住在书店的楼上,不过在附近租了一间空房子。屋子不在正街上,比较清静,地方不大,里面只放一张白木小桌和一把白木椅子。我每天上午下午都去,关上门,没有人来打扰,一天大约写五六个小时。"② 不知此屋的白木桌椅是否就是那屋的白木桌椅。这段时期巴金与田一文过往甚密,田一文参加过"第五战区文化工作团",比较熟悉大别山战区的情况,巴金从他那里了解了那些故事的背景,便让冯文淑活跃到前线的战地服务团去了。这本小说虽然是正面写抗战活动,但巴金还是设法把它与以前的作品连贯起来,他让小说中的年轻人在农村演讲宣传抗日时,联想到《电》里李佩珠与慧的演讲,还把克鲁泡特金的自传作为激励主人公们抗战的精神源泉,暗示了他作为一个无政府主义者在抗战中的立场。在《后记》里,他进一步阐释了书中所暗示的观点:"我虽然信仰从外国输入的'安那其',但我仍然是一个中国人,我的血管里有的也是中国人的血。有时候我不免要站在中国人的立场上看事情,发议论。"

巴金在重庆的另外一件工作就是筹办文化生活出版社的重庆办事处。全民族抗战刚爆发时,吴朗西曾到四川考虑将文生社内迁,

---

① 引自田一文《我忆巴金》第9页。
② 引自《关于〈火〉》,载《巴金论创作》第389页。

结果没办成。吴经香港回到上海,与陆蠡继续负责上海文生社,1938年年底他应黎烈文的邀请去福建办改进出版社,他的妻子柳静独自到重庆,创办了互生书店,没有靠文生社生活。巴金这次来重庆,他们就商量重新筹办文生社的业务,田一文的回忆中说:"1941年春天,在重庆沙坪坝互生书店楼上巴金和几个朋友一起,商量筹建文化生活出版社重庆办事处,确定由巴金主编《曹禺戏剧集》,首先印《雷雨》,并请靳以主编《烽火文丛》。"其实他们编《曹禺戏剧集》的时间要更早些,因为在1940年12月,巴金已经编完了《曹禺戏剧集》第五种《蜕变》(当时共印六种),并且写了《后记》。再接着,由巴金主编的《现代长篇小说丛刊》《译文丛书》也相继问世。《现代长篇小说丛刊》是由战前《新时代小说丛刊》发展而来,除了再版战前的《雪》(即巴金的《萌芽》被禁后的改版)和《第三代》(萧军著)以外,又出版了老舍的《骆驼祥子》、沙汀的《淘金记》《还乡记》、靳以的《前夕》、巴金的《憩园》等长篇名著。《译文丛书》战前由黄源主编,只编了六种,1941年以后巴金继续编下去,一直到1949年,一共出版了屠格涅夫、狄更斯、契诃夫、果戈理、纪德、福楼拜、托尔斯泰等世界第一流作家的作品约五十几种。特别是屠格涅夫的六大长篇小说,早在战前,巴金、陆蠡和丽尼三人就约好分工翻译,每人各译两种,直到这连天的烽火之下,他们才陆陆续续完成前约,——都印了出来。

同年7月,又是暑假来临,巴金离开轰炸中的重庆,再次去昆明与萧珊会面。

七、聚散两依依(三):结婚

这一次巴金在昆明住了大约两个月。萧珊已经搬出联大宿舍,和王树藏(小树叶)、刘北汜、王文涛、施载宣等同学在线局街金鸡巷4号租了一排房子。三个女同学住里面一间,三个男同学住外面一间，日子过得正有趣。杨苡有一段关于这时期对萧珊的描写十分生动："你穿着矮领子的花布旗袍，梳两根短辫，一双美丽动人的大眼睛，清澈纯真，还有你那常被我们赞美的酒窝嵌在散发青春光彩的脸庞上……那是你的黄金时代，学业、友谊、爱情都在丰收。"①

巴金曾回忆第二次去昆明的情况："我去的时候，萧珊的一个女同学和两个男同学刚去路南县石林参观，她留下来等我，打算邀我同去，谁知我一到昆明，就发烧，头昏，无力，不得不躺下来一连睡了几天。"甚至有两天放警报，他都跑不动，只有萧珊留在他的身边陪他。②这段日子巴金过得非常安静，两个月里，昆明不停在下雨，淅淅沥沥的雨声使巴金的生活略感到一点寂寞，他开始回忆往事，记叙梦幻，写下一组充满诗意的散文，编成散文集《龙虎狗》，在上海和重庆的文生社同时出版。

这本散文集中只有一篇文章毫无诗意，题目叫作《死去》，巴金幻想他死去以后，有一群"研究者"围着他的墓举行批判会，批判他的"无政府主义"思想，还要劈棺剖尸，他突然从棺材里坐起来，那帮批判家们哇的一声全逃走了。据巴金说，这篇文章是影射当时桂林的一些叽叽喳喳的研究者，他们打着"研究巴金"的招牌，一会儿说"巴金是安那其主义者，他的文章要不得"；一会儿说"巴金文章仅一股'热情'，缺少'理智'，青年人读它还适合，中年人就看不上眼了"；等等。巴金在《火》的第二部后记中抱怨说，这些人连什么是"安那其"也没有搞清楚，就用贫弱的脑筋来给"安那其"下定义了。这些"研究巴金"的名文，现在已不可找，似乎是宋云彬在桂林的《文协旬刊》上发起这场巴金"研究"的，《火》第二部后记发表后，据说宋云彬写了一封长信寄巴金，解释误会。③但笔者没有找到这个刊物，也没有看到宋的原文。

---

① 杨苡《梦萧珊》，载《雪泥集》第104页。
② 引自《关于〈龙虎狗〉》，载《巴金论创作》第382页。
③ 参阅诸葛灵《文化圈内（甲集）》，桂林微微书屋1944年。

巴金8月5日写完《龙虎狗》，还在昆明待了一个月，这期间遇到一次大轰炸，到9月初他与萧珊和另一个男生王文涛一起去桂林，着手筹办文生社的桂林办事处。吴朗西先生曾告诉过笔者，桂林办事处在抗战期间文生社的历史上起过重大作用，当时由上海文生社印成书后，陆续通过金华运到桂林，也有在上海排版后将纸型运到桂林，然后沪、桂两地一起出书。这些繁重的工作，主要是由巴金负责的。日军进入租界后，上海的文生社一度想读转移到金华办分社，结果未能成功，再接着是日本宪兵抄查文生社，陆蠡主动去投案被抓，失踪在日本人的监狱之中。上海文生社处于停顿状态。以后主要由桂林分社出书。桂林当时的文艺界活动颇多，巴金除了负责桂林办事处外，不断地出席各种会议和活动，从现编的《巴金年谱》看，从9月抵桂林以来，20日下午参加文协桂林分会举办的欢迎会，10月8日出席分会理事会。第二年2月，又出席欢迎茅盾等从香港脱险归来的文艺界人士……中国的文人真会穷开心。在这种乱糟糟的生活中，巴金的创作数量少了下来，这期间他为王鲁彦编的《文艺杂志》写了一个小中篇《还魂草》，并为开明书店编了他的第三本《短篇小说集》。自1942年起，他身体似乎也一直不好，给友人的信中说他常常在生病。①

　　3月起，巴金离开桂林又回了一次成都，住了两个月，这一次去成都的原因不太清楚，巴金在一封信中说，他在成都医牙病。②当然不会是光为了医牙才翻山越岭地到成都去，那两个月的实际工作是办起了文生社的成都办事处。这个办事处只负责出售书籍，由李济生主持。这时，巴金还出版了一本叫《废园外》的散文小集和写了几篇后来集成《小人小事》的短篇小说。这时期的作品，形成了他以小人小事为主角的平淡风格。在由桂林到成都的途中，巴金还写下了

---

① 引自《雪泥集》第9页。
② 引自《雪泥集》第10页。

《旅途通讯》的续篇，依然是沿途见闻，这回收信对象似乎是林憾庐，文章陆续都发表在《宇宙风》上，后来编成了第四本游记:《旅途杂记》。

1941年巴金同萧珊、王文涛一起到桂林后，王文涛留下在文生社办事处任职，萧珊住了一个短时期即回昆明继续上学。但不知从什么时候起，萧珊又出现在桂林办事处了。巴金在1942年6月7日自成都寄给杨苡的信中说"蕴珍还在桂林"，似乎是早就在桂林了。巴金在《怀念萧珊》中说："1938年和1941年我们两次去桂林像朋友似的住在一起。"那么，1942年应该是第三次了，而且这以后萧珊再也没有离开巴金，一直陪着他到1944年正式宣布结婚。

巴金在桂林依然住在东江路福隆街文化生活出版社，环境还算不错："我坐在用木板搭成的楼房里，用竹子编成的小书桌前埋头写作，楼下有一个院子，我们后来用竹篱笆围了起来，篱外坡上是一条马路，行人不多，但常常有，不吵闹，却也不太安静。"①但不久林憾庐突然病逝，巴金为他筹办了丧事。怀着对朋友的思念，他用写作《火》第三部《田惠世》来纪念他所敬爱的友人。这部小说里写了两个人：一个是以林憾庐为原型的田惠世，一个是以萧珊为原型的冯文淑。巴金说他是"企图在作品里想写一个宗教者和一个非宗教者间的思想和情感的交流"。其实冯文淑还是个孩子，无法代表一种成熟的思想，《火》第三部在内容上与第二部并无关联，若巴金以他自己的无神论思想与田惠世的基督教思想进行对话，一定会精彩得多，现在硬凑上冯文淑，用孩子与老人的精神对话来贯串全书，自然很难表达好这个主题。小说之所以会写成这个样子，唯一的解释就是萧珊的出现，我们从这两个人物的描绘中，或能领悟到萧珊第三次来桂林的一段生活掠影。

这期间巴金把主要精力放在文生社的编辑丛书上。查文化生活出版社的《译文丛书》书目，1942年开始出书的数目倍增，这显然

---

① 引自《关于〈还魂草〉》，收《巴金论创作》第405页。

与巴金的努力工作是分不开的。同时巴金自己也一口气译出了屠格涅夫的两个长篇:《父与子》和《处女地》。

在私人生活场景的描绘上这一段时期是个空白。无论是巴金,还是其他旁人的回忆,都没有为这段生活提供足够的细节。1944年5月8日巴金与萧珊在贵阳花溪小憩结婚,但他们结婚形式朴素得惊人:

我们没有举行任何仪式,也不曾办过一桌酒席,只是在离开桂林前委托我的兄弟印发一份"旅行结婚"的通知。在贵阳我们寂寞,但很安静,没有人来打扰我们。"小憩"是对外营业的宾馆,这是修建在一个大公园里面的一座花园洋房,没有楼,房间也不多,那几天看不见什么客人。这里没有食堂,连吃早点也得走半个小时到镇上的饭馆里去。

我们结婚那天晚上,在镇上小饭馆里要了一份清炖鸡和两样小菜,我们两个在暗淡的灯光下从容地夹菜,碰杯,吃完晚饭,散着步回到宾馆。宾馆里,我们在一盏清油灯的微光下谈着过去的事情和未来的日子。我们当时的打算是这样:萧珊去四川旅游,我回桂林继续写作,并安排我们婚后的生活。我们谈着、谈着,感到宁静的幸福。四周没有一声人语,但是溪水流得很急,整夜都是水声,声音大而且单调。那个时候我对生活并没有什么要求。我只是感觉到自己有不少的精力和感情,需要把它们消耗。我准备写几部长篇或者中篇小说。

我们在花溪住了两三天,又在贵阳住了两三天。然后我拿着我舅父的介绍信买到邮车的票子。我送萧珊上了邮车,看着车子开出车场,上了公路,一个人慢慢走回旅馆。①

1990年7月,笔者曾游访贵阳市的花溪公园,那儿繁花似锦依

---

① 引自《关于〈第四病室〉》,收《巴金论创作》第342页。

旧,山溪湍流依旧,唯当年置放两颗纯洁心灵的"花溪小憩"没有寻到,不知它还尚能留否?

八、失去的梦

不可思议的是巴金和萧珊的蜜月这样短促:他们既没有在花溪静心倾诉八年苦恋之情,也没有夫妻双双回家省亲,结婚后新娘一个人要翻山越岭地跑到成都的丈夫老家去应付一大堆三姑六亲,而新郎却准备独自回桂林写小说。这于情理,于逻辑,都有点说不过去,但他们确实是这样做了。

萧珊走后,巴金独自到贵阳中央医院做了两次小手术,一次是"矫正鼻中隔",又一次是开"水囊肿",都不是大病,使他有机会静静地躺在三等病房里观察社会的众生相。这时候他已开始创作《憩园》,把死在监狱里的五叔作为主人公,一页一页地展开一个大家族的破败历史。他出院后的十多天里就是在写作中度过的:"出院后我先在中国旅行社招待所里住了十多天,继续写《憩园》,从早写到晚,只有在三顿饭前后放下笔,到大街散步休息。三顿饭我都在冠生园解决,早晨喝碗猪肝粥,其余的时间里吃汤面。我不再坐茶馆消磨时间了,我恨不得一口气把小说写完。晚上电灯明亮,我写到夜深也没有人打扰。《憩园》里的人物和故事喷泉似的要从我的笔端喷出来。我只是写着,写着,越写越感觉痛快,仿佛在搬走压在头上的石块。在大街上散步的时候,我就丢开了憩园的新旧主人和那两个家庭,我的脑子里常常出现中央医院第三病室的情景,那些笑脸,那些痛苦的面颜,那些善良的心……"[①]看来这时期巴金真是文思如涌,他又恢复了在上海时期的创作心态:在创作一部小说的同时,心里又在构思另一部,婚后的巴金迎来了他一生中最

[①] 引自《关于〈第四病室〉》,收《巴金论创作》第343页。

后一个创作高峰期。

《憩园》还没有写完他就离开贵阳,但没有回桂林而是去了重庆,可能是萧珊一个人跑到重庆实在太孤单,她连续两次写信要巴金回川,巴金自然改变了主意,①但他在筑渝道上,继续挥笔写小说,一直写到重庆,才完成《憩园》。这部小说完全改变了巴金以往的文字风格。他不再把旧式家庭当作专制王国去抨击,他写杨梦痴的沦落,写寒儿对父亲的真挚的爱,写了姚家继杨家以后逐露败象,写了大家庭家长只知用金钱去"长宜子孙"的不可靠……笔墨处处都寄寓了悲天悯人的同情心,文字也变得精致婉约。

巴金到重庆时,萧珊还没有去成都,他们在重庆建立了自己的家庭,这就是巴金所说的:"从贵阳我和她先后到了重庆,住在民国路文化生活出版社门市部楼下七八个平方米的小屋里。她托人买了四只玻璃杯开始组织我们的小家庭,她陪着我经历了各种艰苦生活。"②田一文的回忆里对他们住所的情况有更详细的记叙:"重庆文化生活出版社,是一个房屋简陋的办事处。楼下是办公室,室内有六张写字台,却只有五个人(包括我在内)办公……还有一张写字台经常空着,办公室后楼底下有一间小房。巴金写《憩园》就是用的那张空着的写字台,巴金和萧珊住的地方就是楼梯下那间狭长的小房。"③这是巴金写《憩园》的地方。不久,萧珊一个人去了成都老家。巴金完成《憩园》后,又以民国路的房子为背景开始构思《寒夜》,当时他的老友施居甫、王鲁彦都已患肺病死去,他的一个表弟也患同样的病结束了自己的生命,几件悲惨的事件刺激了他,他的笔下出现了一个被痰和血折磨得痛苦不堪的小人物。可是刚开了头,因"湘桂大撤退"的消息传来,引起了重庆的骚动,小说被耽搁下了。第二年他被一个更成熟的构思所吸引,就动笔写

---

① 引自《关于〈第四病室〉》,收《巴金论创作》第344页。
② 引自《怀念萧珊》,载《随想录》第25页。
③ 引自田一文《我忆巴金》第23页。

《第四病室》，那时他已与萧珊搬到沙坪坝的吴朗西家里。"楼下一大间，空荡荡的，我白天写，晚上也写，灯光暗，蚊子苍蝇都来打扰。"①这大约就是1942年他写《火》第二部时住的那间臭虫老鼠肆虐的房间，待《第四病室》完稿，已是1945年7月，抗战即将结束了。

在本章即将结束的时候，读者一定会发现，在琐碎乏味的描绘中笔者似乎遗忘了对传主心灵的剖析，他孜孜不倦地追求着的那理想的太阳呢？他的信仰呢？他的友谊呢？他的热情呢？说来有些抱歉，由于资料的缺乏，笔者无法提供更为翔实的证据，证明巴金依然是个生气勃勃的理想主义战士。无政府主义的信仰连同激情，在这个中年人身上开始消退，正如他二次重返老家使他写出了哀怨的《憩园》而不是战斗的《群》一样，自《火》第二部里他最后阐明了一个无政府主义者的爱国立场以后，再也没有看到他的笔涉及这个主题。从那个时候起，他的小说由英雄主义完全转向芸芸众生，激情化为感情；他的翻译也由俄国虚无主义者的英雄故事转向王尔德的童话和斯托姆的爱情小说。更令人奇怪的是，1940年5月爱玛·高德曼在加拿大去世，《中国与世界》杂志报道了高德曼的死讯，这一期刊物上正发表着巴金译的《蒲鲁东的道德学说》，而巴金却未曾有一字提到对这个曾被他称为"精神上的母亲"的悼念之情。抗战中消磨了岁月的巴金，甚至没能写出像陈范予去世前发表的"生之欢乐"，歌讴生命的伟力。他在1941年年底发表了一篇散文《寻梦》，诉说了自己这样的心理——

我失去一个梦，半夜里我披衣起来四处找寻。
天昏昏，道路泥泞，我不知道应该走向什么地方。
前面是茫茫一片白雾，无边无际，我看不见路，也找不到路迹。

---

① 引自《关于〈第四病室〉》，收《巴金论创作》第345页。

后面也是茫茫一片白雾,雪似的埋葬了一切,我见不到一个人影。没有路。那么,梦会逃到什么地方去?

我仍然往前面走。我小心下着脚步,我担心会失脚跌进沟里……

"你找寻什么,年轻人?"

"我找寻一个梦。"

"梦?我这里多得很,却不知道你要的是哪一种?"

"我失去的是一个能飞的梦。"

失去了一个能飞的梦却不怎么感到痛苦,这才是巴金人格的变化。这种变化的结果,将会在以后的几十年中逐渐露出后果来。

人格由平稳发展到这一步,理想主义的激情再也不会在他心里重新燃起火种,他不再作为一个无政府主义者在世界上特立独行,而是作为一个著名作家,被卷入到各种社会性的事件和运动中去,会议、宣言、活动,都可以看到巴金的名字,他成了一个很忙的名人。1945年抗战的胜利并没有给当时的知识分子带来多少喜庆,巴金也是如此,那时候萧珊已有孕在身,在上海的三哥也来电催他早日返沪,他一面多方奔走,一面把萧珊送回成都老家,托给家人照料。不久又把萧珊接回重庆,打算一起乘船回上海,终因船太挤而作罢。结果萧珊只好留在重庆待产,巴金一人先回上海住了一个月,在这个月中,他为三哥尧林送了终。尧林原先患有肺病,大病几次,这次却死于心力衰竭,巴金把他送进医院。医院的环境相当幽静,透过玻璃可以看到花园里的一片绿色。巴金知道哥哥喜欢静,他希望在这个幽静的环境里让哥哥恢复体力,却不料尧林住进去只有七天,就静静地死去。这是一个平平静静的人,他平平静静地活着,平平静静地死去。尧林死后三个多星期,萧珊分娩了,巴金匆匆赶回重庆,在宽仁医院迎接第一个女儿出世,按李家宗族的规矩,下一辈人是国字辈,从火,故取名国烦。国烦又名小林,为纪念刚刚去世的尧林伯伯。

1945年就在这乱糟糟的气氛下结束。这一年在巴金的生活史上还有一件值得记下的事，就是庆祝文化生活出版社十周年，这是巴金在这十年中的心血结晶，也是他的事业和理想交织在一起的最后一块纪念碑。为了纪念社庆，他赶译出屠格涅夫的《散文诗》，那个为理想而献身的"门槛上姑娘"的形象又一次出现在他的笔下，他为这本散文诗集写下一篇后记，其实也是对文化生活出版社的一首赞美诗：

　　现在回想起来，文化生活出版社的创办应该是一个原因。但这并非说我是文化生活社的创办人。不是。我回国时文化生活社的第三本书已经在排印中了。我是受了文林兄（即吴朗西——引者注）那种苦干的精神和乐观的态度的感动，才决心参加他这吃力不讨好的工作（我说'吃力不讨好'并非菲薄这种工作，只是因为在我们这样的人做来，它的确是"吃力不讨好"的。在别人，那又是另外一回事了）。可是一经"参加"之后（虽说我只是一个赞助人），我的脚就给绊住了。我自己的许多工作也就被耽搁下来。那么屠格涅夫的散文诗的试译也应是其中之一。我想离开文化生活社，可是文林兄总是这样说：等有了牢固的基础后，我和你一块儿离开吧。

　　十年流失般地过去了。没有我能够摆脱文化生活出版社的事情。而文化生活社也始终没有打好一个牢固的基础。而这期间，我们的国土遭受到敌骑的蹂躏。在抗战中文化生活社尽过它微弱的力量，也遭受过不小的损失。可是它仍然存在，虽然不健康，但它毕竟活到十年了。这十年虽然飞如流矢，却也过得不易啊！为了庆祝它这十岁的生日，我拿不出像样的礼物，我非但两手空空，而且"心贫"。我只好求助于屠格涅夫，向他借一份礼品。他不会拒绝我。花去三个星期，我译完了他的散文诗。我借用他一句话送给这十岁的孩子：我们要继续奋斗！

万事都有始终。在文化生活出版社走向它的历史的顶峰之际，巴金的最后一个创作高峰也将推向顶巅。1945年5月21日，他回到上海，萧珊和女儿也回来了。他们依旧住在霞飞坊59号三楼。二楼住的索非夫妇这时大约已去了台湾工作，巴金有不少朋友都陆续到这个刚刚光复的岛上去了：黎烈文、马宗融、吴克刚、卫惠林、毛一波……巴金住在上海心情并不好，他写了一些散文，怀念故友，诅咒现实，编作了两本薄薄的散文集。但他更多的时间是在写作《寒夜》和翻译民粹党人妃格念尔的回忆录《狱中二十年》。《寒夜》是在郑振铎、李健吾编的大型月刊《文艺复兴》上连载的，他断断续续地写，写抗战后期一个自由恋爱结合的知识分子家庭如何在绝望中破裂。这个构思出现在巴金的创作道路上实在意外：巴金以前的创作几乎都可以在他生活道路上寻到构思原型，唯独这部小说，它是在巴金新婚宴尔不过半年的时间开始构思，婚后两年，正是女儿出世，家庭的幸福正在弥补这个童年失去母爱，青年时代又远离女性，孤独地生活了四十年的中年人以往所失的时候，他写完了这个关于家庭破裂的书。小说里展露了黯淡的场景：夫妻性关系的冷漠，婆媳之间无穷无尽的争吵，孩子对父母的陌生感，对这样一个由自由恋爱而建立起来的新型家庭，作家似乎充满了厌倦。小说里除了女主人公以外，几乎没有一个人是有生气，可以象征生命力的再生。尽管巴金在创作回忆录里一再说道，这部小说的背景是真实的，还说汪文宣身上有他自己的影子，而曾树生的形象先是根据一位朋友太太塑造的，但在她身上也看到了萧珊。但作家所有举出的"真实性"都是属于时情和背景的材料，或者就是一些微不足道的细节（如打桥牌什么的），而对于这个故事的基本情节，则很难在巴金当时的生活中找到对应关系，特别是曾树生对汪文宣的那种既失望又怜悯的复杂感情。汪文宣作为巴金笔下最后一位理想主义者的那种令人心酸的善良和眷爱，以及汪母与媳妇之间那种微妙口角与反唇相讥，每一个细节都达到了炉火纯青的"无技巧"境界，每一个场景都充满了感人的力量。根据巴金过去的创作特点看,若没有对人与人之间的伦理关系的深刻体验,这种细致的想象力和洞察力都是不可思议的。但巴金毕竟是在想象中完成了这样一部将给以后的研究者带来无穷趣味的杰作。

  巴金为了解释这部小说的意义,一再强调成书的时代背景——是揭露抗战胜利前夕大后方的政治黑暗和知识分子的处境:那时社会上最活跃的是官僚资产阶级,是那种利用职权搞囤积居奇,做黄(金)白(米)黑(鸦片)生意的人,他们官商结合,权"利"结合,就像蛀虫一样把中国在战争中所剩下的一点元气全部耗光……而汪文宣一家的悲剧就在这样的城市里展开,善良的丈夫被病毒和贫困折磨得奄奄一息,肺部烂了,喉咙哑了,最后在万般痛苦中躺在母亲的怀抱里咽气,这时窗外响起了庆祝抗战胜利的鞭炮。他的健康、活泼的妻子因受不了婆母的猜疑和妒忌,也为了寻找一条更好的出路而暂时离家,待她回到旧居时,人去楼空,死的死了,走的走了,她强自踯躅在寒风刺骨的街头……巴金在结尾时写道:

  夜,的确太冷了。

不是结语

《巴金传》写到第五章，字数已经超过了预定的十五万字，不能不打住了。我很抱歉，不能写出一部完整的巴金人格发展历史呈现给读者。在传记一开始，我就一再预告，要写出一个独特的20世纪中国知识分子的心灵轨迹，勾勒出一个"胚胎—形成—高扬—分裂—平稳—沉沦—复苏"的人性大循环，但现在只能在这个轨迹逼近最低点停了下来。没有后来的沉沦就没有最后的复苏，没有最后的复苏也就无法照亮以前各个环节的意义，巴金的人格发展是一个完整的整体。我们称巴金是当代中国良知的代表，正是因为有了他晚年灵魂的复苏和再度高扬，有了那皇皇一百五十万言的《随想录》作为见证。然而我现在只能指出这一人性大循环的可能与意义，却无力把它完整地勾勒出来。我起初没有意识到这个困难，然而在动笔写作的过程中，随着这颗受难者的灵魂在我笔下一点一点地铺展开去时，我突然悟到了它，我有点难过，甚至还默默地流下了眼泪。原因是多种多样的，字数的限制只是很小的一个原因，还有来自其他方面，譬如关于巴金后期资料的缺乏。巴金在20世纪50年代以后的许多文献（日记、书简、佚稿等等）目前还在整理，将逐卷编入他的全集，我想当全集出齐以后，再写作这本传记的后两章一定会更加有把握。到那时候，可能其他条件也会更加成熟。

在写作过程中我一边写一边想，要不要节省一些篇幅出来，把后面两章的内容用简单描述的方法交代过去。但我自己否定了这个念头，我知道我写这部传记是注入了十年来研究巴金作品的心得，我希望它完美、饱满，成为一本有价值的人物传记。我宁愿看到巴金在本书中像一个残缺但有力的雕塑沉重地站立着，也不愿他像匆匆的过客那样在书页中掠过。

这本传记的第五章结束在1946年，那是抗战取得胜利，巴金写完他最后一部长篇小说《寒夜》，文化生活出版社刚刚过了十年社庆，以及他们爱情的结晶——第一个女儿刚刚出世的时刻。国事、家事、个人事都有了一个暂时的圆满结局。如果我还有机会写下去的话，还是准备从20世纪40年代的最后几年写起，上述几条线索都会出现新的波澜。我在这里有意避开了把1949年作为人物传记的界线，就像我一贯反对的在中国文学史上把1949年作为划分现当代文学的界线一样。过去写现代人物传记总是依据了历史变迁作为参照系：抗战是一个界线，1949年又是一个界线。它的结果是使人物传记轨迹千篇一律。巴金是一个独特的人，他的人格发展轨迹应该有它自己的独特性，所以我在安排每一章的时间不能不把这个因素考虑进去。我选择了巴金个人生活，特别是思想发展道路上的重要时刻作为每一章时间的起点，在这个意义上说，1920年巴金接受无政府主义比1923年离开成都更为重要，1930年开始自觉从事创作比1929年回国更重要，同样，1935年创办文化生活出版社比1937年全民族抗战更为重要。我想通过巴金的传记来打破原有的文学史格局，淡化人物活动的背景，使传记真正成为人的传记，而非历史的注脚。

关于这本《巴金传》所缺的后两章内容，我不是没有研究过。数年前曾写过一篇论文《〈随想录〉：巴金后期思想的一个总结》，探讨的正是这个问题，这也是将来写"沉沦—复苏"两章的构思基点。这篇论文已经收入我的论文集《笔走龙蛇》（由台湾业强出版社出版）。现在我把它附在后面，如读了这本传记还有兴趣的读者，不妨再读那篇文章，或可以聊胜于无。

《随想录》：
巴金后期思想的一个总结

　　巴金现在已经八十二岁高龄了。在《随想录》中，他用颤抖着的手，一字一句地刻画出一个真实的自我形象：多病、孤独，然而内心依然如同年轻人一样地敏感与紧张。面对着黄昏夕照，他不能无所遗憾地自慰；回顾那坎坷多舛的一生，他不能无愧而骄傲地宣告——如同卢梭面对上帝所用的口吻——"看看有谁敢于对您说：'我比这个人好。'"正如作家汪曾祺所说的，巴金写《随想录》写得太痛苦，他始终是一个在流血的灵魂。就凭着这一点，我以为把他的《随想录》称作为"现代忏悔录"是恰当的，因为在现代意义上说，他的忏悔已经超越了卢梭的《忏悔录》，不再具有卢梭时代以及中国"五四"时代自传作家所犯的浪漫主义的通病。

　　作家的自传体散文，总是以某种特定的视角来描绘自己，美化自己，把自己塑造成理想中的英雄。而巴金的"忏悔录"则不同，紧紧缠绕着他的思绪，使他痛苦得无法自拔的，是他曾经在人生的途中迷失方向，随波逐流，为了在达摩克利斯剑下战战兢兢地求得生存，不得不背离自己曾视作生命一样宝贵的信仰与友情——这在我们这个时代,也许是最为知识分子难于启齿的错误。有的人正千方百计地使人们忘记这一段不光彩的历史,而他,恰恰揭开了自己身上最痛苦的疮疤。这里没有什么英雄气。老作家所追求的,是摆脱心灵深处的沉重欠债感,是对自己在极左路线下的深刻反思。严峻的思想解剖再配之老人所独有的迟暮心理,使《随想录》蒙上一层悲怆的情调。

在巴金一生所经历的丰富曲折、几经起落的创作生涯中,总是有一种梦象缠绕着他,并且时时折磨他,使他痛苦,又使他清醒。这就是他五岁时在广元县衙门内看到犯人挨了打还要跪着向老爷叩头谢恩的故事。这个梦象从巴金第一部中篇小说《灭亡》起就演化为梦境出现过,直到最近杀青的《随想录》里,仍然成为作家创作构思的一个总体意象。为什么一个人挨了打还要叩头谢恩?这在孩提时代的巴金是无法理解的,可是这一可耻的生活印象已经作为童年记忆深深地印入了他的心灵,再也无法抹掉了,他一生对中国社会的思索就是从这里开始的。

是的,人挨了打而奋起反抗,是强者意识;挨了打而忍气吞声,是弱者意识;挨了打而自欺欺人者——譬如阿Q,是弱者想当强者(或自以为是强者)的自我幻觉;唯有挨了打还要叩头谢恩,这算什么意识?巴金在《随想录》里一而再,再而三地提到这个梦象,把它作为一种典型的社会意识加以剖析。第六十九则随想《十年一梦》中,作家引用林琴南的一本译作里的话来形容这种意识:"奴在身者,其人可怜,奴在心者,其人可鄙。"他尖锐地把它称作为"奴隶哲学"。是的,一般说来这种可耻现象总是出现在被打者完全丧失了保护自己的能力的时候,只能靠这种自我作践来垂死挣扎。但更而甚者,是专制者施行暴力时为了使自己更加合法化,利用舆论工具不断麻痹挨打者的神经系统,以致使挨打者像鲁迅所说的,那种中了细腰蜂毒的小青虫,在不死不活的状态下,为凶残者提供美味佳肴。这种细腰蜂的毒,在巴金的《随想录》里被称作"迷魂汤"。如果说前一种叩头谢恩还是奴隶们垂死前企图自救的最后一计,那么后一种叩头谢恩才真正体现了奴隶意识的劣根性。

显然,这种奴隶意识不可能产生于马克思所描绘的那种人们克服了异化以后所能达到的人性与自然主义的高度统一社会之中;也不可能产生于资产阶级革命时期,以"不自由,毋宁死"的口号为神圣原则的社会环境;甚至连中国封建社会的繁荣时期也无法容忍这种人生哲学,在以"三军可夺其帅,匹夫不可夺其志""士可杀而不可辱"等古训与重义轻生的伦理原则作为知识分子座右铭的时代里,忠君爱国的集中原则下往往包容了个性的高扬与人道的尊严。奴隶意识成为一个时代性格的普遍特征,只可能是产生于行将崩溃的农奴时代与封建专制时代,以及崩溃后作为那种时代游魂的死灰复燃。巴金在广元县衙门内所见所闻的,正是这种时代的一个简单缩影。但不幸的是,这个梦象竟纠缠在他的心头长达近八十年之久。

虽然,写作《随想录》的工程耗费了巴金整整八年的时间,可是它的中心主题,则是在作家起笔时就十分明白了。第十一则随想《一颗桃核的喜剧》中,他似乎又一次想起了广元县衙门内的那个梦象,结论是"没有办法,今天我们还必须大反封建"。巴金不断地重复这一主题,直到最后几则随想,诸如《官气》《老化》《二十年前》等,表述不一样,中心思想始终没有变过。我们再进一步扩大时间范畴,我们就不难看到,巴金从写作第一部小说起,这一主题从没有变过。我们从《随想录》中发现一些在当代思想界近乎惊世骇俗的思想探索,这些探索还原到底仍不过是他五岁时候徘徊在心头的那团疑云的延伸——历史用自己独特的脚步在中国这块土地上走到了20世纪80年代,可最尖锐的问题仍然是古老的问题。

历史的停滞固然可悲,可是认识到这种停滞,并把它揭示出来而使人醒悟,又未尝不是可喜的征兆。这是我读巴金《随想录》那一篇篇沉重得令人感到压抑的文字时所体会到的一丝光明。但这种醒悟的意义不在于作家指出了我们社会生活中尚存着封建性的残余，关于这一点，已经有不少同时代人走在前头了。《随想录》是属于内省性的文字，它所揭示的真正精彩之处，是他用忏悔的方式写出了我们每一个同时代人身上所有着的封建性意识——奴隶意识仅仅是其中的一种。这才是真正的醒悟，是一个个体的人面向着社会而发出的由衷之言。

《随想录》的一个基本特征，有不少研究者认为是作家讲了真话，这其实是表层的。因为讲真话的意义仅仅相对于说假话而言是有价值的——其实，说假话在任何时代都无价值。真话作为构成普通人格的基本条件，本身并无很高的价值，而且它常常因不同的说话者而表现为不同的价值标准：从《伊索寓言》中的"狼吃小羊"，一直到路易十四狂妄地自称"朕即国家"，暴虐者所说的何尝不是真话，可是这对于弱者又有什么意义呢？然而，当我通读了《随想录》时，我才理解作家反复强调的"真话"内涵：这就是作家站在人民的立场上，对历史现象做了认真的独立的思考。只有当这种思考的结果与人民的根本利益相符，作家的真话说出了人民的心里话时，他的真话才能具有人民性的价值。巴金的忏悔使他重新站到了人民的立场，以人民的力量作为自己说真话的精神后盾。只有在这个意义上说，巴金的《随想录》是一种民族良知被唤醒的伟大记录。

平心而论，在过去极左路线影响下的政治运动中，巴金都不是积极参与者。作为一个正直的、诚实的知识分子，他唯一企求的是明哲保身，使自己免遭同样的灾祸。他在第二十九则随想《纪念雪峰》中这样描绘自己："我并不像某些人那样'一贯正确'，我总是跟在别人后面丢石块。我相信别人，同时也想保全自己。"在第一百四十七则随想《怀念非英兄》中他又一次自我描绘："只有在'反胡风'和'反右'运动中，我写过这类不负责任的表态文章，说是划清界限，难道不就是'下井投石'。我今天仍然因为这几篇文章感到羞耻。"

我记得在每次运动中或上台发言，或连夜执笔，事后总是庆幸自己又过了一关，颇为得意。"《怀念胡风》是他最后一篇也是最动感情的一篇随想，文章里作家详细剖析了自己为敷衍过关而不惜任意上纲写作《关于胡风的两件事情》和《别有用心的〈洼地上的战役〉》时的痛苦心情，话意虽然与前几篇大致相同，但忏悔之情恰如滚滚岩浆翻腾于地壳之下，成为当代最为激动人心的抒情散文。

作家在这些篇什中所忏悔的，已经不同于前一类奴隶意识。所谓奴隶意识，无论在身还是在心者，都是以相信自己有罪为前提，把希望寄托于救世主。说得文雅一些，也就是愚忠之类。而巴金对自己在极左路线下为保自身而做的一些行为的反思，则是挖掘到另一个思想层次上：在特定的历史环境下，为什么会甘心情愿牺牲正义与朋友，为制造冤案做帮凶？做这种帮凶也是痛苦的，因为他不是天然的打手，也不是不辨是非黑白（相比之下，这两种人倒坦然得多），可是为了某种自私的企图，不得不违背自己的良心。这种意识与前一类奴隶意识是可以互为转化的，为了减少做帮凶的内心痛苦，就不得不麻痹自己的神经，于是健忘，自欺欺人，甚至老庄哲学都会油然而生。奴隶意识正产生于兹。奴隶意识的最大特征在于缺乏独立思考的自觉与能力，习惯于以别人的意志为意志，以现成的思想为思想。

这不能不使人想起巴金笔下的觉新。觉新性格与阿Q性格一样，已经超出了人物本身的意义，成为人类某种普遍性的悲剧。什么是觉新性格？在我看来，觉新首先是一个懦夫，其次又是一个清醒地认识到自己悲剧性命运的懦夫。他绝不是愚昧麻木，"五四"新空气使他和他的弟妹们一样，清楚地认识到封建家庭制度的罪恶、不义以及其必然崩溃的命运，但他与他的弟妹们的根本区别在于，他本身又是这一行将崩溃的家庭制度的产物，他无法甩掉这个包袱，轻装地前进。他整个人是属于这个制度的，他无法想象，自己离开了这种家庭的生活方式将会变得怎样。因此，为了保住自己可怜的生存权利，他只能怯懦地甚至可耻地赖活着。他一次次向恶势力退让，每一次退让都是以牺牲别人（包括他所爱的人）来换取一己的暂时安宁——为此，他也付出了惨重的代价。觉新的悲剧，是封建末世一部分知识分子的悲剧，是以清醒的头脑眼睁睁地看着把别人（最后也包括自己）送进坟场而无以摆脱的悲剧。他们并不怀疑自己的悲剧性命运，但总是抱着一丝幻想，祈求这最后命运晚一点到来。这似乎也带有一点悲凉的味道，由此产生的绝望、悲观、深度自卑以至精神崩溃的种种心理，对于现代中国知识分子性格具有很大的概括力。

巴金在创造这个角色时，是以他大哥为原型的，可是在创造过程中却不知不觉地挖掘了自己的灵魂深处，在觉新性格中也无情投入了自己的影子。关于这一点，老作家早在20世纪60年代就承认："在我的性格中究竟有没有觉新的东西？我的回答是肯定的。我至今还没有把它完全去掉，虽然我不断地跟它斗争。"[①]当然，在那个时代环境下，巴金所指的觉新性格未必像今天所理解的那样深刻，后来他才真正地发现："我在自己身上也发现我大哥的毛病，我写觉新不仅是警告大哥，也在鞭挞我自己。"[②]并且指出："我有这种想法还是最近两三年的事，我借觉新鞭挞自己的说法，也是最近才搞清楚的。"[③]这些想法与他在《随想录》中的自我解剖以及对奴隶意识的批判是相一致的。

觉新的悲剧在于他无力摆脱可怖的历史命运，所以只好在险象丛生的环境下小心翼翼地讨日子，他并非不知道其他牺牲者的冤枉，可是为保一己的片刻安宁，只好把同情咽进肚子里。他无法像觉慧

---

① 引自《谈〈秋〉》，《巴金研究资料》上卷，海峡文艺出版社1985年版，第417页。

② 引自《关于〈激流〉》，《巴金研究资料》上卷，海峡文艺出版社1985年版，第441页。

③ 引自《关于〈寒夜〉》，《巴金研究资料》上卷，海峡文艺出版社1985年版，第537页。

那样，幼稚而大胆地反抗这个封建家庭制度，因为他是这个家庭的"长房长孙"，担负着中兴这个家庭的历史责任，他受到的封建教育与个人的道义责任，都不允许他像弟妹那样冲破家庭牢笼而走向新生。他处处维持着这个坏透了的家庭，甚至为缓和它的内部冲突和崩溃命运而不得不去做它的帮凶。

之所以会堕落到这一地步，根本原因在于觉新把自己的价值完全依附于家庭制度之上，而丧失了"五四"一代知识分子最宝贵的特征：对个性的绝对追求。巴金是"五四"的产儿，他深深感受到个性自由对一个人的宝贵，不啻他的生命。觉新性格的塑造正是建筑于这一认识基础之上的。然而，个性真正的自由与解放对中国现代知识分子来说又绝不是那么美妙的。时代一下子把他们抛出了千百年来形成的传统思想轨道，把他们抛到思想的旷野上，孤独一人，无依无靠，使他们本能地为这种独立思想和独立生活所付出的代价感到沮丧。巴金，还有他的同代人，都毫无掩饰地诉说着自己的痛苦、孤独、彷徨、矛盾，其实都反映了心理上的断乳期所造成的恐惧。为了尽快摆脱这种境地，他们拼命地寻找，去寻找那可以代替自己独立地承担责任的思想——某种现成的集体原则，以便把自己依附于其中。可以这样说，整个20世纪中国知识分子所经历的思想上的苦难历程，就是一个寻找的历程。在这种文化心理的支配下，觉新性格的再生就成为必然。

20世纪50年代，巴金因为写作《法斯特的悲剧》一文遭受不公正的批判，这使他至今还对这篇文章怀有一种父母对待受苦孩子的特殊感情。他在《随想录》里也一再提到它。这篇文章最清楚不过地说出了现代中国知识分子悲剧性的心理状态。巴金是用自己的切身体会在批判法斯特以及马尔洛们，他这样描绘他们："知识分子的心灵深处总有一个'伟大的自己'。他们最难忘的也就是这个'伟大的自己'。他们习惯了站在自己的个人的立场看一切事情，一切问题……他们只有一个念头：'我看不惯'，'跟我的想法不同'，'我认为这样做不对','我再也不能接受'(总之离不掉一个'我'字)。他们也不去好好地想一下，也不肯虚心地信任别人，一不高兴，转过身就走。"这段描绘与其用来勾勒资本主义左派知识分子的悲剧，还不如说这种描绘与批判本身反映了中国知识分子的悲剧，作家似乎忘记了，高觉慧正是"一不高兴，转过身就走"而离开高家大院的，而高觉新正是丧失了这个"伟大的自己"而陷于罪恶泥坑不能自拔。在封建社会，知识分子遵循着"克己复礼""存天理灭人欲"的信条生活，是没有"伟大的自己"的，五四运动好容易给现代知识分子带来了这个寻求和发现"自己"的机会，到这时又被他们轻易地放弃了。"站在自己的立场上看一切事情，一切问题"，这并不是坏事，如果是一个真正爱祖国爱人民的知识分子，真正与广大劳动群众血肉相连的知识分子，他就可能"站在自己的立场上"，看到极左路线与封建残余的相通性，看到广大人民的真正苦难。就有可能使每个公民以自己的力量来参与社会建设，保障与维护社会主义的民主。五四精神在50年代以后的知识分子身上难得发扬，就是因为"觉新那样的人太多了，高老太爷才能够横行无阻"[1]。我真怀疑，这究竟是法斯特的悲剧？还是巴金的悲剧？

当巴金写作《随想录》，沉溺于过于严厉的自谴时，我想他一定会回顾自己一生所走过的曲折道路，一定会为上面所说的种种忏悔而痛苦得心里流血。这在别人或许是一句空话，在巴金是可能的。因为他曾经是一个以个性解放为反抗起点的现代知识分子，他有过自己的信仰，虽然他能信仰的不过是一种在20世纪无法兑现的空想社会主义，但他年轻时至少在两个方面接受了这种信仰的影响：其一，他成为一个不妥协的旧社会的批判者；其二，他的批判，始终

---

[1] 引自《关于〈激流〉》，《巴金研究资料》上卷，海峡文艺出版社1985年版，第441页。

是站在人性解放的立场上，而不委身于某一外在的原则。这两方面构成了巴金早期的生气勃勃的文学作品的基本特征，也形成了他作为一名忧国忧民行列中的现代中国知识分子的独特个性。他一生中曾经多次翻译屠格涅夫的散文诗《门槛》，歌颂一个理想中的为真理牺牲一切的俄罗斯姑娘，这对巴金自身的品格修养也绝非没有任何触动。所有这一些证据都可以肯定，巴金的修养与道路不可能导致他在中年以后盲目愚忠或甘心情愿地扼杀个性的奴隶意识。他在《随想录》里揭发自己，不过是表层的忏悔，真正使他痛心疾首的，是他从自己身上发现了可怕的觉新性格。从第七则随想《遵命文学》中对自己在1965年参与批判《不夜城》的反省，到最后一则关于1955年"反胡风运动"的忏悔，他艰难地完成了这长达十年的自我清算，这种清算将会成为一份了不起的历史文献，永远为后人所铭记。

我认为这是《随想录》中最有价值的部分。因为巴金所揭示的，不仅仅是他个人走的道路，它典型地反映了现代中国知识分子一般所经历过来的文化心态，即20世纪中国文学中的寻找意识。1919年的五四新文化运动，是发现"伟大的自己"的时代，是中国知识分子冲破传统文化中所谓"修身齐家治国平天下"的经典人生哲学的束缚，开始以个人对立于社会，是叛逆意识占上风，用灵魂的战栗唱出自己的歌声的时代；是现代中国文化史上的黄金时代。这就是为什么鲁迅早期的小说与散文诗，徐志摩早期的诗歌，周作人早期的散文和郁达夫早期的小说，至今看来仍然是中国新文学史上最迷人的篇章，这也就是为什么20世纪30年代国民党御用文人提出"民族主义"文学主张，企图以一种思想原则来统一中国知识分子的时候，会受到整个文化界的一致强烈反对。可是，现代中国落后的农业经济与极端的物质贫困无法使知识分子对"伟大的自己"的兴趣持久下去，这是中国历史与中国社会所决定的。我们有着伟大的传统，有屈原、有杜甫，有的是忧国忧民，以政治价值来确定自身价值的习惯力量，这种力量吸引着中国知识分子将个人的价值自觉投诸改造社会的实践，同时，在对现实社会的改造中，他们又深深地感受到个人在社会上地位与力量的渺小，只有将个人的思想依附于某一种新思潮，结合于具体的政治力量，个人才有可能发挥出真正的作用。这就是"五四"时代主义如林、思想似潮的社会心理基础。几乎每一个知识分子都有自己信奉的主义。20世纪20年代的中国是个"主义实验场"，只有当各种主义在中国这块属于农民的黄土地上统统遭受失败以后，一种真正属于中国的革命思想，由共产党人所实践的马克思主义才在无数革命者所奉献的血的教训中逐渐成熟起来，它引导了中国革命取得胜利，为中国知识分子的寻找意识提供了一个辉煌而迷人的入海口。

1949年中华人民共和国的诞生使现代知识分子感到惊喜，他们毫不犹豫地选择了新的道路。巴金的思想发展典型地表明了这个历史性的转折。他在早期，由于信仰上的分歧，对中国以苏联斯大林专政为样板的革命方式抱有深深的疑虑，①但是到了20世纪40年代，抗战以来环境的变化与中国局势的发展，使他毅然抛弃这种疑虑，真心实意地投入即将建立的人民民主专政的新社会秩序。这个选择对巴金这样一个有着独特生活经历与思想经历的知识分子来说不是轻而易举的，他的同一营垒的战友都已离开了大陆，而他留下了，以一个知识分子的真诚与勇气，不但为自己选择了一条正确的道路，而且还说服其他朋友放下疑虑，参加未来中国的伟大建设。②与其他知名度很高的知识分子一样，巴金以他崇高的社会声誉，向新成立的政权献出了一份厚礼。中国知识分子的这种选择，代表着民族的良知，也象征着中国的未来与希望。尽管他们以后的岁月里经受过各种考验，但这一选择本身仍然在历史上放射出金子一般的光彩。

如果我们换一个角度来考察这个问题，我们也不能不看到，现

---

① 参阅巴金的《马克斯的无产阶级专政》一文内容。
② 参阅毕修勺作的《我信仰无政府主义的前前后后》一文内容。

代中国知识分子在做出这样的选择以后,他们与社会的关系也发生了相应的变化。新建立的人民政权给知识分子以崇高的敬意,显著的政治地位与社会影响;同时物质条件相应也更为优厚,结束了知识分子长期处于贫病交迫之中的惨状,这一切都使巴金那样的知识分子真诚地感受到"做一个今天的中国作家是莫大的幸福"[①]。可是这种优厚之下似乎也潜藏着一种危机:作家不再作为一名浮士德式的永不满足的个体探索者,转而成为社会的名流,他们应付着各种荣誉性的会议,名字经常出现于报端刊物,写各种各样文章。个人生活是优厚了,人民生活安定了,社会在向上发展,歌颂性的文学也自然而然地取代了批判性暴露性的文学,而一种自"五四"始就在知识分子中间养成了的,以个性为基点的现实战斗精神悄悄地衰弱了。当然这仅仅是问题的一面。事实上,这一代受过"五四"精神熏陶的知识分子,大都怀有一颗不安定的灵魂,他们在满足了温饱之余,仍然需要更高的精神渴求,需要独立思考,需要为祖国的未来做出新的探索。

巴金在《随想录》中对觉新性格的反省,概括了整整一个时代。他自己是从20世纪50年代开始逐步放弃了对封建残余的批判与对"五四"精神传统的捍卫,看到了一代知识分子的悲剧,知识分子寻找真理,寻找光明,寻找一种思想与行为的准则,是否意味着一旦找到了以后,就可以停止一切探索性的前进,放心地,或者说是安心地,放弃自己的责任,去过那种人云亦云的生活?在新的历史时期,一切都又重新走上正轨以后,知识分子的责任与神圣使命又表现在哪里?这才是《随想录》提出的真正发人深省的问题。知识分子应该自觉地运用现代文明知识来战胜我们这块土地上的封建意识残余及其所赖以生存的落后生产方式,促进现代化的步伐,我想,

---

[①] 引自《作家的勇气和责任心》,载《巴金专集》第1册,江苏人民出版社1981年版,第527页。

在现阶段仍然应该成为知识分子的神圣天职。

每个人只能对他自己所走的道路负责。巴金的忏悔，也只能是个人的忏悔。但是一个知识分子的行为又绝不仅仅是个人的行为，他总是自觉与不自觉地代表了某个社会阶层或社会意识，这样，严厉而真诚的自谴，又必然包含着谴他的成分。自谴是对自己以往行为的忏悔，谴他是对社会上同类行为的批判。自谴与谴他的结合，是忏悔与批判的结合，既是思想方法，也是战斗方式，这很使人想起托尔斯泰，那位俄罗斯老爷爷就是在当众捶胸痛哭，诉说着"我卑鄙，我下流，我再也不吃肉"的时候，已经不动声色地剥开了沙俄政权、教会僧侣以及新兴的资本主义世界的画皮。巴金似乎用的也是这个战术。他忏悔，不断地说自己。由于他所关注的中心，始终是作为一个个人应该承担的历史责任，这样他就突出了人的地位与人的作用。《随想录》的忏悔意义，就在于作家谈了自己，谈了个人的恶行与个人的作用，从一个具体的个人身上去总结历史的教训，从而也在根本上为制止今后再发生类似的事情做出思想上的启蒙。

可是我不能不指出，巴金在《随想录》里的忏悔，仍然是一种"忏悔的人"的忏悔，并未达到现代层次上的"人的忏悔"，就如鲁迅在《狂人日记》中所表现的那样。从"忏悔的人"到"人的忏悔"，不在于忏悔的范围的扩大或程度的加深，它们之间存在着质的区别。"忏悔的人"始终是停留在具体的和阶段性的层次上的忏悔。托尔斯泰笔下的聂赫留朵夫就是通过对诱奸玛丝洛娃这一具体行为的忏悔，达到了"贵族"意识阶段上的某种普遍性，他既有自谴性的忏悔又有谴他性的批判，但始终没有脱离"忏悔的贵族"这一范畴，与"人"这一大概念并不相同。"人的忏悔"则是表现为20世纪现代科学成果在人对自身认识范畴中的一种折射，表现为人对自身局限（在文学中，往往以"恶行"来表征局限）的深刻理解与感悟，这种忏悔的对象不是个人，它指向个人具体行为背后的某种人类普遍性。鲁迅笔下的狂人，对于"吃人"这一人类野蛮特征的认知，并不是对某一阶段而言。因此"人的忏悔"也是非阶段性的，它是在形而上的意义上对人的局限进行忏悔。巴金在年轻时代，就受到俄国民粹派知识分子的影响，具有清醒而深刻的忏悔意识，在他的作品里，经常出现从剥削阶级家庭里走出来的青年革命者决心替上辈人赎罪的想法，这是典型的"忏悔的人"的意识：忏悔的贵族，忏悔的知识分子……《随想录》依然重复了这种意识，尽管巴金在"随想"中深深挖掘了个人灵魂深处的隐私，确实捅到了20世纪50年代以后知识分子中"觉新性格"与奴隶意识的要害，但是他的种种忏悔仍具有明显的阶段性，忏悔的指向并不是人类的某种普遍局限。

现代忏悔意识——人的忏悔的可能性的社会基础，就是指它提供了使人们达到一种对人类自身局限的总体性的认识的可能性，但这种总体性的认识一旦形成，必然会超越国界与民族，而不是只停留在阶段性上。人的忏悔，可以是对个人的罪责及其报应的悔悟，也可以由此意识到人在历史狂潮中不可自主的犯罪行为，进而意识到人的悲剧性的局限。这里就有"忏悔的人"与"人的忏悔"之区别。"人的忏悔"也是从具体出发，但它着眼点与指向性都超越具体，达到一种形而上的境界。而巴金的忏悔显然不属于这一种。

正因为《随想录》不是一份单纯的历史反思，它的意义也始终针对着现实。我们可以从这一百五十篇的随想中读出一颗灵魂怎样的在渐渐觉醒，一种五四精神——现实的战斗精神和个性的自觉精神，怎样的在新时期中渐渐恢复了生命力。这也许是艰难的，即使对巴金这样的德高望重的老作家来说也是这样。我们从他的随想中可以不断读到关于冷风、噩梦的征象，可以体会到老人的心境与处境。

这种艰难性也许更重要的是在人的内心深处。既然《随想录》揭示了一种五四精神的渐渐恢复与发扬的过程，它就不能不同时展示出作家本人的心灵变化：心有余悸与义无反顾的交替消长。这种烙印也为后人留下了一道当代思想文化的阴影。虽然,《随想录》的基本主题在八年前就被决定了,但在写作过程中,作家思想的深刻性和尖锐性与社会民主制度的日益健全完善的局面成正比例地发展。就以巴金关于胡风问题的思考为例,其实早在1981年胡风冤案刚刚被提出的时候,巴金已经开始反省这一事件。^①真正促使他动笔的,却是在一年以前(即胡风的去世以及其冤案的初步平反);而完成并发表《怀念胡风》一文已经是胡风追悼会公开举行,"胡风反革命集团"彻底平反以后了。这里当然还掺杂着各种客观上的原因,同时也未尝不反映出当代政治生活在作家心灵中造成的影响。但是,作家最终还是摆脱了这种影响,他在《随想录》的最后几篇里,火山爆发式的社会激情又重新从他的笔底下喷射了出来。在《二十年前》等篇章中老人真正敞开了心胸,义无反顾,大声疾呼,以超前性的社会抨击完成了"五四"人格的再塑造。

  然而,我读完《随想录》后仍然有一丝不满足存在于胸中:我不无遗憾地获知老人已经宣布"从此搁笔"了,这也许对老人来说是完全必要,也是应该的。可是对读者,对文坛来说,《随想录》里所时隐时现的阴影仍在疑惑着我们。我仿佛又记起《随想录》里一再提到的一位人民艺术家在弥留之际说出了真正的肺腑之言以后,所加的一句令人心惊的话:"对我,已经没有什么可怕的了。"

  这,又是为什么呢?

写于1986年秋

[①] 参见巴金《和日本〈朝日新闻〉驻上海特派员田所的谈话》,载《巴金写作生涯》,百花文艺出版社1985年版,第337页。

后　记

　　这本传记原是应台湾业强出版社总编辑陈信元先生之约写的。从去年起，我为这家出版社主编了两套丛书，一套是《青少年图书馆》，另一套是《中国文化名人传记》。"文化名人"是个很大的招牌，涵盖面广，实非我辈能全盘驾驭，所以作为第一辑，只约了几部中国现代作家的传记，这还是力所能及的。第一辑阵容不弱，有王晓明兄的《鲁迅传》，钱理群兄的《周作人传》，李辉兄的《萧乾传》，沈卫威兄的《茅盾传》以及卓如女士的《冰心传》，等等，约十二种。拟定初目时，信元先生对我说："《巴金传》要思和兄动笔了。"我没有犹豫就答应了下来。本来，国内已有我所敬重的朋友在写巴金传了，我自觉不必再写，现在既然是海峡那边约稿，在大陆与台湾的文化交流并不密切的目前，多出版一本《巴金传》不算奢侈。何况由于政治隔阂多年，台湾至今还没有一套像样的现代作家传记系列，像鲁迅、巴金、茅盾、沈从文、周作人、老舍、郭沫若这样一批中国知识分子所走的道路，本身就是一部历史，把历史的真相告诉与大陆隔绝四十余年的台湾读者，也是从事现代文学研究的学者义不容辞的职责。

　　写《巴金传》，是我多年的愿望。从大学毕业后与李辉兄合作完成《巴金论稿》以来，心中一直放不下这个欲望。虽然后来我所研究的范围由现代作家研究转向中外文学关系和文学史的领域，但对巴金其人其书的兴趣始终未减。这期间曾与李存光兄、李辉兄合作编写巴金年谱，后因获知国内另有人搞这个选题，就停了下来，只发表了一个已编就的片段，接着又与李存光兄一起协助王仰晨先生收集整理《巴金全集》的集外卷与序跋卷，也获益匪浅；三年前还应天津教育出版社之约编著了一本《巴金研究的回顾与展望》（原书名是《巴金研究指南》），这样多多少少算是没有荒疏了这个研究课题。如果没有这些准备，或许这本《巴金传》不会写得这样顺利。自1986年人民文学出版社出版《巴金论稿》到现在，已过了五个年头，但是当我在灯下校完这本书稿后，尚能欣慰自己没有在原有的基础上退步，也没有重复过去的成果。新写的《巴金传》毕竟是有了一点进步。这就是打破了论稿中依循文学史框架来研究作家的方法。近几十年来的现代文学研究者，都是从读现代文学史的教科书起步的，教科书的专制性在于它在读者面前扮演了一个权威的角色，接受者在尚未阅读大量文学原著，尚未对中国现代作家形成感性认识之前，完全被动地接受了文学史的既定结论，然后又以这种不容置疑的结论为前提，去阅读和理解现代作家和作品。这种本末倒置的治学精神阉割了学者独立思考的能力和自信，即使是最生动最富于感性的现代作家传记也不例外。本来，中国知识分子在"五四"以来面对了多元的文化建构，拥有相当自由的个人选择权利，他们所走的道路是极有个人独特风采的，正是这种多元的选择构成了现代文学史的丰富性。然而在相当长的一段时间内，现代学者都无视这种顺理成章的现象，相反是以一种人为的文学史规律去规范、整合现代作家的人生道路和精神发展，使现代作家传记出现了千篇一律的雷同格局。这样的事实无须我一一去指出，因为种种精神奴役的创伤至今在学术领域仍有隐痛。

这本《巴金传》或可说是一种尝试，它有意避开文学史框架可能对作家传记造成的束缚,从作家人格发展的角度去整合传记材料。我认为传记不同于文学创作就在于它没有任意虚构的权利,但传记作者在对象面前绝不是被动的,作者即使不能编造出具体的场景想对话,但他仍有选择和整合材料的主动性——一部有独特性的传记并非要把传主的生平材料不分巨细地罗列进来,这项工作该由年谱作者去做。传记的任务是再造传主形象,而这再造的工作将在传主和传记作者之间的精神交流、对话的融合中完成。我不妨说,这本《巴金传》寄托了我对巴金一生所走的道路的理解,也是我对中国现代知识分子悲剧性道路的一种理解。

在现代作家中,巴金是一个很有个性的作家。他有自己的信仰选择,有自己独特的关怀社会与人类的方式,也有自己独特的处世原则。这一切独特性与现实社会制度的冲突,迫使他把政治激情转化为审美方式去宣泄和倾吐,一步步并不自觉地走上文学道路。由于这种偶然性,20世纪30年代他的文学创作最辉煌时期也是他内心最痛苦、人格最分裂的时期。这是中国现代文学史上很特殊的现象——痛苦与荣誉,失败与成功,绝望与追求,都浑然难分地交织为一体。巴金作品的魅力或正在于此:它不在语言风格上,不在文字技巧上,而是在灵魂的痛苦。他的作品最好读,却最难学,这正是因为他这种写作状态是独一无二的。写大家庭的衰败,写青年反抗黑暗,追求光明,这在当时是很普遍的题材,然而像巴金倾注在作品里的那样一种分裂的人格和那样一颗痛苦的灵魂,却是很难得的。这使我想起在巴金八十五岁寿辰的时候,有位朋友发表了一篇题为"好赞不好学的巴金"的短文,意思是说每年巴金寿辰总有很多人去热热闹闹地祝寿庆贺,赞美老人的高风亮节,可是巴金在《随想录》里表达的思想和建议,要真正理解并付诸现实,就困难了。这篇短文可谓是独具慧眼。《随想录》是老人晚年的一项大工程,虽然其观点并没有什么标新立异之处,但联系他一生的道路来看,他提倡"说真话""自我忏悔",都是包含了丰富内涵的语码。老作家汪曾祺曾说，他读《随想录》读出了一个在流血的灵魂，实非诳语。《随想录》里的一些话，看似平常，在旁人也一样可以说出，但放在巴金人格发展史的背景下却有了特别的，旁人不可取代也难以体会的意义。这就是巴金能够成为一个特定时代的民族良心的原因所在。

年轻时的作品好读却不好学，老年时的人品好赞也不好学，这就是巴金之所谓巴金的"这一个"。我在这本传记中想勾勒出这种独特性，虽然限于篇幅没能写出巴金晚年的境界，但对他早期人生道路的描述，正是从这个角度去整合的。我没有把握自己是否达到了预期的目标，但我确实这样努力过。我承认巴金这种独特性是我个人对他的传记材料的一种归纳和解说，并非是巴金主观选择的结果，巴金不是超凡脱俗的圣人，他也没有义务去追求这种特殊的痛苦，他在主观上也曾经想摆脱这种神圣的痛苦，去顺应时代潮流，去过正常人的生活（他后来一度几乎达到了这种目的）。这就是抗战以来他的心灵逐渐平息的生活特征。这段时期的生活一方面显示了他人生道路的成熟和圆满，爱情、家庭、事业、写作都进入了收获期，但另一方面也暗示出某种负面的潜在因子。我在本书的第五章里反复提醒读者要注意到这一点。唯理解了这一点，才能理解本书所缺写的两章内容的基本思想。我想说明巴金传记材料所提供的这种独特性对巴金来说有一层宿命的意义，他似乎注定要受到良心上的召唤并去为此痛苦。浑浑噩噩的正常人生活非但不能平息他内心深处的渴望与自我折磨，反而使他在晚年感到的痛苦愈加刻骨铭心——这就是那一百五十篇《随想录》最动人的魅力所在，也是他的人格发展到真正复苏的见证。

人的生命轨迹是一个有机的整体，散漫，充满了偶然性的生活现象在人格史或精神史上都先验地呈现出前因后果的脉络，呼应过去，启示未来。在这个意义上说，本书虽然没有写完巴金人格发展史的最后两个环节，但它似乎又都写到了。

现在承金永华先生和张珏女士的厚爱，这本《巴金传》将由海峡两岸同时出版。我本想用另外一些方式来补偿最后两章缺写的内容，给读者一个完整的巴金形象——最低限度应该补写一些有关巴金20世纪50年代以来的生活故事。可是当我拿起笔铺开纸写了几行以后，才发现这样做其实很难。因为后两章内容的时间跨度大，由1946年起，一直到现在，长达四十余年。任何较短小的篇幅要传达出传主这一时期的心路历程，几乎都是奢想，而且，一旦离开了对这四十余年间各历史阶段中传主精神和人格状态的总体把握，那种种琐碎的生活故事就会变得无甚意义。所以，踌躇再三，还是决定除比台湾版多加一篇论文外不再添加什么。这一缺憾只好请读者谅解。

还有一个想谈谈的问题，是关于传记文学的真实性。任何传记作者都希望能写出一个真实的传主形象，我也是。但是我在本书开场白中已经声明，我无法做到这一点。传记的真实和一般文学创作的真实本不是一回事。当我们选定一位现实的人作为传主时，我们能够做到的"真实性"，仅仅是书中所写的细节经得起验证，也即是过去常为人称道的"笔笔有来处"的原则。但做到这一点还远不能与传记人物的"真实"等同起来，后一种"真实"的概念内涵要大得多，当我们说某某人"真实的一生"，不仅包括了他做过的那些已被人们证实了的事情，还包括这个人的全部生命活动——他的精神世界、情感历程以及行为过程的总和。这涉及有些相当隐秘的部分，仅属于个人所拥有的。譬如说，我在传记里大致可以确定巴金与萧珊在1944年结婚（其实这一点也只是根据巴金本人的回忆，并没有其他文件可供证明），但即使这一点是真实的，仍然不是"真实"的全部内容。因为作为一个传记作者，我无法身临其境，也没有读到构思这个场面所必须具备的当事人的原始日记、书信及其他文件，所以我无法复原这"爱情"的真实内容。再进一步说，即便是我充分掌握了上述的全部文件，我也无法推测，这留下的文字材料与文字背后的真实情况之间究竟有多大的距离。因为即使是我本人正在恋爱,我也无法用我的语言文字把这恋爱内容真实传达出来,何况要去写一对情侣在五十年前的恋爱的"真实"。我想，要"真实"地复原一个人的生命活动的全部内容,恐怕连传主本人也难以做到,纵然他有这种自觉的意识和能力，也未必就愿意正视或愿意表达。

假如说，一个传记作者没有权利说他能够写出传主的真实，那么他唯能做的，是通过证实或者证伪现有的原始材料，尽可能地做到细节的"笔笔有来处"。但这还不是传记的全部意义，传记不同于年谱，它具有对原始材料做取舍、选择、消化而使之达到整体化的效果。这种整体化是传记作者赋予传主的，它属于作家主体性的范畴，与真实性无涉。整体化与材料的真实性之间构成的微妙关系，是传记的基本特点之一。传记作家创作时所面对的困难，主要倒不是搜集材料，而是如何掌握好这两者之间的分寸，任何一方因比重失调而造成的倾斜，都会使传记作品变得索然无味或者不可信。

既然传记无法真实地复原历史，既然传主形象的整体化仅仅是一种类似虚构的作家主体意识的渗入与参与，那么，我想作为一个现代传记作者还不如老老实实放弃这种对真实性的自欺欺人的幻想。我很欣赏中国台湾诗人林耀德在谈传记语言时引用过的印度神话罗睺的比喻。罗睺是古代印度占星学中九宫星君的神格化，既是行星的保护者，又是日食和月食之神。相传诸佛以须弥山之力搅动大海，获取海底的甘露神酒，交由金刚手护法监管。罗睺盗喝了神酒，日神和月神向唯识奴检举揭发，遂使唯识奴用法轮截断罗睺的身子。所以每当罗睺遇到日、月之神，就把它们吞食下去以解心头之恨，但因为身子被截成两半，日、月之神又很快从它的断腹面里逃出。耀德君把罗睺与日、月神的关系比作批评主体与批评对象的关系，我觉得移用到传记作品与传主的关系上也很合适。一部诚实的传记作品的真实性与其说表现在传主形象的再造和复原上，毋宁说是表现在作者面对原始材料所激起的思考、整合以至整体化的过程中。我想拖着半截身子的罗睺吞食日、月之神的画面一定非常壮观,至于它是否吞食得了,那又另当别论,本来就不必去认真追究。基于这样的认识,我不敢说我在这本传记里写出了一个真实的巴金,绝不敢这么说。我只是真实地写出了我为什么这样理解并写作巴金的传记。我不但写了巴金的形象,同时还努力告诉读者,我是如何处理这些传记材料,如何考辨真伪,如何虚构场面,哪些材料使我灵感大发,哪些材料又让我束手无策。为了尽量做到确实,有时不能不引用材料一大堆,搬弄注释一大串,啰里啰唆,读起来可能会感到沉重和冗长。但我问心无愧,知之为知之,不知为不知,是我作文的第一原则,这本传记也一样贯穿了这一原则。

从陈丹晨的第一本《巴金评传》起,国内评传类的巴金研究著作已达六种,我过去曾经一一评述过,现在我自己奉献出第七本,我希望这一本与以前的几本在写法上有所变化,但我无法估计,现代读者究竟会不会喜欢。昨天我在挤公共汽车时随便翻阅一本 D.H. 劳伦斯妻子的回忆录,书中一句话突然跳入眼帘:

不管怎么说,这是我的书,我正在写这本书。

我由此获得一种莫名的安慰。

这本传记从今年 2 月 2 日正式动笔,3 月 22 日写完,中间还夹了几天春节的干扰。时间上不能算太慢,但材料上所做的准备,都是从去年下半年就开始的。在这过程中应该感谢许多朋友、师长、前辈对我伸出了援助的手:李存光兄给我寄来了毛一波的回忆录《前尘琐忆》手稿,山口守君、坂井洋史君、新谷秀明君给我提供了《中国的黑旗》和吴克刚的回忆录《九十忆往》手稿,秦贤次先生从台湾寄来了张铁君和李少陵的回忆录,卢玮銮女士从香港寄来了巴金访问记的材料,余思牧先生从加拿大为本书写了热情洋溢的长序。

贾植芳先生是我学术上生活上的导师，我的第一篇研究巴金的论文就是在他指导下发表的，几年来，我在学术上的每一步前进都能从他那儿汲取力量，这本传记前面的序言，也是他在繁忙中抽出时间写的。还有广州的吴定宇兄，四川的陈厚诚兄，北京的李辉兄，上海的李济生先生、徐开垒先生，都给了我十分重要的帮助。九十高龄的冰心老人为这本书做了题词。我的妻子秀春女士和张新颖兄、宋炳辉兄一起分头抄写了全书的稿子，张国安博士为我翻译了许多日文资料。一本十几万字著作的封面上虽然印上了我的名字，但它却凝聚了许许多多人的友谊和爱意。为此，我真诚地感谢他们。

    1991年5月写于即将迁移的上海太仓坊

本书参考书目版本

一、巴金原著

1.《巴金全集》（1 至 15 卷），人民文学出版社 1982—1990 年。

2.《随想录》五种（包括《随想录》《探索集》《真话集》《病中集》《无题集》），人民文学出版社 1989 年版。

3.《序跋集》，花城出版社 1982 年版。

4.《怀念集》，宁夏人民出版社 1989 年版。

5.《雪泥集：巴金书简》，杨苡编，生活·读书·新知三联书店 1987 年版。

6.《巴金论创作》，李小林编，上海文艺出版社 1983 年版。

7.《巴金研究资料》，李存光编，海峡文艺出版社 1985 年版。

8.《巴金专集》（第 1 册），贾植芳等编，江苏人民出版社 1981 年版。

* 书中所引各巴金著作初版本已在附注中注明版本，此略。

二、研究著作

1.《巴金论稿》，陈思和、李辉著，人民文学出版社 1986 年版。

2.《巴金传》，徐开垒著，上海文艺出版社1991年版。

3.《巴金论》，汪应果著，上海文艺出版社1985年版。

4.《巴金年谱》，唐金海等编，四川文艺出版社1989年版。

5.《巴金和无政府主义》（日文本），樋口进著，日本福冈市西南学院大学学术研究所1978年版。

6.《中国的黑旗》（日文本），玉川信明著，日本株式会社晶文社1981年版。

7.《巴金和他的著作：两次革命中的中国青年》（英文本），奥尔格·朗著，美国哈佛大学出版社1967年版。

三、回忆录

1.《无政府主义思想资料选》（上下册），葛懋春等编，北京大学出版社1984年版。收有：

《无政府主义在中国的若干史实》（郑佩刚著）。

《我信仰无政府主义的前前后后》（毕修勺著）。

《卢剑波先生早年的无政府主义宣传活动纪实》（蒋俊著）。

《访问范天均先生的记录》（陈登才著）。

2.《蘧然觉梦录》，张铁君著，阿波罗出版社1971年版。

《蘧然觉梦录》（续集），张铁君著，学园出版社1974年版。

3.《骈庐杂忆》，李少陵著，东方图书公司1963年版。

4.《秋梦》，毛一波著，新时代书局1931年版。

5.《前尘琐忆》，毛一波著，手稿本。

6.《九十忆往》，吴克刚著，手稿本。

7.《我忆巴金》，田一文著，四川文艺出版社1989年。

8.《中国职工运动简史》，邓中夏著，人民出版社1953年重印三版。

＊凡书中引用的论文，在附注中已注明出处，此略。